Schröder
GmbH und UG

GmbH und UG

Richtig gründen und führen

von

Henning Schröder

Zum Autor:
Rechtsanwalt **Henning Schröder** ist Fachanwalt für Handels- und Gesellschaftsrecht sowie Steuerrecht in Hannover. Schwerpunkt seiner langjährigen Tätigkeit bei der Beratung von GmbH ist neben der Gründung von Unternehmen vor allem die Umstrukturierung und die Unternehmensnachfolge. Bei der gerichtlichen Tätigkeit liegt ein Schwerpunkt bei der Geschäftsführerhaftung. Darüber hinaus ist RA Schröder als Parteivertreter oder Mediator bei Auseinandersetzungen zwischen Gesellschaftern tätig.

www.beck.de

ISBN 978-3-406-69342 7

© 2016 Verlag C.H. Beck oHG
Wilhelmstraße 9, 80801 München

Satz: Fotosatz Buck, Zweikirchener Str. 7, 84036 Kumhausen
Druck: Nomos Verlagsgesellschaft mbH & Co. KG, In den Lissen 12, 76547 Sinzheim
Umschlaggestaltung: Ralph Zimmermann – Bureau Parapluie
Bildnachweis: © contrastwerkstatt – fotolia.com

Gedruckt auf säurefreiem, alterungsbeständigem Papier
(hergestellt aus chlorfrei gebleichtem Zellstoff)

So nutzen Sie dieses Buch

Um Ihnen das Lesen und Arbeiten mit diesem Buch zu erleichtern, hat der Autor verschiedene Stilelemente verwendet, die Ihnen das schnellere Auffinden bestimmter Texte ermöglichen. So finden Sie die Tipps und Musterformulare sofort.

 Hier finden Sie Tipps, Aufzählungen und Checklisten.

 So sind „Merksätze" gekennzeichnet.

 Hier finden Sie Beispiele, die das Beschriebene plastisch erläutern und verständlich machen.

 Die Zielscheibe kennzeichnet Zusammenfassungen und ein Fazit zum Kapitelende.

 Hier finden Sie Übungen und Muster zum Selbstausfüllen und Nachrechnen.

Vorwort

Der vorliegende Ratgeber behandelt das gesamte Recht der GmbH. Das Buch richtet sich an Personen, die eine GmbH gründen wollen oder eine Funktion in einem Unternehmen dieser Rechtsform – sei es als Geschäftsführer oder als Gesellschafter – übernehmen. Es spricht den Laien an und soll einen ersten Überblick über die wesentlichen rechtlichen und praktischen Aspekte geben. Vor allem soll das Werk dem Praktiker das nötige Wissen vermitteln, um rechtliche Risiken zu erkennen und so gegebenenfalls rechtzeitig Rat einholen zu können.

Der Aufbau orientiert sich dabei im Wesentlichen am „Lebensweg" der Gesellschaft von der Gründung bis zur Abwicklung. Der Vorgang der Gründung ist ausführlich dargestellt. Dabei wird insbesondere auf die verschiedenen Möglichkeiten bei der Gestaltung des Gesellschaftsvertrages eingegangen. Die Rechtsstellung von Geschäftsführer und Gesellschafter finden sich eingehend erläutert. Weiterhin werden das Steuerrecht sowie die Liquidation und die Insolvenz der GmbH beleuchtet.

Ergänzt wird das Werk um Beispiele für Vertragsgestaltungen aus der Praxis. Diese sollten in keinem Fall unkritisch auf andere Konstellationen übertragen werden, sondern nur als Anschauungsmaterial für mögliche Gestaltungen dienen.

Anregungen und Hinweise nehme ich gerne entgegen.

Hannover, im Juni 2016 *Henning Schröder*

Inhalt

Vorwort 7

1. Kapitel: Grundlagen und Rechtsformwahl 15

    I. Grundlagen des GmbH-Rechts 15
        1. Erscheinungsformen der GmbH 15
        2. Vor- und Nachteile 16
        3. Rechtliche Grundlagen 16
    II. Die Wahl der richtigen Rechtsform 16
        1. Grundlagen 17
        2. Haftungsverhältnisse 18
        3. Kapitalaufbringung 20
        4. Steuerrecht 21
        5. Mitbestimmung 22
        6. Publizität 23
    III. Auslandsgesellschaft als Alternative? 24

2. Kapitel: Gründung 27

    I. Grundlagen und Ablauf der Gründung 27
    II. Neugründung 27
        1. Vorgründungsgesellschaft 28
        2. Vor-GmbH 29
        3. GmbH 30
    III. Bar- und Sachgründung 30
        1. Bareinlage 30
        2. Sacheinlage 31
    IV. Verwendung einer Mantelgesellschaft 33
        1. Begriff der Mantelgesellschaft 33

    2. Risiken der Verwendung von Mantelgesellschaften .. 34
    3. Anwendungsbereich 35

3. Kapitel: Umwandlung 37

   I. Grundlagen der Umwandlung 37
    1. Verschmelzung 38
    2. Spaltung 38
    3. Formwechsel 39
    4. Unterscheidung von Umwandlungsrecht und Umwandlungssteuerrecht 39
   II. Einzelunternehmen in GmbH 41
    1. Sachgründung 41
    2. Ausgliederung 41
   III. Personengesellschaft in GmbH 42
    1. Formwechsel 43
    2. Spaltung 43
    3. Verschmelzung 44
   IV. Sonderfall GmbH & Co. KG in GmbH 44
   V. Kapitalgesellschaft in GmbH 45
    1. Verschmelzung 45
    2. Spaltung 46
    3. Formwechsel 47
   VI. GmbH in Personengesellschaft 47
   VII. GmbH in Aktiengesellschaft 48

4. Kapitel: Unternehmergesellschaft (haftungsbeschränkt) . 49

   I. Grundlagen und Gründung 49
   II. Haftung der Vertreter 50
   III. Praktischer Anwendungsbereich 51

5. Kapitel: Gesellschaftsvertrag 53

   I. Grundlagen / Musterprotokoll 53
   II. Zwingende Bestandteile 57
    1. Firma 57
    2. Sitz 62
    3. Gegenstand des Unternehmens 62
    4. Stammkapital 63
   III. Verfügung über Geschäftsanteile 63
    1. Vinkulierungsklausel 64
    2. Vorkaufsrecht 65

IV. Nachfolgeregelungen 65
   1. Regelung bei freier Verfügung 67
   2. Regelung bei Beschränkung der Nachfolge 67
V. Dauer und Geschäftsjahr 70
   1. Dauer der Gesellschaft 71
   2. Geschäftsjahr 71
VI. Gesellschafterversammlung 72
   1. Einberufung der Gesellschafterversammlung 73
   2. Kompetenzen der Gesellschafterversammlung 73
   3. Durchführung der Versammlung und Stimmrecht .. 75
   4. Anfechtung von Gesellschafterbeschlüssen 77
VII. Geschäftsführung und Vertretung 77
   1. Grundsatz 77
   2. Vertretungsbefugnis 78
   3. Entsendungsrechte 78
VIII. Wettbewerbsverbot 79
   1. Vertragliches Wettbewerbsverbot 79
   2. Nachvertragliches Wettbewerbsverbot 80
   3. Verschwiegenheitspflicht 82
IX. Beirat und Aufsichtsrat 82
   1. Obligatorischer Aufsichtsrat 83
   2. Fakultativer Aufsichtsrat 84
   3. Beirat 84
X. Jahresabschluss und Ergebnisverwendung 86
   1. Ergebnisverwendung 87
   2. Inkongruente Ausschüttung 88
   3. Freiwillige Abschlussprüfung 88
XI. Verdeckte Gewinnausschüttung 89
XII. Einziehung von Geschäftsanteilen 90
   1. Voraussetzungen der Einziehung 90
   2. Folgen der Einziehung 90
XIII. Kündigung und sonstiges Ausscheiden von Gesellschaftern 92
   1. Möglichkeit der Kündigung 93
   2. Folgen der Kündigung 93
XIV. Entgelt bei Einziehung oder Kündigung 95
   1. Buchwert 95
   2. Ertragswertverfahren 96
   3. Verweis auf steuerrechtliche Bewertungsverfahren .. 97
   4. Auslegungsregelungen 98
   5. Auszahlungsbestimmungen 99
   6. Mitarbeiterbeteiligungsmodelle 99

XV. Konfliktmanagement 99
   1. Schiedsgerichtsvereinbarung 100
   2. Mediation 101
XVI. Güterstandsklausel 103
XVII. Gründungskosten 104

6. Kapitel: Stellung des Gesellschafters 105

   I. Grundlagen 105
  II. Gesellschafterliste 106
     1. Zuständigkeit für die Richtigkeit der
       Gesellschafterliste 107
     2. Anspruch auf Berichtigung 108
     3. Treuhand und Sonderfälle 109
     4. Gutgläubiger Erwerb 110
 III. Gesellschafterversammlung 111
     1. Zuständigkeit 112
     2. Einladung 114
     3. Teilnahmerecht 117
     4. Stimmrecht 119
     5. Protokollierung von Gesellschafterbeschlüssen 121
     6. Anfechtung von Beschlüssen 123
 IV. Informationsrechte des Gesellschafters 125
  V. Beendigung der Gesellschafterstellung 127
     1. Übertragung von Geschäftsanteilen 127
     2. Einziehung 148
     3. Erwerb eigener Anteile 154
     4. Kündigung / Austritt / Ausschluss 156

7. Kapitel: Geschäftsführung 159

   I. Grundlagen 159
  II. Bestellung 160
     1. Auswahl des Geschäftsführers 160
     2. Bestellungsakt und Vertretungsbefugnis 162
     3. Wegfall des Geschäftsführers 163
 III. Beendigung des Geschäftsführeramtes 164
     1. Abberufung 164
     2. Amtsniederlegung 164
 IV. Anstellung 165
     1. Anwendbarkeit des Arbeitsrechts 165
     2. Ruhendes Arbeitsverhältnis 166
     3. Sozialversicherungspflicht 166

    4. Inhalt des Anstellungsvertrages 167
    5. Kündigung 179
  V. Haftung 181
    1. Haftung gegenüber der Gesellschaft 181
    2. Haftung gegenüber Dritten 190
    3. Strafrechtliche Haftung 196
    4. D & O Versicherung 197
    5. Faktischer Geschäftsführer 199

8. Kapitel: Finanzierung der Gesellschaft 201

  I. Grundlagen 201
  II. Kapitalaufbringung 202
    1. Bareinlage 202
    2. Sacheinlagen 205
    3. Verdeckte Sacheinlage 206
    4. Hin- und Herzahlen 207
    5. Zuzahlungen in die Kapitalrücklage 208
    6. Genehmigtes Kapital 209
  III. Kapitalerhaltung 209
    1. Grundlagen 209
    2. Erwerb eigener Anteile und Einziehung 210
    3. Cash Pooling 211
  IV. Gesellschafterdarlehen 213
    1. Grundlagen 213
    2. Gesellschafterdarlehen in der Insolvenz 213
    3. Steuerrechtliche Aspekte 216
    4. Rangrücktritt 217
  V. Mitarbeiterbeteiligungen 220
  VI. Stille Gesellschaft 221

9. Kapitel: Liquidation 223

  I. Grundlagen 223
  II. Löschung wegen Vermögenslosigkeit 224
  III. Liquidationsverfahren 225
    1. Ablauf der Liquidation 225
    2. Steuerrechtliche Behandlung des Abwicklungserlöses 229
    3. Fortsetzung der Gesellschaft 230

10. Kapitel: Insolvenz ... 233

- I. Grundlagen ... 233
- II. Insolvenzgrund ... 234
  - 1. Zahlungsunfähigkeit ... 234
  - 2. Überschuldung ... 235
  - 3. Drohende Zahlungsunfähigkeit ... 237
- III. Insolvenzantrag ... 237
  - 1. Antragsberechtigung beim Schuldner ... 238
  - 2. Antragsberechtigung des Gläubigers ... 239
- IV. Ablauf eines Insolvenzverfahrens ... 240
  - 1. Abwicklung und Verwertung ... 241
  - 2. Übertragende Sanierung ... 241
  - 3. Insolvenzplan ... 243
- V. Eigenverwaltung ... 244
- VI. Sonderthemen ... 245
  - 1. Unberechtigte Stellung eines Insolvenzantrages ... 245
  - 2. Richtiges Verhalten des Geschäftsführers in der Krise ... 246

11. Kapitel: Steuerrecht ... 249

- I. Grundlagen ... 249
- II. Körperschaftsteuer / Gewerbesteuer der Gesellschaft ... 250
  - 1. Ermittlung des zu versteuernden Einkommens ... 250
  - 2. Ertragsteuerliche Organschaften ... 252
  - 3. Betriebsaufspaltung ... 256
- III. Umsatzsteuer ... 257
  - 1. Grundlagen ... 257
  - 2. Umsatzsteuerliche Organschaft ... 258
- IV. Besteuerung der Gesellschafter ... 260
  - 1. Besteuerung der laufenden Einkünfte aus der Gesellschaft ... 260
  - 2. Steuerrechtliche Aspekte der Anteilsübertragung ... 260

Anhang ... 265

Beispiel eines Gesellschaftsvertrages ... 265
Beispiel für einen Anteilsübertragungsvertrag ... 272
Beispiel für einen Geschäftsführer-Anstellungsvertrag ... 276

Stichwortverzeichnis ... 281

1. Kapitel

Grundlagen und Rechtsformwahl

I. Grundlagen des GmbH-Rechts

Die folgende Darstellung orientiert sich am „Leben" einer GmbH von der Entscheidung für die Gründung der Gesellschaft über deren Bestehen bis hin zur Beendigung durch Liquidation oder Insolvenz. Sie soll als Handreichung für den Praktiker bei der Gründung einer Gesellschaft ebenso dienen wie bei der Übernahme einer Funktion als Geschäftsführer oder Gesellschafter in einer GmbH.

1. Erscheinungsformen der GmbH

Die GmbH ist die bei mittelständischen Unternehmen am weitesten verbreitete Rechtsform. Unternehmen, die in der Rechtsform einer GmbH geführt werden, umfassen dabei das gesamte Spektrum der Unternehmenslandschaft: Von der Ein-Personen-GmbH bis zum Großunternehmen ist alles vertreten. Manche GmbH sind Familienunternehmen, andere sind als Tochtergesellschaften in Unternehmensgruppen eingebunden. Auch der Staat bedient sich der GmbH als Rechtsform für wirtschaftliche Aktivitäten (wie etwa bei Stadtwerken oder Wirtschaftsförderungsgesellschaften). Ferner kommt die GmbH auch als Rechtsform für gemeinnützige Tätigkeiten vor, so etwa beim Betrieb von Krankenhäusern oder Kindertagesstätten.

Die Bedeutung der GmbH hat noch zugenommen, seitdem der Gesetzgeber seit dem 1.11.2008 die Möglichkeit eröffnet hat, eine GmbH auch mit weniger als EUR 25.000,– Stammkapital zu gründen (dann in der Variante der Unternehmergesellschaft). Damit ist die Rechtsform auch für Unternehmen mit einem sehr geringen Kapital grundsätzlich interessant.

2. Vor- und Nachteile

Die GmbH ist eine Kapitalgesellschaft und als solche eine sogenannte juristische Person. Das bedeutet, dass sie grundsätzlich wie eine natürliche Person am Rechtsverkehr teilnimmt. Sie schließt Verträge und erwirbt Eigentum. Sie ist als juristisch eigenständige Person von der Person ihrer Gesellschafter und Geschäftsführer strikt zu trennen. Ein Vertrag mit der GmbH begründet für den Vertragspartner lediglich einen Anspruch gegen die GmbH, nicht aber gegen den Gesellschafter oder Geschäftsführer.

Der Vorteil der GmbH wird vor allem in der Beschränkung der Haftung auf das Gesellschaftsvermögen gesehen (§ 13 GmbHG). Auf der anderen Seite sind jedoch hinsichtlich der Gründung und Kapitalaufbringung und Kapitalerhaltung besondere rechtliche Vorgaben zu beachten. Der Gründer sollte sich vor allem klarmachen, dass das Vermögen der GmbH strikt vom Privatvermögen der Gesellschafter zu trennen ist. Das gilt insbesondere auch bei der Ein-Personen-GmbH.

3. Rechtliche Grundlagen

Grundlage des GmbH-Rechts ist das GmbH-Gesetz (GmbHG). Dieses Gesetz datiert ursprünglich vom 20.5.1898. Seitdem ist es natürlich mehrfach reformiert worden. Die letzte grundlegende Änderung erfuhr das GmbHG durch das Gesetz zur Modernisierung des GmbH-Rechts und zur Bekämpfung von Missbräuchen (MoMiG), das zum 1.11.2008 in Kraft getreten ist.

Neben den Bestimmungen des GmbHG sind für den Unternehmer vor allem die Regelungen des Handelsgesetzbuches (HGB) und teilweise auch des Aktiengesetzes (AktG) von Bedeutung. Große materielle Bedeutung haben natürlich auch die Bestimmungen des Bürgerlichen Gesetzbuches (BGB).

II. Die Wahl der richtigen Rechtsform

Bei der Gründung des Unternehmens müssen sich die Gründer für eine Rechtsform entscheiden. Dafür stellt das Gesellschaftsrecht eine Reihe von Alternativen zur Verfügung. Eine dieser Alternativen ist die GmbH.

Die Frage der Rechtsformwahl kann sich aber auch bei bestehenden Unternehmen stellen. Hier kann eine einmal gewählte Rechtsform nicht mehr optimal sein, so dass zu prüfen ist, ob ein Wechsel in eine andere Rechtsform geboten ist (vgl. hierzu S. 37 ff.).

1. Grundlagen

Grundsätzlich unterscheidet man im Gesellschaftsrecht die von der Rechtsordnung zur Verfügung gestellten Rechtsformen in Personengesellschaften und Kapitalgesellschaften. Nach der Vorstellung des Gesetzgebers soll bei Personengesellschaften die persönliche Mitarbeit der Gesellschafter im Vordergrund stehen. Kapitalgesellschaften sind dagegen als Unternehmen für die Sammlung größerer Kapitalmengen gedacht, um auch Großinvestitionen realisieren zu können.

Dabei ist allerdings zu berücksichtigen, dass diese Grundvorstellung in der Praxis keine nennenswerte Rolle spielt: Es gibt durchaus Personengesellschaften, die zur Sammlung großer Kapitalmengen eingesetzt werden (Beispiel: Immobilienfonds in der Rechtsform einer GbR oder GmbH & Co. KG) und Kapitalgesellschaften, die über kaum Kapital verfügen (Beispiel: Unternehmergesellschaft (UG)).

Als wichtigste Personengesellschaften kennt das deutsche Recht die Offene Handelsgesellschaft (OHG), die Kommanditgesellschaft (KG), die Gesellschaft bürgerlichen Rechts (GbR) und die Partnerschaftsgesellschaft (PartG).

Als Kapitalgesellschaften gibt es neben der GmbH vor allem die Aktiengesellschaft (AG) und die Kommanditgesellschaft auf Aktien (KGaA). Ferner gibt es noch die Genossenschaft (e.G.).

Neben den Rechtsformen des deutschen Rechts stehen auch ausländische Gesellschaftsformen grundsätzlich zur Verfügung. Unter diesen hat vor allem die private company Limited by shares (Ltd) aus dem englischen Recht eine erhebliche Bedeutung für die Rechtspraxis in Deutschland.

Um sich bei der Gründung für die passende Unternehmensform zu entscheiden oder um die Frage zu prüfen, ob ein Wechsel der Rechtsform angezeigt ist, muss sich der Unternehmer über die Kriterien klar werden, die für diese Entscheidung maßgeblich sind:

Checkliste Kriterien für die Rechtsformwahl
- *Haftungsverhältnisse*
  - *In welchem Umfang werden vor allem die Gesellschafter vor der Haftung für Verbindlichkeiten der Gesellschaft geschützt?*
- *Kapitalaufbringung*
  - *Welche Möglichkeiten hat die Gesellschaft, sich mit Eigen- und Fremdkapital zu versorgen?*
- *Steuerrecht*
  - *Welche steuerrechtlichen Rahmenbedingungen gibt es für die jeweils gewählte Rechtsform?*
- *Mitbestimmung*
  - *Welche Mitbestimmungsrechte haben die Arbeitnehmer?*
- *Publizität*
  - *Welche Angaben über die wirtschaftlichen Verhältnisse der Gesellschaft müssen veröffentlicht werden?*

Im Folgenden werden die jeweiligen Charakteristika sowie Vor- und Nachteile der GmbH in Bezug auf die genannten Kriterien der Rechtsformwahl dargestellt. Ob eine GmbH oder UG die „richtige" Rechtsform ist, bleibt eine Frage des Einzelfalles.

2. Haftungsverhältnisse

Durch die Wahl der Rechtsform soll in der Regel eine persönliche Haftung der Gesellschafter vermieden werden.

Wesentliches Merkmal der GmbH ist, dass die Haftung auf das Gesellschaftsvermögen beschränkt ist (§ 13 GmbHG). Die Gesellschafter haften also grundsätzlich nicht persönlich mit ihrem Privatvermögen für Verbindlichkeiten der Gesellschaft. Das Vermögen der Gesellschaft steht aber unabhängig von der Höhe des Stammkapitals zur Befriedigung von Ansprüchen der Gläubiger zur Verfügung. Daher ist es besonders wichtig, zwischen dem Vermögen der Gesellschafter und dem Vermögen der Gesellschaft zu trennen.

Von diesem Grundsatz gibt es nur wenige Ausnahmen: In der Gründung der GmbH haften die Handelnden nach § 11 GmbHG bis zur Eintragung der Gesellschaft. Ferner haften die Gesellschafter für eine ordnungsgemäße Aufbringung und die Erhaltung des Stammkapitals.

Darüber hinaus gibt es die Haftung für den sogenannten Existenzvernichtenden Eingriff. Dabei handelt es sich allerdings um seltene Ausnahmefälle. Hier haften die Gesellschafter im Wesentlichen in Fällen des Missbrauchs der Rechtsform und bei der Entziehung von Vermögenswerten zu Lasten der Gläubiger. Grundsätzlich bleibt es bei der GmbH bei der Beschränkung der Haftung auf das Gesellschaftsvermögen.

Aus der Sicht des Gründers ist jedoch zu beachten, dass die Haftungsbeschränkung für bestimmte Verbindlichkeiten praktisch ins Leere geht: Eine Bank wird der neu gegründeten GmbH im Regelfall nur einen Kredit geben, wenn angemessene Sicherheiten gestellt werden. Hier kommt dann meist nur die persönliche Bürgschaft des Gründers in Betracht. Möglicherweise wird auch der Vermieter einer Immobilie im Einzelfall darauf bestehen, dass der Gesellschafter selbst Partei des Mietvertrages wird.

Eine Haftungsbeschränkung bezieht sich also im Ergebnis auf solche Verbindlichkeiten, für die im Regelfall keine Sicherheiten gestellt werden. Das sind vor allem Verbindlichkeiten aus laufenden Kosten, wie etwa Arbeitsverhältnisse und Ansprüche von Lieferanten. Ferner schützt die GmbH vor allem vor Haftungsansprüchen von Kunden oder Dritten.

Im Ergebnis kann man festhalten, dass die GmbH unter dem Gesichtspunkt der Haftungsbeschränkung vor allem dann zu empfehlen ist, wenn mit dem Geschäft besondere Haftungsrisiken verbunden sind.

Begrenzung von unternehmerischen Risiken

Die A-GmbH betreibt eine KfZ-Werkstatt. Um ein neues Geschäftsfeld zu erschließen, möchte das Unternehmen jetzt auch das Tuning von Fahrzeugen anbieten. Dabei besteht das besondere Risiko, dass durch unsachgemäßes Tuning Schäden an den KfZ entstehen, die dann zu Unfällen mit erheblichen Schäden führen. Den daraus resultierenden Haftungsansprüchen wäre die A-GmbH ausgesetzt. Um hier das Risiko zu begrenzen, bietet es sich an, das Geschäftsfeld Tuning in einer eigenen GmbH zu betreiben. Die A-GmbH wird also eine Tochtergesellschaft, A Tuning GmbH, gründen.

Die Gründung von Tochtergesellschaften kann auch zur Bildung von unternehmerisch sinnvollen Organisationsstrukturen genutzt werden. Durch die Gründung von Tochtergesellschaften können beispielsweise Verantwortungsbereiche im Unternehmen klar abgegrenzt werden.

3. Kapitalaufbringung

Bei der Frage der Kapitalaufbringung geht es um die Frage, wie sich das Unternehmen Eigen- und Fremdkapital beschaffen kann. Eine Beschaffung von Eigenkapital über die Börse ist allein für die Aktiengesellschaft (oder KGaA) möglich. Voraussetzung ist allerdings auch bei diesen Rechtsformen eine gesonderte Zulassung der Aktien zum Börsenhandel.

Für ein mittelständisches Unternehmen ist allerdings eine Finanzierung über den Kapitalmarkt im Regelfall ohnehin nicht interessant. Nicht ausgeschlossen ist es aber Kapitalgeber über Beteiligungsgesellschaften (Venture Capital Gesellschaften) als stille Gesellschafter zu beteiligen. Auch Modelle der Mitarbeiterbeteiligung sind möglich.

Fremdkapitalgeber werden oft auf eine persönliche Haftung der Gesellschafter Wert legen. Soweit diese kraft Gesetzes nicht gegeben ist, wird der Kreditgeber (z.B. die Bank) auf eine entsprechende Absicherung (z.B. durch Bürgschaften) bestehen.

Die Sammlung von großen Kapitalmengen in Personengesellschaften erfolgt in der Regel in den Rechtsformen der Gesellschaft bürgerlichen Rechts (GbR) oder Kommanditgesellschaft (KG). Viele Fonds (z.B. Film-Fonds, Schiffs-Fonds, Immobilien-Fonds) sind in diesen Rechtsformen organisiert. Die GmbH ist als Rechtsform für solche Konstruktionen ungeeignet, ihre Funktion kann allenfalls in der einer Komplementär-Gesellschaft (persönlich haftende Gesellschafterin) einer KG liegen.

Die Übertragung von GmbH-Anteilen ist nur durch notariell beurkundeten Vertrag möglich. Deshalb eignet sich GmbH nicht als Rechtsform, wenn ein häufiger Wechsel der Gesellschafter vorgesehen ist.

Insgesamt ist die GmbH in ihren Möglichkeiten der Kapitalbeschaffung eingeschränkt. Sie eignet sich nicht für die Finanzierung durch eine Vielzahl von Kapitalgebern. Im Regelfall ist der Kreis der Gesellschafter allerdings überschaubar.

4. Steuerrecht

Steuerrechtlich wird die Behandlung von Personen- und Kapitalgesellschaften wie folgt unterschieden:

Personengesellschaften (OHG, KG) zahlen selbst auf ihren Gewinn als Ertragsteuer nur die Gewerbesteuer. Einkommensteuer zahlen die Gesellschaften selbst dagegen nicht. Der Gewinn wird vielmehr dem jeweiligen Gesellschafter als Einkommen zugerechnet. Dieser hat ihn dann im Rahmen seiner persönlichen Steuerpflicht zu versteuern.

Kapitalgesellschaften zahlen auf ihren Gewinn Körperschaftsteuer und Gewerbesteuer. Die Gesellschafter zahlen erst dann Einkommensteuer, wenn der Gewinn von der Gesellschaft an die Gesellschafter ausgeschüttet wird (z.b. durch Zahlung einer Dividende bei der Aktiengesellschaft). Die steuerliche Behandlung auf der Ebene des Gesellschafters hängt dann davon ab, ob es sich um eine natürliche oder eine juristische Person handelt. Bei einer natürlichen Person, die die Anteile im Privatvermögen hält entstehen in Höhe der Ausschüttung Einkünfte aus Kapitalvermögen, die der Abgeltungssteuer (25 % zzgl. Solidaritätszuschlag) unterworfen sind. Hält der Gesellschafter einen Anteil von mehr als 1 % an der Gesellschaft in einem Betriebsvermögen, kommt das sogenannte Teileinkünfteverfahren zur Anwendung. Danach werden 60 % des ausgeschütteten Betrages der Besteuerung unterworfen. Bei einer anderen Kapitalgesellschaft als Anteilseigner ist die Ausschüttung bis auf einen Betrag von 5 % steuerfrei.

Nicht ausgeschlossen ist natürlich, dass die GmbH ihrem Gesellschafter-Geschäftsführer ein Gehalt zahlt. Dann mindert sich der Gewinn der Gesellschaft um den Betrag dieses Gehaltes. Der Geschäftsführer hat den Betrag dann als Einkommen aus nichtselbständiger Tätigkeit zu versteuern.

Eine GmbH ist dort steuerpflichtig, wo der Ort der geschäftlichen Oberleitung liegt. Verfügt die GmbH über mehrere Geschäftsführer, die tatsächlich ungefähr gleichwertige Beiträge zur Geschäftsführung von verschiedenen Orten aus leisten, so bestehen mehrere Orte der Oberleitung. Dieser Umstand hat dann Bedeutung für die Gewerbesteuer, für diese dann eine Aufteilung vorzunehmen ist.

Welche Rechtsform steuerrechtlich von Vorteil ist, kann nur im Einzelfall durch eine Vergleichsrechnung festgestellt werden. Bei solchen Vergleichsrechnungen ist jedoch stets zu berücksichtigen, dass diese immer von Annahmen über die zukünftige Geschäftsentwicklung ausgehen, die meist sehr unsicher sind.

> **ⓘ Personengesellschaft und Kapitalgesellschaft im Steuerrecht**
>
> Um die Entscheidung in steuerlicher Hinsicht sachgerecht vorzubereiten, sollte der Gründer eine Unternehmensplanung erstellen, aus der sich die erwarteten Erträge der kommenden Jahre ergeben.
>
> Personengesellschaften können Vorteile bieten, wenn das Unternehmen voraussichtlich mit Anlaufverlusten kämpfen wird und die Gesellschafter andere positive Einkünfte haben. Dann kann gegebenenfalls die Verlustnutzung ein Vorteil sein.
>
> Bei Kapitalgesellschaften kann es von Vorteil sein, angefallene Gewinne zu thesaurieren und die steuerliche Belastung damit in die Zukunft zu verlagern. Das ist dann interessant, wenn die Gesellschaft so hohe Gewinne erzielt, dass Gehälter an die Geschäftsführer in erheblicher Höhe (ca. EUR 70.000,– p.a.) gezahlt werden und immer noch erhebliche Gewinne bei der Gesellschaft verbleiben.

Generell lässt sich sagen, dass die steuerlichen Differenzen hier im Regelfall für die Entscheidung zwischen einer Personen- oder Kapitalgesellschaft nicht ausschlaggebend sind. Jedenfalls kann durch die Wahl der Rechtsform gewöhnlich kein langfristiges Steuerersparnis erreicht werden. Es geht allein um die zeitliche Verlagerung der Steuerzahlungen und damit um einen gewissen Liquiditäts- und Zinsvorteil. Einzelheiten zur Besteuerung der GmbH werden in Kapitel 11 (S. 249 ff.) dargestellt.

5. Mitbestimmung

Eine Beteiligung der Arbeitnehmer an der Unternehmensführung ist durch das Drittelbeteiligungsgesetz und das Mitbestimmungsgesetz nur bei Kapitalgesellschaften (also auch bei der GmbH) vorgesehen. Das Drittelbeteiligungsgesetz findet Anwendung, wenn die Gesellschaft mehr als 500 Arbeitnehmer beschäftigt. Das Mitbestimmungsgesetz findet erst ab 2.000 Arbeitnehmern Anwendung.

Unterliegt eine GmbH der Mitbestimmung, so ist zwingend ein Aufsichtsrat zu bilden. Ein Teil der Mitglieder dieses Aufsichtsrates (beim Drittelbeteiligungsgesetz ein Drittel, beim Mitbestimmungsgesetz die Hälfte) wird dann von den Arbeitnehmer gewählt. Die übrigen Mitglieder werden von den Gesellschaftern bestimmt.

Für mittelständische Unternehmen ist der Aspekt der unternehmerischen Mitbestimmung in der Regel ohne Bedeutung. Um eine Mitbestimmung zu vermeiden, bietet sich für größere Unternehmen die Möglichkeit der Organisation als Personengesellschaft oder die „Flucht" in ausländische Rechtsformen.

Relevanz unternehmerischer Mitbestimmung
Im Ergebnis sind Aspekte der unternehmerischen Mitbestimmung nur relevant, wenn das Unternehmen mehr als 500 Arbeitnehmer beschäftigt.

Zu beachten ist, dass es bei den vorstehenden Ausführungen nur um die unternehmerische Mitbestimmung geht. Davon zu unterscheiden ist die betriebliche Mitbestimmung nach dem Betriebsverfassungsgesetz (BetrVG). Danach haben die Arbeitnehmer – unabhängig von der Rechtform – ab einer Betriebsgröße von fünf Arbeitnehmer das Recht, einen Betriebsrat zu wählen. Dieses Recht kann durch die Wahl der Rechtsform des Unternehmens nicht beschränkt werden.

6. Publizität

Die GmbH unterliegt der Rechnungslegung des HGB. Für die GmbH ist jährlich ein Jahresabschluss zu erstellen. Dieser ist bei Kapitalgesellschaften nach § 325 HGB durch Übermittlung an den elektronischen Bundesanzeiger (www.ebanz.de) offenzulegen.

Der Umfang der Offenlegung richtet sich nach der Größe der Gesellschaft. Das HGB unterscheidet in kleine, mittelgroße und große Kapitalgesellschaften (§ 267 HGB). Die Größe bestimmt sich nach den Kriterien Bilanzsumme, Umsatzerlös und Zahl der Arbeitnehmer im Jahresdurchschnitt.

Bis zu einer Bilanzsumme von EUR 6 Mio., einem Umsatz von EUR 12 Mio. und 50 Arbeitnehmern gilt eine Gesellschaft als „klein". Ab einer Bilanzsumme von EUR 20 Mio., einem Umsatz von EUR 40 Mio. und 250 Arbeitnehmern handelt es sich um eine „große" Kapitalgesellschaft. Die jeweils nächst höhere Größenklasse wird erreicht, wenn die Gesellschaft mindestens zwei der drei genannten Kriterien an zwei aufeinanderfolgenden Bilanzstichtagen erfüllt.

Von der Größe der GmbH hängt ab, in welcher Zeit der Abschluss zu erstellen ist und wie detailliert der Jahresabschluss veröffentlicht werden muss. Mit zunehmender Größe sind auch detailliertere Informationen offenzulegen.

Insbesondere bei kleinen Gesellschaften sind die offenzulegenden Informationen für Dritte kaum aussagekräftig. Eine besondere Sorge vor übermäßiger Publizität sollte den Gründer daher nicht von der GmbH als Rechtsform abhalten.

III. Auslandsgesellschaft als Alternative?

In der Praxis ist nach 2003 vor allem die englische Limited als Rechtsform in Deutschland aufgetreten. Daneben kommen aber auch andere europäische Rechtsformen vor (z.B. die französische s.a.r.l., die niederländische B.V. oder die spanische S.L.)

Unter einer „Auslandsgesellschaft" versteht man dabei ein Unternehmen ausländischer Rechtsform, das seinen Geschäftsbetrieb tatsächlich von Deutschland aus betreibt. Nicht gemeint ist damit der Fall, dass ein ausländisches Unternehmen in Deutschland zum Beispiel durch eine Zweigniederlassung tätig wird was grundsätzlich möglich ist. Das ausländische Unternehmen hat die Möglichkeit, im deutschen Handelsregister eine Zweigniederlassung eintragen zu lassen.

Bei sogenannten Auslandsgesellschaften liegt meist der statuarische (satzungsmäßige) Sitz der Gesellschaft im Ausland. Formal wird meist „nur" eine deutsche Zweigniederlassung errichtet, tatsächlich liegt dann aber der Ort der Geschäftsleitung in Deutschland.

Lange Zeit wurden Auslandsgesellschaften in Deutschland nicht als rechts- und parteifähig anerkannt. Grundlage dafür war die sogenannte Sitztheorie des internationalen Gesellschaftsrechts. Danach richtet sich die Anerkennung einer juristischen Person nach dem Ort ihres Sitzes. Da die Auslandsgesellschaft nicht nach den Vorschriften des deutschen Gesellschaftsrechts wirksam gegründet ist, wurde sie regelmäßig nicht anerkannt. Folge war, dass sie als GbR, OHG oder einzelkaufmännisches Unternehmen anzusehen war.

Die Sitztheorie wurde jedoch durch den EuGH in der Inspire Art Entscheidung verworfen (EuGH, Urteil vom 30.9.2003 – C 167/01). Anwendung findet seitdem die Gründungstheorie. Danach ist eine Körperschaft als rechtsfähig anzusehen, wenn sie im Land ihrer Gründung ordnungsgemäß errichtet wurde. Dies ist bei Auslandsge-

III. Auslandsgesellschaft als Alternative?

sellschaften regelmäßig der Fall. Zu beachten ist allerdings, dass die Gründungstheorie nur für europäische Gesellschaftsformen gilt, bei außereuropäischen Gesellschaften hält der BGH an der Sitztheorie fest.

Als Auslandsgesellschaften kommen alle Rechtsformen aus EU-Staaten in Betracht, die in ihrer Struktur der deutschen GmbH vergleichbar sind (insbesondere die englische Limited). Nicht als juristische Personen anerkannt sind dagegen Rechtsformen aus Nicht-EU-Staaten (z.B. die schweizerische AG), wenn sie ihren Verwaltungssitz in Deutschland haben.

Auslandsgesellschaft bei Geschäftstätigkeit im Inland

Nach Einführung der UG besteht in Deutschland kein sinnvoller Anwendungsbereich, wenn Geschäftstätigkeit überwiegend im Inland geplant ist und auch die Geschäftsleitung im Inland sitzt. Steuerrechtlich bietet die Auslandsgesellschaft keinen Nutzen, da es für die Körperschaftsteuerpflicht auf die (tatsächliche) geschäftliche Oberleitung im Inland ankommt.

Darüber hinaus ist zu berücksichtigen, dass sich das Recht der Gesellschafter untereinander stets nach dem jeweiligen ausländischen Gesellschaftsrecht richtet. Hat eine Auslandsgesellschaft mehrere Gesellschafter, so kann es – wie bei jeder anderen Gesellschaft auch – zu Konflikten unter ihnen kommen. Eine Auseinandersetzung bei mehreren Gesellschaftern richtet sich nach ausländischem Gesellschaftsrecht. Dieses ist in der Praxis meist weder den Parteien noch den sie beratenden Anwälten im Detail bekannt. Für solche Auseinandersetzung besteht ferner im Regelfall kein Gerichtsstand in Deutschland, Art. 22 Nr. 2 EuGVVO (vgl. dazu BGH, Urteil vom 12.7.2011 – II ZR 28/10). Somit müsste ein entsprechender Rechtsstreit im Ausland geführt werden. Das ist für kleinere Unternehmen kaum praktikabel.

Auch Haftungsfragen bei Insolvenz richten sich nach ausländischem Recht, so dass zum Beispiel bei der Limited eine schärfere Haftung der Gesellschafter nach englischem Gesellschaftsrecht möglich ist. Hier sind viele Fragen noch ungeklärt. Die besonders gravierende Haftung nach § 64 GmbHG findet aber auch auf den Director einer Limited mit Sitz im Inland Anwendung (EuGH, Urteil vom 10.12.2015 – Rs. C-594/14).

Auch in der notariellen Praxis weist die Limited – wie auch andere Auslandsgesellschaften – praktische Probleme auf:

Bei Handelsregistereintragungen ist durch den Notar die Vertretungsbefugnis der beteiligten Personen zu prüfen. In Deutschland erfolgt dies durch Einsicht in das Handelsregister. Nach § 15 HGB besteht für die dortigen Angaben Vertrauensschutz, eine entsprechende Vorschrift kennt das englische Recht allerdings nicht. Daher genügt es bei einer Limited für den Vertretungsnachweis nicht, wenn der Notar das Register beim Companies House einsieht. Er muss vielmehr weitere dort vorliegende Unterlagen einsehen und darlegen, wie er sich über die Vertretungsbefugnis Kenntnis verschafft hat.

Gründung neuer Auslandsgesellschaften

Im Ergebnis kann von der Gründung neuer Auslandsgesellschaften im oben dargestellten Sinne nur abgeraten werden. Eine andere Situation kann sich im Einzelfall ergeben, wenn ein Unternehmen tatsächlich seine Geschäfte vom Ausland aus betreiben möchte. Dann kann eine Gründung der Gesellschaft im Ausland mit einer Niederlassung im Inland erfolgen.

Bei bestehenden Auslandsgesellschaften sollte geprüft werden, ob und wie diese in eine deutsche Rechtsform (meist eine GmbH) überführt werden können. Dazu bietet das Umwandlungsrecht eine Reihe von Möglichkeiten (vgl. dazu Kapitel 3, S. 37 ff.).

2. Kapitel

Gründung

I. Grundlagen und Ablauf der Gründung

Der „Grundfall" der Gründung einer GmbH ist die Errichtung einer neuen GmbH durch Beurkundung eines Gesellschaftsvertrages (II.). Bei der Gründung der Gesellschaft muss die im Gesellschaftsvertrag bestimmte Einlage geleistet werden. Das kann in Form der Bareinlage oder der Sacheinlage geschehen (III.).

In manchen Fällen wollen die Gründer aber auch eine bereits bestehende (meist wirtschaftlich inaktive) GmbH für die Aufnahme von unternehmerischen Aktivitäten nutzen. In solchen Fällen spricht man von der Verwendung einer Mantelgesellschaft (IV.)

II. Neugründung

Die Gründung einer GmbH kann in drei Phasen eingeteilt werden:

1. Vorgründungsgesellschaft

2. Vor-GmbH

3. Eingetragene GmbH

Von einer Vorgründungsgesellschaft spricht man, wenn sich mehrere Parteien mit dem Ziel, später eine GmbH zu gründen zusammenschließen.

Eine Vor-GmbH liegt vor, wenn der Gesellschaftsvertrag (Satzung) notariell beurkundet worden ist und die Gesellschaft noch nicht im Handelsregister eingetragen ist. Rechtlich handelt es sich um eine Gesellschaft sui generis („eigener Art"). Sie geht mit der Eintragung mit allen Rechten und Pflichten auf die später eingetragene GmbH über.

Die GmbH entsteht rechtlich erst mit der Eintragung im Handelsregister.

1. Vorgründungsgesellschaft

Eine Vorgründungsgesellschaft ist ein Zusammenschluss der künftigen Gesellschafter mit dem Ziel der Errichtung einer GmbH. Dies geschieht meist formlos, gelegentlich auch durch Abschluss einer Absichtserklärung. Rechtlich handelt es sich bei einer Vorgründungsgesellschaft um eine Gesellschaft bürgerlichen Rechts (GbR) nach den §§ 705 ff. BGB.

Vorgründungsgesellschaft

Der Ingenieur I und der Kaufmann K haben gemeinsam während ihres Studiums ein Computerspiel entwickelt. Eines Tages setzen sie sich im Wohnzimmer des I zusammen und beschließen zur Vermarktung des Spieles eine GmbH zu gründen. Rechtlich betrachtet besteht ab diesem Zeitpunkt eine Vorgründungsgesellschaft.

Ausnahmsweise kann auch eine Offene Handelsgesellschaft (OHG) vorliegen, wenn die Gesellschaft bereits in diesem Stadium einen Gewerbebetrieb unterhält. Das wäre zum Beispiel der Fall, wenn die Gründer bereits in diesem Stadium den Geschäftsbetrieb aufnehmen. Davon ist allgemein abzuraten, denn in der Phase der Vorgründungsgesellschaft haften die Gesellschafter unbeschränkt für alle Verbindlichkeiten, die in dieser Phase entstehen (§ 128 HGB analog).

Die Vorgründungsgesellschaft begründet noch keine wesentlichen Pflichten der Gesellschafter untereinander. Insbesondere kann aufgrund einer Vorgründungsgesellschaft kein Gesellschafter von den anderen verlangen, dass die GmbH tatsächlich gegründet wird. Denkbar sind allenfalls Schadensersatzansprüche, wenn ein Gesellschafter die Gründung ohne nachvollziehbaren Grund abbricht. Der Schaden könnte dann etwa in Beratungskosten bestehen, die den Gesellschaftern bereits in dieser Phase entstanden sind. Die Gründung der Gesellschaft selbst kann aber nicht verlangt werden.

2. Vor-GmbH

Ab dem Zeitpunkt der notariellen Beurkundung liegt eine Vor-Gesellschaft (Vor-GmbH) vor. Rechtlich handelt es sich dabei um eine Rechtsform eigener Art (= sui generis).

Die Vor-GmbH ist für die Gesellschafter und Geschäftsführer mit Haftungsrisiken verbunden. Nach § 11 GmbHG haften die „Handelnden" für die zwischen Beurkundung der Satzung und Eintragung der Gesellschaft im Handelsregister aufgelaufenen Verluste persönlich. Grundsätzlich sollte daher das Stadium der Vor-GmbH möglichst kurz gehalten werden. Von Geschäften in dieser Phase sollte nach Möglichkeit Abstand genommen werden. In den meisten Fällen kann eine sehr zeitnahe Eintragung in das Handelsregister erreicht werden.

Im Rechtsverkehr tritt eine solche Gesellschaft als „GmbH i.G." (= in Gründung) auf.

Bei einer Vor-GmbH erfolgt ein Gesellschafterwechsel durch Änderung des Gesellschaftsvertrages. Eine Übertragung von Geschäftsanteilen ist in dieser Phase grundsätzlich nicht möglich. Wenn die Gesellschafter sich also in dieser Phase entscheiden, einen Gesellschafterwechsel zu vollziehen, so kann dies nur einvernehmlich von allen Gesellschaftern durch Änderung des Gesellschaftsvertrages geschehen. Eine Mehrheitsentscheidung ist hier nicht möglich.

> **Änderung nach Beurkundung**
>
> Die Gründer A, B und C lassen einen Gesellschaftsvertrag notariell beurkunden. Kurz danach entscheidet sich C, doch nicht an der Gründung des Unternehmens teilnehmen zu wollen, er möchte seine Anteile an der Gesellschaft daher noch vor Eintragung in das Handelsregister an D übertragen. Dies ist nur mit Einverständnis von A und B durch Änderung des Gesellschaftsvertrages möglich. Dieser Vorgang ist notariell zu beurkunden. Eine Abtretung des Geschäftsanteils von C an D wäre nicht möglich.

Steuerrechtlich gilt eine Vor-GmbH bereits als Körperschaftsteuersubjekt, wenn die GmbH später in das Handelsregister eingetragen wird. Die Buchführung ist also ab dem Zeitpunkt der Beurkundung des Gesellschaftsvertrages für die GmbH zu erstellen. Ein Zwischenabschluss auf den Zeitpunkt der Eintragung ist nicht erforderlich.

Kommt es jedoch nicht zu einer Eintragung, so ist das Einkommensteuerrecht anzuwenden. Sind in dieser Zeit Verluste angefallen, können diese damit von den Gesellschaftern grundsätzlich steuerlich geltend gemacht werden.

3. GmbH

Erst mit der Eintragung in das Handelsregister erlangt die GmbH ihre Rechtsfähigkeit. Die von den Gesellschaftern gewünschte Beschränkung der Haftung auf das Gesellschaftsvermögen (§ 13 GmbHG) besteht erst ab diesem Zeitpunkt.

III. Bar- und Sachgründung

Bei der Gründung der GmbH muss das im Gesellschaftsvertrag vorgesehene Stammkapital aufgebracht werden. Die Aufbringung des Stammkapitals im Wert von grundsätzlich mindestens EUR 25.000 erfolgt durch Einlage von Vermögenswerten durch den Gesellschafter in das Vermögen der Gesellschaft. Eine geringere Einlage ist nur bei der Unternehmergesellschaft möglich, vgl. dazu S. 49 ff. Das Gesetz unterscheidet dabei die Bareinlage und die Sacheinlage.

1. Bareinlage

Eine Bareinlage wird dadurch erbracht, dass der Gesellschafter den Einlagebetrag in bar oder (üblicherweise) durch Überweisung der Gesellschaft zur Verfügung stellt. Die Darlegungs- und Beweislast für die Erbringung der Einlage trägt der Gesellschafter. Eine eidesstattliche Versicherung des Geschäftsführers allein ist grundsätzlich zur Beweisführung nicht ausreichend. Deshalb sollten die Gesellschafter die Einzahlungsbelege für den Nachweis der Kapitaleinzahlung unter allen Umständen aufbewahren. Einzelheiten und Probleme im Zusammenhang mit der Erbringung der Barleinlage werden in Kapitel 8, S. 201 ff., erläutert.

Folgende Punkte sollten von den Gesellschaftern bei Einzahlung der Einlage beachtet werden:

Checkliste Bareinlage

- ☐ Auf dem Zahlungsbeleg über die Einzahlung der Einlage ist der Einlagebetrag eindeutig als solcher zu bezeichnen.
- ☐ Der Zahlungsbeleg (Überweisung und Kontoauszug des Kontos der Gesellschaft mit Guthaben in Höhe des Stammkapitals) sollte aufbewahrt werden.
- ☐ Das Konto der Gesellschaft darf zum Zeitpunkt der Zahlung keinen Soll-Saldo aufweisen.
- ☐ Das Guthaben sollte bis zum Zeitpunkt der Eintragung der Gesellschaft nicht gemindert werden.

Die Bareinlage muss auch im Zeitpunkt der Eintragung noch ungeschmälert zur Verfügung stehen. Ist dies nicht der Fall, haften die Gesellschafter für die Aufbringung des bei Eintragung nicht mehr vorhandenen Betrages (sog. Vorbelastungshaftung).

Haftung im Gründungsstadium

Im Regelfall sollten bei einer Bargründung zwischen der Beurkundung der Satzung und der Eintragung im Handelsregister überhaupt keine Geschäfte getätigt werden. So kann jede Diskussion um eine Haftung im Gründungsstadium vermieden werden.

2. Sacheinlage

Im Gegensatz zur Bareinlage erbringt der Gesellschafter seine Einlage bei der Sacheinlage nicht durch die Übertragung von Geldmitteln an die Gesellschaft. Es werden vielmehr Sachen (§ 90 BGB) oder Rechte übertragen.

Der einzubringende Gegenstand ist im Gesellschaftsvertrag zu bezeichnen. Das Registergericht darf die Eintragung nur ablehnen, wenn Sacheinlagen nicht unerheblich überbewertet worden sind. Die Überprüfung des Gerichts ist also auf eine Plausibilitätskontrolle beschränkt.

Gegenstand einer Sacheinlage können nicht nur Sachen (§ 90 BGB) sein. Einlagefähig ist vielmehr jedes bilanzierungsfähige Wirtschaftsgut. Als Sacheinlagen kommen unter anderem folgende Vermögensgegenstände in Betracht:

- Unternehmensanteile
- Betriebsstätten und Teilbetriebe
- Immobilien
- Maschinen
- Betriebs- und Geschäftsausstattung
- Forderungen
- Vorräte
- Immaterielle Vermögensgegenstände (Patente, Marken, Domains usw.)

Eine wirksame Sacheinlage setzt voraus, dass der eingebrachte Gegenstand werthaltig ist. Die Gesellschafter müssen den Einlagegegenstand also „realistisch" bewerten.

In der Praxis sollten bei der Handelsregisteranmeldung Wertnachweise beigefügt werden, um Verzögerungen zu vermeiden. Bei Gütern sind dies Sachverständigengutachten (z.B. DEKRA-Gutachten bei KFZ). Bei Geschäftsanteilen werden Werthaltigkeitsbescheinigungen des Wirtschaftsprüfers oder Steuerberaters beigefügt.

Verboten ist es, die Sacheinlagevorschriften zu umgehen. Dies wird in der Praxis gelegentlich versucht. Man spricht dann von einer sog. Verdeckten Sacheinlage. Eine solche liegt vor, wenn zwar formal eine Bareinlage von dem Gesellschafter zu leisten ist, sich die Einlage bei wirtschaftlicher Betrachtung ganz oder teilweise als Sacheinlage darstellt (Legaldefinition in § 19 Abs. 4 S. 1 GmbHG).

Verdeckte Sacheinlage

Gesellschafter A verpflichtet sich im Gesellschaftsvertrag der A-GmbH zur Übernahme einer Bareinlage in Höhe von EUR 30.000,–. Er zahlt diesen Betrag auch auf das Konto der Gesellschaft ein. Zwei Tage später erwirbt aber die Gesellschaft von A dessen KFZ zum Preis von EUR 30.000,–.

Hier liegt eine verdeckte Sacheinlage nach § 19 Abs. 4 GmbHG vor. Rechtlich ist zwar eine Bareinlage erfolgt, wirtschaftlich gesehen hat die Gesellschaft jedoch kein Geld sondern ein KFZ erhalten.

Folge einer verdeckten Sacheinlage ist, dass die Einlageverpflichtung nicht erfüllt wird. Allerdings wird der Wert der eingebrachten Sache auf die Zahlungsverpflichtung angerechnet. Auf Einzelheiten wird in Kapitel 8 (S. 201 ff.) eingegangen.

Trotz der Anrechnung sollten die Gesellschafter bei der Gründung eine verdeckte Sacheinlage unbedingt vermeiden. Wird die verdeckte Sacheinlage erkannt, so muss das Registergericht die Eintragung ablehnen. Ferner muss der Notar seine Mitwirkung verweigern. Der Geschäftsführer kann sich durch die Mitwirkung an einer verdeckten Sacheinlage nach § 82 Abs. 1 Nr. 1 GmbHG strafbar machen.

Anwendungsbereich der Sachgründung
Im Ergebnis sollte die Sachgründung bei der GmbH eher die Ausnahme sein. Ein Anwendungsfall ist vor allem die „Umwandlung" von Einzelunternehmen in die GmbH (vgl. dazu Kapitel 3). In anderen Fällen sollten die Gesellschafter kritisch prüfen, ob eine Sachgründung tatsächlich erforderlich ist.

IV. Verwendung einer Mantelgesellschaft

Gelegentlich wird versucht, die Gründung einer GmbH dadurch zu beschleunigen, dass die Gesellschafter Anteile an einer bereits bestehenden, aber wirtschaftlich nicht mehr aktiven Gesellschaft erwerben. Man spricht in diesem Zusammenhang von Mantelgesellschaften.

1. Begriff der Mantelgesellschaft

Eine sog. Mantelgesellschaft liegt vor, wenn eine GmbH keinen aktiven Geschäftsbetrieb (mehr) hat und die Gesellschaft somit ein leerer „Mantel" ist. Solche Mantelgesellschaften können entstehen, wenn eine Gesellschaft ihren Geschäftsbetrieb einstellt, ohne in Insolvenz zu gehen oder ein Liquidationsverfahren zu durchlaufen. Teilweise werden auch Gesellschaften zu dem Zweck gegründet, später im Rechtsverkehr eingesetzt zu werden. In solchen Fällen spricht man auch von „Vorratsgesellschaften".

Verwendung einer Mantelgesellschaft

Die X-GmbH, die zu 100 % dem A gehört, betreibt eine Maschinenfabrik. Im Jahre 2003 wird der Geschäftsbetrieb eingestellt. Die Gesellschaft wird aber nicht liquidiert, sondern bleibt als „leere Hülle" bestehen. Im Jahr 2006 übernimmt B die Anteile von A, er betreibt ab der Übernahme mit der GmbH ein Speditionsunternehmen. Hier liegt ein Fall der Mantelverwendung vor.

2. Risiken der Verwendung von Mantelgesellschaften

Die Verwendung von Mantelgesellschaften wird von der Rechtsprechung kritisch gesehen. Durch die Reaktivierung einer inaktiven Gesellschaft können die Vorschriften des GmbHG über die Gründung und Kapitalaufbringung umgangen werden. Die Rechtsprechung bezeichnet dies als „wirtschaftliche Neugründung".

Der BGH hat klargestellt, dass auf eine wirtschaftliche Neugründung die Gründungsvorschriften des GmbHG entsprechend anzuwenden sind (BGH, Beschluss vom 9.12.2002 – II ZB 12/02). Das bedeutet, dass das Stammkapital zum Zeitpunkt der „Reaktivierung" der Gesellschaft vorhanden sein muss. Im Zweifel müssen die Gesellschafter es erneut einzahlen. Kommen sie dieser Verpflichtung nicht nach, so bleibt der Anspruch auf Leistung der Einlage bestehen. Er kann von der Gesellschaft geltend gemacht werden. Im Falle der Insolvenz wird der Anspruch durch den Insolvenzverwalter geltend gemacht.

Darüber hinaus muss die Verwendung einer Mantelgesellschaft gegenüber dem Registergericht offengelegt werden. Das geschieht in der beim Notar zu unterzeichnenden Anmeldung der Satzungsänderung. Unterbleibt diese Offenlegung haften die Gesellschafter für die erneute Einzahlung des Stammkapitals.

Ferner können Gläubiger der inaktiven GmbH ihre Ansprüche nach „Wiederbelebung" erneut gegen die Gesellschaft geltend machen. Ob solche Ansprüche bestehen und ob diese möglicherweise verjährt sind, ist eine Frage des Einzelfalles. Für den Erwerber einer Mantelgesellschaft ist dieses Risiko aber kaum einzuschätzen. Auf eine bloße Zusicherung des Verkäufers sollte sich der Käufer nicht verlassen.

Steuerrechtlich bietet die Nutzung einer Mantelgesellschaft im Regelfall keine Vorteile, da eine Nutzung der im Geschäftsbetrieb entstandenen Verluste nach § 8c KStG ausgeschlossen ist.

3. Anwendungsbereich

Im Ergebnis ist eine Mantelverwendung nicht zu empfehlen. Der Kostenvorteil ist gegenüber den vorstehend dargestellten Haftungsrisiken im Regelfall zu vernachlässigen. Auch der Zeitvorteil bei der Gründung fällt in der Regel kaum ins Gewicht. In den seltensten Fällen ist eine GmbH-Gründung tatsächlich innerhalb weniger Tage erforderlich.

Soll eine Aktivierung einer Mantelgesellschaft erfolgen, so ist Grundvoraussetzung, dass alle möglichen Verbindlichkeiten aus der Vergangenheit bekannt sind. Ferner ist auf eine ordnungsgemäße Offenlegung gegenüber dem Handelsregister zu achten.

Im Zweifel sollte daher – trotz des etwas höheren Preises – auf Vorratsgesellschaften zurückgegriffen werden. Dabei handelt es sich um neu gegründete GmbH, die zuvor keinen aktiven Geschäftsbetrieb ausgeübt haben. Damit entfällt das Risiko einer Haftung für Altverbindlichkeiten. Vorratsgesellschaften werden von Versicherungsgesellschaften oder anderen Anbietern für solche Fälle vorgehalten.

# 3. Kapitel

Umwandlung

I. Grundlagen der Umwandlung

Nicht in allen Fällen soll eine GmbH neu gegründet werden. Es kommt auch nicht selten vor, dass ein bereits bestehendes Unternehmen in die Rechtsform einer GmbH überführt werden soll. Ebenso ist denkbar, dass eine bestehende GmbH in eine andere Rechtform überführt werden soll. Diesen Vorgang des „Wechsels der Rechtsform" bezeichnet man dann allgemein als Umwandlung.

Bei der Befassung mit diesem Thema muss man sich klarmachen, dass die „Umwandlung" im Sinne des wirtschaftlich beschriebenen Zieles eines „Wechsels der Rechtsform" nicht mit dem rechtlichen Begriff der Umwandlung identisch ist.

Das Umwandlungsrecht findet seine Grundlage im Umwandlungsgesetz (UmwG). Umwandlungsvorgänge im rechtlichen Sinne unterliegen dem Numerus Clausus des Umwandlungsrechts. Das bedeutet, dass Umwandlungsvorgänge nur nach den Vorschriften des Gesetzes stattfinden können. Andere Übertragungsvorgänge außerhalb des Umwandlungsrechtes (z.B. Einbringungen) sind möglich, rechtlich dann aber nicht als „Umwandlung" zu qualifizieren.

Wenn also ein Unternehmer den Wechsel der Rechtform vornehmen möchte, ist zunächst zu untersuchen, auf welchem rechtlichen Weg dies möglich ist. Sodann sind dabei steuerrechtliche Aspekte zu beachten.

Das Umwandlungsgesetz (UmwG) kennt folgende Vorgänge:

- Verschmelzung

- Spaltung

3. Kapitel Umwandlung

- Formwechsel
- Vermögensübertragung

Von den vorstehend dargestellten Umwandlungsmöglichkeiten ist die Vermögensübertragung für die Privatwirtschaft von sehr geringer Bedeutung. Hier geht es um Umwandlungsvorgänge unter Beteiligung der öffentlichen Hand. Daher berücksichtigt die folgende Darstellung einzelner Umwandlungsfälle nur Verschmelzung, Spaltung und Formwechsel.

1. Verschmelzung

Unter einer Verschmelzung versteht man die Zusammenführung des Vermögens von zwei oder mehr Rechtsträgern. Sie ist geregelt in den §§ 2 bis 122 l UmwG.

Verschmelzung

Die A-GmbH und die B-GmbH sind zwei erfolgreiche Unternehmen der Werbebranche. Sie verschmelzen zur AB-GmbH. In diesem Zusammenhang werden die Gesellschafter der bisherigen Gesellschaften Gesellschafter bei der neuen Gesellschaft.

In Folge der Verschmelzung geht das Vermögen des übertragenden Rechtsträger auf den übernehmenden Rechtsträger im Wege der Gesamtrechtsnachfolge über (vgl. § 2 UmwG).

2. Spaltung

Bei der Spaltung geht es um Absonderung eines Teils des Vermögens eines Rechtsträgers und die damit verbundene Übertragung des Vermögens auf einen anderen Rechtsträger (vgl. § 123 UmwG).

Spaltung

Die A-GmbH betreibt eine Werbeagentur. Zunehmend werden aber auch sehr erfolgreich kleine Computerspiele entwickelt. Im Rahmen einer Spaltung gliedert die A-GmbH ihren Geschäftsbereich „Computerspiele" auf die neu gegründet B-GmbH aus. Der Vorteil besteht darin, dass damit dieser Geschäftsbereich organisatorisch vom Kerngeschäft besser getrennt werden kann. Ferner kann später gegebenenfalls ein Mitgesellschafter in die B-GmbH aufgenommen werden.

Durch die Spaltung wird das zu dem jeweiligen abgespaltenen Betriebsteil gehörende Vermögen auf den neuen Rechtsträger übertragen.

3. Formwechsel

Beim Formwechsel ändert sich das rechtliche Kleid eines Unternehmens. Seine rechtliche Grundlage findet dieser Vorgang in den §§ 190 bis 304 UmwG.

> **Formwechsel**
>
> Die A-GmbH ist so erfolgreich, dass sie in Zukunft einen Börsengang anstrebt. Dafür muss sie in eine Aktiengesellschaft umgewandelt werden. Dies geschieht durch einen Formwechsel.

Bei einem Formwechsel findet genau genommen keine Vermögensübertragung statt. Hier wird das gleich Unternehmen in einer anderen Rechtsform weiter geführt.

4. Unterscheidung von Umwandlungsrecht und Umwandlungssteuerrecht

Das Ziel der Umwandlung nach dem UmwG ist die Gesamtrechtsnachfolge. Wie bei einer Erbschaft sollen alle Rechte und Pflichten eines Rechtsträgers auf einen anderen Rechtsträger übertragen werden. Damit regelt das UmwG eine zivilrechtliche Thematik.

Eine Umwandlung ist aber auch immer unter steuerrechtlichen Gesichtspunkten zu beurteilen. Die Übertragung von Vermögenswerten muss grundsätzlich zum Verkehrswert erfolgen. Soweit diese Vermögenswerte die Buchwerte des Vermögens übersteigen, kommt es grundsätzlich durch die Aufdeckung stiller Reserven zu Gewinn, der dann entsprechend zu versteuern ist.

Um diese Versteuerung zu verhindern gibt es das Umwandlungssteuergesetz (UmwStG). In diesem Gesetz werden Voraussetzungen definiert, unter denen ausnahmsweise eine Übertragung von Wirtschaftsgütern zum Buchwert, also ohne die Aufdeckung von stillen Reserven möglich ist. Dies ist in der Regel gewollt. Um alle (auch formalen) Anforderungen an eine Buchwertfortführung zu erfüllen, ist eine umfassende Planung erforderlich.

3. Kapitel Umwandlung

Bei der Planung einer Umwandlung sollte stets von der zivilrechtlichen Konstruktion ausgegangen werden. Daran ist dann zu prüfen, ob die steuerlichen Ziele realisiert werden können. Die folgende Darstellung zeigt verschiedene Möglichkeiten des Rechtsformwechsels den in der Praxis häufigsten Fällen auf.

Rechtliche Beratung

Umwandlungen sind in der Praxis meist relativ komplexe Vorgänge, die nicht ohne eine eingehende rechtliche und steuerrechtliche Beratung unternommen werden sollten. Um eine entsprechende Maßnahme sachgerecht vorbereiten zu können, sollte stets genug Zeit eingeplant werden. Bei der Planung einer Restrukturierung sollte eine Vorlaufzeit von mindestens einem Jahr gegeben werden. Gleich zu Beginn sollte neben dem Steuerberater auch ein entsprechend spezialisierter Anwalt eingeschaltet werden.

Das Umwandlungsrecht ist eine sehr komplexe Materie mit vielen Gestaltungsvarianten. Im Folgenden werden exemplarisch einige typische Beispielfälle dargestellt, die in der Unternehmenspraxis besonders oft vorkommen.

Beratung im Zusammenhang mit Umwandlungen

Diese Fragen sollten – ggf. zusammen mit dem Berater – geklärt werden:

- *Welche betriebswirtschaftlichen Ziele werden mit der Umwandlung verfolgt?*
- *Welche Kosten sind mit der Umstrukturierung verbunden?*
- *Welche Auswirkungen hat die Umstrukturierung auf die Mitarbeiter des Unternehmens?*
  - *Ist die Beteiligung von Arbeitnehmervertretungen erforderlich?*
- *Welche steuerrechtlichen Auswirkungen haben die Umstrukturierungsmaßnahmen?*
  - *Ist eine Übertragung von Vermögenswerten zum Buchwert möglich?*
  - *Fällt bei der Umstrukturierung Grunderwerbsteuer an?*

II. Einzelunternehmen in GmbH

Ein Einzelunternehmen soll oft aus Haftungsgründen in eine GmbH überführt werden.

> **Der erfolgreiche Einzelunternehmer**
> Speditionsunternehmer S hat sein Unternehmen vor 5 Jahren mit ein paar Fahrzeugen als Einzelunternehmer gegründet. Die Geschäfte laufen sehr gut. Inzwischen beschäftigt S 80 Mitarbeiter, gleichzeitig steigen auch die Verpflichtungen aus Leasingverträgen und damit die allgemeinen unternehmerischen Risiken. S möchte deshalb sein Einzelunternehmen in eine GmbH umwandeln.

Rechtlich stehen hier zwei Wege zur Verfügung: Zum einen kommt die Sachgründung der GmbH in Betracht, zum anderen kann eine Umwandlung nach § 152 UmwG vorgesehen werden.

1. Sachgründung

Sachgründung bedeutet, dass der Einzelunternehmer eine GmbH gründet und sich im Gesellschaftsvertrag verpflichtet, das Unternehmen als Sacheinlage in die GmbH einzubringen. Gegenstand der Sacheinlage ist in diesem Fall der Betrieb. Wie jede Gründung einer GmbH bedarf dieser Vorgang der notariellen Beurkundung. Folge ist dann, dass alle Vermögensgegenstände des Unternehmens (z.B. Büroeinrichtung, Fahrzeuge etc.) auf die neu gegründete GmbH übertragen werden. Schwieriger ist in diesem Fall die Übertragung der laufenden Verträge (z.B. Mietvertrag über das Gebäude, in das Unternehmen betrieben wird) und der Verbindlichkeiten. Hier ist jeweils die Zustimmung des betroffenen Vertragspartners (z.B. des Vermieters) einzuholen.

2. Ausgliederung

Ein anderer Weg besteht in einer Ausgliederung nach § 152 UmwG. Auch dieser Vorgang muss notariell beurkundet werden. Im Rahmen der Ausgliederung wird eine neue GmbH gegründet. Gleichzeitig gliedert der Unternehmer einen Teil seines Vermögens (nämlich alles, was zu dem Einzelunternehmen gehört) auf die neue GmbH aus. Der wesentliche Unterschied zur Sachgründung besteht darin, dass bei der Ausgliederung eine Gesamtrechtsnachfolge eintritt. Das bedeutet, dass die GmbH in alle laufenden Verträge des Einzelunternehmers eintritt, ohne dass es einer Zustimmung des jeweiligen Vertragspartners bedarf. Zu beachten ist allerdings, dass das Umwandlungsgesetz eine Nachhaftung des Unternehmers vorsieht. Dieser haftet noch für fünf Jahre nach der Ausgliederung für die Verbindlichkeiten aus den übergegangenen Verträgen. Ferner ist eine Anhörung des Betriebsrates durchzuführen, wenn ein solcher besteht.

Wegen der damit verbundenen Gesamtrechtsnachfolge ist der Weg über das Umwandlungsgesetz im Regelfall in der Praxis vorzugswürdig. Voraussetzung ist allerdings, dass der Einzelunternehmer als Kaufmann in das Handelsregister eingetragen ist (e.K.). Gegebenenfalls kann diese Eintragung aber nachgeholt werden.

Steuerrechtlich würde die Übertragung der Vermögenswerte auf die GmbH grundsätzlich eine Entnahme darstellen. Folge wäre dann, dass die stillen Reserven aufzudecken und der entsprechende Gewinn zu versteuern wäre. Wird aber ein „Betrieb" oder „Teilbetrieb" in die neue Gesellschaft eingebracht, so ist eine Fortführung der Buchwerte möglich. Das setzt voraus, dass die „wesentlichen Betriebsgrundlagen" dieses Teilbetriebs übertragen werden. In jedem Fall sollte vor der Durchführung einer Umwandlung steuerliche Beratung in Anspruch genommen werden.

Voraussetzung für eine Umwandlung in eine GmbH ist jedoch immer, dass das Eigenkapital des Unternehmens zum Zeitpunkt der Umwandlung mindestens EUR 25.000,– beträgt. Das bilanzielle Eigenkapital zum Zeitpunkt der Umwandlung muss also mindestens diesen Betrag erreichen.

III. Personengesellschaft in GmbH

Bei der Umwandlung einer Personengesellschaft in eine GmbH ist zunächst zu sehen, von welcher Rechtsform die Gründer ausgehen:

Für eine Gesellschaft bürgerlichen Rechts (GbR) ist eine Umwandlung in eine GmbH nach dem Umwandlungsgesetz nicht möglich. Die Gesellschafter können sich nur entscheiden, ihr Unternehmen durch eine Einzelrechtsnachfolge (vgl. dazu II.) in eine GmbH im Rahmen einer Sachgründung einzubringen.

Wird das Unternehmen in der Rechtsform einer Offenen Handelsgesellschaft (OHG), Kommanditgesellschaft (KG) oder Partnerschaftsgesellschaft (PartG) betrieben, so kann auch eine Umwandlung nach dem Umwandlungsgesetz erfolgen. Voraussetzung für eine Umwandlung in eine GmbH ist jedoch immer, dass das Eigenkapital des Unternehmens zum Zeitpunkt der Umwandlung mindestens EUR 25.000,– beträgt.

Dafür kommen nach dem Umwandlungsgesetz grundsätzlich folgende Wege im Betracht:

- Formwechsel
- Verschmelzung
- Spaltung

1. Formwechsel

Formwechsel bedeutet dabei, dass das Unternehmen seine Rechtsform wechselt, ansonsten aber seine Identität behält.

> **Formwechsel**
>
> A und B betreiben sehr erfolgreich ein Unternehmen. Über Rechtsformen haben sie sich bisher keine Gedanken gemacht. Da sie nun bereits viele Mitarbeiter beschäftigen, wollen sie in die Rechtsform der GmbH wechseln.
>
> Ein Formwechsel wäre möglich, wenn A und B ihr Unternehmen als Offene Handelsgesellschaft (OHG) (bei gewerblicher Tätigkeit) oder als Partnerschaftsgesellschaft (bei Freiberuflern) in das Handelsregister (bzw. Partnerschaftsregister) eintragen lassen.

2. Spaltung

Bei der Spaltung ist zu unterscheiden: Die Personengesellschaft kann ihr gesamtes Vermögen auf mehrere neue Rechtsträger verteilen und dabei selbst beendet werden (Aufspaltung). Ferner kann die Gesellschaft einen Teil ihres Vermögens auf eine GmbH übertragen. Dann besteht die bisherige Gesellschaft mit dem Rest ihres Vermögens neben der neue GmbH fort (Abspaltung). Weiterhin kann die Gesellschaft ihr Vermögen in eine neu gegründete oder bereits bestehende Tochtergesellschaft übertragen (Ausgliederung). Wegen dieser vielfältigen Möglichkeiten kann die Spaltung zur Trennung von Gesellschaftern und auch zum Umbau von Unternehmensgruppen flexibel genutzt werden.

3. Verschmelzung

Bei der Verschmelzung wird die Personengesellschaft mit der bereits bestehenden oder neu gegründeten GmbH zusammengeführt. Dabei wird das Vermögen der Gesellschaft auf die GmbH übertragen und die Personengesellschaft aufgelöst.

Insbesondere wenn sich im Vermögen der Gesellschaft ein Grundstück befindet, ist zu beachten, dass hier gegebenenfalls erhebliche Belastungen durch Grunderwerbsteuer anfallen können.

> **i** **Übertragung von Grundeigentum**
> Bei Personengesellschaften (OHG, KG), die über Grundeigentum verfügen, ist die Übertragung auf eine GmbH in der Regel mit Grunderwerbsteuer verbunden.

Neben den dargestellten Möglichkeiten des Umwandlungsrechts besteht rechtlich auch die Möglichkeit, das Vermögen der Personengesellschaft an eine neu gegründete GmbH zu verkaufen. Auch dies führt zur Übertragung der Vermögenswerte. Steuerrechtlich führt eine solche Transaktion aber stets zur Aufdeckung aller stillen Reserven.

IV. Sonderfall GmbH & Co. KG in GmbH

Für die Umwandlung einer GmbH & Co. KG in eine GmbH kommt neben den eben dargestellten Möglichkeiten der Umwandlung einer Personengesellschaft in eine GmbH eine weitere Möglichkeit in Betracht: die sog. Anwachsung.

Dabei wird Stammkapital der Komplementär-GmbH erhöht. Zur Erfüllung der Einlageverpflichtung bringen die Kommanditisten dann ihre Kommanditanteile in die GmbH ein. Faktisch kommt es damit zu einer Gesamtrechtnachfolge, weil die Kommanditisten wegfallen. Auch dieser Vorgang bedarf der notariellen Beurkundung.

Der Vorteil der Anwachsung besteht darin, dass so faktische eine Gesamtrechtsnachfolge erreicht werden kann, ohne dass die Bestimmungen des Umwandlungsgesetzes beachtet werden müssen. So ist etwa die Anhörung des Betriebsrates nicht erforderlich.

V. Kapitalgesellschaft in GmbH

Bei der Gründung einer GmbH unter Beteiligung einer anderen GmbH kommen folgende Wege in Betracht:

- Verschmelzung
- Spaltung
- Formwechsel

Insoweit gilt hier grundsätzlich nichts anderes als für die Umwandlung einer Personengesellschaft in eine GmbH.

1. Verschmelzung

Bei der Verschmelzung geht das Vermögen der übertragenden Gesellschaft vollständig auf die aufnehmende Gesellschaft über. Damit übernimmt die aufnehmende Gesellschaft auch die laufenden Verträge. Ein vertraglich vereinbartes Abtretungsverbot steht einem wirksamen Übergang einer Forderung vom übertragenden auf den übernehmenden Rechtsträger im Rahmen einer Verschmelzung nicht entgegen.

> **Die GmbH als Wohnungsverwalter**
>
> Ist die GmbH als WEG-Verwalterin Partei eines Verwaltervertrages ist, so gibt allein der Umstand der Verschmelzung der Wohnungseigentümergemeinschaft (WEG) nicht das Recht, den Vertrag zu kündigen. Allerdings ist im Einzelfall zu prüfen, ob aus der Verschmelzung Nachteile für die WEG entstehen könnten, die eine Kündigung aus wichtigem Grund nach § 314 BGB rechtfertigen könnten (BGH, Urteil vom 21.2.2014 – V ZR 164/13).

Problematisch können die Wirkungen einer Verschmelzung im Zusammenhang mit der Geltung von Tarifverträgen bei den beteiligten Unternehmen sein.

> **Verschmelzung und Haustarifvertrag**
>
> Nach der Verschmelzung einer GmbH, die einen Haustarifvertrag abgeschlossen hat, auf eine andere GmbH gilt der Tarifvertrag für die (tarifgebundenen) Arbeitnehmer der übertragenden Gesellschaft fort. Er erstreckt sich jedoch nicht auf die übrigen Arbeitnehmer des übernehmenden Rechtsträgers (LAG Baden-Württemberg, Urteil vom 29.9.2014 – 9 Sa 19/14).

2. Spaltung

Auch bei der Spaltung einer GmbH gilt die bereits bei der Umwandlung von Personengesellschaften erwähnte Unterscheidung zwischen Aufspaltung, Abspaltung und Ausgliederung.

Die Aufspaltung kann vor allem für die Trennung von Gesellschaftergruppen praktisch relevant sein. Eine Spaltung nach dem Umwandlungsgesetz kann dabei auch in der Weise vorgenommen werden, dass ein Gesellschafter der übertragenden Gesellschaft an der aufnehmenden Gesellschaft überhaupt nicht mehr beteiligt ist (sog. Spaltung zu Null) (OLG München, Beschluss vom 10.7.2013 – 31 Wx 131/13.).

Aufteilung des Unternehmens durch Aufspaltung

A und B sind mit jeweils 50 % Gesellschafter der AB-GmbH. Die Gesellschaft betreibt eine Werbeagentur. Intern ist die Arbeit so verteilt, dass A für „klassische" Werbung zuständig ist und B im Wesentlichen die Entwicklung von kleinen Computerspielen für Werbekunden betreibt. Beide Geschäftsbereiche sind wirtschaftlich und in den Kundenbeziehungen weitgehend unabhängig.

A und B möchten ihre Aktivitäten trennen und in Zukunft jeweils eigene Wege gehen. Im Rahmen einer Aufspaltung, könnte der Betrieb der AB-GmbH auf zwei neue GmbH gespalten werden. So entsteht dann eine A-GmbH (mit A als alleinigem Gesellschafter und Geschäftsführer) und eine B-GmbH (mit B als alleinigem Gesellschafter und Geschäftsführer).

Bei der im Beispiel dargestellten Vorgehensweise wären allerdings die steuerlichen Folgen genau zu prüfen.

Bei der Abspaltung wird ein Teil des Unternehmens übertragen. Hier ist im Einzelfall genau zu prüfen, welche Verbindlichkeiten auf das aufnehmende Unternehmen übergehen.

GmbH als Wohnungsverwalter

Das Amt des Wohnungsverwalters geht nicht im Rahmen einer Abspaltung nach dem Umwandlungsgesetz auf einen anderen Rechtsträger über. Der Verwaltervertrag besteht grundsätzlich mit dem ursprünglichen Rechtsträger weiter (OLG München, Beschluss vom 31.1.2014 – 34 Wx 469/13)

3. Formwechsel

Beim Formwechsel bleibt die Identität der Gesellschaft grundsätzlich erhalten. Es wird nur die Rechtsform geändert. Beispiel im Bereich der Kapitalgesellschaften wäre die Umwandlung einer AG in eine GmbH. Hintergrund hierfür kann oft sein, dass die Kosten der laufenden Verwaltung einer AG als zu hoch angesehen werden. Auch Aktiengesellschaften, deren Aktien nicht mehr an der Börse gehandelt werden (nach einem sog. Delisting) wählen oft den Weg in eine GmbH.

Der Vorstand hat im Falle einer Umwandlung der Gesellschaft in eine andere Rechtsform im Umwandlungsbericht nach § 192 UmwG die Gründe für den Formwechsel zu erläutern. Dabei sind auch die Alternativen, die geprüft worden sind, im Einzelnen darzulegen. Ein allgemeiner Hinweis reicht nicht aus. Entsprechende Erwägungen können auch nicht im Anfechtungsprozess nachträglich vorgebracht werden. In jedem Fall ist im Rahmen einer solchen Umwandlung eine eingehende Beratung erforderlich.

VI. GmbH in Personengesellschaft

Auch für die Umwandlung einer GmbH in eine Personengesellschaft stehen nach dem Umwandlungsrecht die bereits erörterten Alternativen zur Verfügung:

- Verschmelzung
- Spaltung
- Formwechsel

Als Unterschied zu den anderen Umwandlungsvorgängen ist zu beachten, dass im Rahmen der Verschmelzung oder Spaltung eine Personengesellschaft nicht neu gegründet werden kann. Wenn also eine entsprechende Umwandlung durchgeführt werden soll, muss die aufnehmende Personengesellschaft erst geschaffen werden.

GmbH in OHG

A und B sind Gesellschafter und Geschäftsführer der A-GmbH. Die Gesellschaft soll in eine OHG umgewandelt werden.

Dies wäre durch einen Formwechsel möglich. Eine Verschmelzung der GmbH wäre nur möglich, wenn dafür zunächst eine neue OHG gegründet wird.

VII. GmbH in Aktiengesellschaft

Für die Umwandlung einer GmbH in eine Aktiengesellschaft gelten die Ausführungen für die Umwandlung einer Kapitalgesellschaft in eine GmbH entsprechend. Als Alternativen stehen auch hier Verschmelzung, Spaltung und Formwechsel zur Verfügung.

Hintergrund für eine Umwandlung kann sein, dass eine GmbH wirtschaftlich so erfolgreich ist, dass ein Börsengang in Zukunft ermöglicht werden soll. Ferner ermöglicht eine Aktiengesellschaft in besonderer Weise eine Trennung von Eigentum und Management. Damit kommt sie auch als Rechtsform für größere Familienunternehmen in Betracht.

4. Kapitel

Unternehmergesellschaft (haftungsbeschränkt)

I. Grundlagen und Gründung

Die Unternehmergesellschaft ist keine eigenständige Rechtsform. Es handelt sich vielmehr um einen „Sonderfall" der GmbH. Die Besonderheit besteht nach § 5a GmbHG darin, dass diese GmbH ein geringeres Stammkapital als EUR 25.000,– aufweist. Für die Unternehmergesellschaft gilt das GmbHG grundsätzlich wie für jede andere GmbH auch. Die Besonderheiten ergeben sich aus § 5a GmbHG.

> **Besonderheiten der UG gegenüber der „normalen" GmbH**
> - Verwendung des Rechtsformzusatzes „UG (haftungsbeschränkt)" im Rechtsverkehr
> - Erbringung der Einlage als Bareinlage
> - Bildung einer Rücklage in Höhe von 25 % des Jahresüberschusses

Die Gründung einer UG unterscheidet sich nicht grundsätzlich von der Gründung einer GmbH wie sie in Kapitel 2 (S. 27 ff.) dargestellt wurde. Hinsichtlich der Gestaltung des Gesellschaftsvertrages kann auf Kapitel 5 (S. 53 ff.) verwiesen werden.

Der einzige Unterschied bei der Gründung einer UG ist, dass Einlagen als Bareinlagen zu erbringen sind (§ 5a Abs. 2 GmbHG). Sacheinlagen sind ausgeschlossen.

Bei der Erstellung des Jahresabschlusses ist § 5a Abs. 3 GmbHG zu beachten. Danach ist ein Viertel des Jahresüberschusses in eine Rücklage einzustellen und darf nicht an die Gesellschafter ausgeschüttet werden. Eine UG ist allerdings nicht verpflichtet, tatsächlich einen Gewinn zu erwirtschaften. Wenn also die (angemessenen) Gehälter der Geschäftsführer dazu führen, dass die Gesellschaft keinen oder einen nur sehr geringen Überschuss erzielt, fällt die Bildung der Rücklage entsprechend geringer aus.

Eine „Umwandlung" in eine GmbH ist erst dann möglich, wenn das Stammkapital von EUR 25.000,– voll eingezahlt ist. Das kann entweder durch thesaurierte (= einbehaltene) Gewinne oder durch Einzahlungen der Gesellschafter geschehen. Es handelt sich bei dem Vorgang nicht um eine Umwandlung im Sinne des Umwandlungsgesetzes, sondern um eine Änderung des Gesellschaftsvertrages. Auch diese Änderung bedarf allerdings der notariellen Beurkundung.

II. Haftung der Vertreter

Die Firma muss den Rechtsformzusatz „Unternehmergesellschaft (haftungsbeschränkt)" oder „UG (haftungsbeschränkt)" enthalten (§ 5a Abs. 1 GmbHG). Die Gesellschaft darf also nicht als „GmbH" im Rechtsverkehr auftreten. Die Geschäftsführer sollten auch nicht der Versuchung erliegen, das Unternehmen zum Beispiel aus Imagegründen doch als „GmbH" etwa auf Briefbögen oder im Internet zu bezeichnen.

Wenn eine Unternehmergesellschaft (haftungsbeschränkt) im Rechtsverkehr als „GmbH" auftritt, haften nach Auffassung des Bundesgerichtshofes (BGH) die Handelnden (also im Regelfall der Geschäftsführer) persönlich nach § 179 BGB analog für die Erfüllung der Verbindlichkeiten (BGH, Urteil vom 12.6.2012 – II ZR 256/11).

Auf der anderen Seite führt ein Auftreten ohne den nach § 5a GmbHG erforderlichen Firmenzusatz „haftungsbeschränkt" nicht zwingend dazu, dass der Geschäftsführer, der die entsprechenden Verträge unterzeichnet hat, persönlich für die Verbindlichkeiten daraus haftet. Erforderlich ist vielmehr, dass ein subjektives Vertrauenselement hinzukommt, aufgrund dessen der Vertragspartner von einer persönlichen Haftungsübernahme ausgehen konnte.

III. Praktischer Anwendungsbereich

Der praktische Anwendungsbereich der UG besteht entgegen der ursprünglichen Intention des Gesetzgebers weniger bei Gründung von neuen Unternehmen. Hier sollte stets kritisch hinterfragt werden, ob eine UG wirklich zielführend ist. Bei vielen Unternehmensgründungen ist der Kapitalbedarf ohnehin höher als EUR 25.000,–, so dass die UG hier keinen nennenswerten Vorteil bietet.

Nach wie vor wird diese Gesellschaftsform in der Außendarstellung von vielen Geschäftspartnern eher kritisch gesehen. Gegenüber der „klassischen" GmbH ist der Kostenvorteil auch überschaubar. Er bezieht sich vor allem auf die Notarkosten.

Empfehlenswert ist eine UG allerdings für Besitzgesellschaften (vor allem Grundstücksgesellschaften) im Rahmen von Betriebsaufspaltungen. Hier werden in der Praxis vor allem aus steuerlichen Gründen GmbH & Co. KG gegründet. Bei solchen Gesellschaften kann auf die Variante der „UG & Co. KG" ausgewichen werden. So kann bei der Gründung der Gesellschaft auf ein in der Regel nicht benötigtes Stammkapital bei der Komplementär-GmbH verzichtet werden.

5. Kapitel

Gesellschaftsvertrag

I. Grundlagen / Musterprotokoll

Der Gesellschaftsvertrag (auch Satzung genannt) ist die Grundlage für die Zusammenarbeit der Gesellschafter einer GmbH.

Bei der Gestaltung des Gesellschaftsvertrages einer GmbH besteht ein weiter Ermessensspielraum. Das GmbHG ist grundsätzlich dispositiv. Das bedeutet, dass die Gesellschafter in der Satzung vom Gesetz abweichende Regelungen treffen können, wenn das Gesetz nicht ausdrücklich zwingend ist oder eine Regelung gegen andere gesetzliche Regelungen verstößt.

Der damit bestehende Gestaltungsspielraum sollte jedenfalls bei Gesellschaften mit mehreren Gesellschaftern genutzt werden. Ein auf alle Fälle anwendbares Formular gibt es nicht. Vielmehr sollten die Gesellschafter sich über ihre Interessen bei Abschluss des Gesellschaftsvertrages verständigen.

Der Gesetzgeber hat als Anlage zum GmbHG eine Mustersatzung vorgesehen. Diese kann allenfalls für Ein-Personen-GmbH eingesetzt werden. Diese Mustersatzung umfasst nur den Mindestinhalt eines GmbH-Gesellschaftsvertrages. Für mehrere Gesellschafter ist er ungeeignet, weil er unter anderem keine Regelungen zum Ausscheiden von Gesellschaftern enthält.

Gestaltung des Vertrages

Im Regelfall ist daher eine individuelle Gestaltung des Gesellschaftsvertrages geboten. Bei der Gestaltung des Vertrages sollten sich die Parteien intensiv die Zeit nehmen, den Vertrag zu verstehen. Ungünstig ist es, wenn nur ein nicht verstandenes Muster (z.B. vom Notar oder gar aus dem Internet) unkritisch unterschrieben wird.

Der Gesellschaftsvertrag einer GmbH bedarf der notariellen Beurkundung. Die Gesellschafter können den Vertrag deshalb von einem Notar erstellen lassen. Möglich ist aber auch, dass die Gesellschafter getrennt anwaltlichen Rat in Anspruch nehmen und der Gesellschaftsvertrag „ausgehandelt" wird. Der Notar ist verpflichtet, den Vertrag nach den Wünschen aller Gesellschafter zu gestalten und dabei vorhandene rechtliche Möglichkeiten aufzuzeigen, er bleibt aber „neutral". Im Gegensatz dazu muss ein Rechtsanwalt den Vertrag aus der Sicht seines Mandanten (also des einzelnen Gesellschafters) prüfen und bei der Gestaltung dessen Interessen vertreten.

Welcher Weg insoweit sinnvoll ist hängt von den finanziellen Möglichkeiten und den unterschiedlichen Interessen ab.

Der Mindestinhalt der Satzung (§ 3 Abs. 1 GmbHG) umfasst:

- Firma
- Sitz
- Gegenstand des Unternehmens
- Stammkapital

Darüber hinaus können und sollten in einer Satzung auch weitergehende Aspekte geregelt werden. Die wichtigsten sollen im Folgenden kurz dargestellt werden.

Checkliste Gestaltung des Gesellschaftsvertrages

1. *Festlegung der Firma*
   - *Unter welchem Namen soll das Unternehmen betrieben werden?*
2. *Festlegung des Sitzes*
   - *Wo soll die Gesellschaft ihren Sitz haben?*

I. Grundlagen / Musterprotokoll

3. Festlegung des Unternehmensgegenstandes

4. Höhe und Aufbringung des Stammkapitals
   - Welche Summe an Kapital soll durch die Gesellschafter insgesamt aufgebracht werden?
   - Wie hoch soll das Stammkapital der Gesellschaft sein?
   - Wer soll Gesellschafter werden? Welchen Anteil am Stammkapital übernimmt der jeweilige Gesellschafter?
   - Soll das Kapital in bar oder durch Sacheinlagen aufgebracht werden?

5. Verfügung über Geschäftsanteile
   - Sollen die Gesellschafter über die Anteile frei verfügen können?
   - Wenn nein: An welche Voraussetzungen soll eine Verfügung über die Anteile gebunden sein?
   - Soll bei der Veräußerung von Anteilen ein Vorkaufsrecht für die anderen Gesellschafter bestehen?

6. Nachfolgeregelung
   - Soll die Satzung Regelungen für den Fall des Todes eines Gesellschafters vorsehen?
   - Sollen die übrigen Gesellschafter im Todesfalle die Möglichkeit haben, die Erben des verstorbenen Gesellschafters (gegen Zahlung einer Abfindung) aus der Gesellschaft auszuschließen?
   - Umgekehrt: Sollen die Erben des verstorbenen Gesellschafters einen Abfindungsanspruch erhalten?

7. Dauer und Geschäftsjahr
   - Wird die Gesellschaft auf unbestimmte Zeit errichtet?
   - Ist das Geschäftsjahr das Kalenderjahr oder soll ein abweichendes Wirtschaftsjahr gewählt werden?

8. Gesellschafterversammlung
   - Soll jeder Gesellschafter je 1,- EUR Stammkapital eine Stimme haben?
   - Wenn nein: Welche abweichenden Stimmrechte sollen geregelt werden?

9. Geschäftsführung und Vertretung
   – Wer soll Geschäftsführer der Gesellschaft werden?
   – Bei mehr als einem Geschäftsführer: Soll jeder Gesellschafter die Gesellschaft allein vertreten können oder gilt das „Vier-Augen-Prinzip"?
   – Sollen die Gesellschafter bei bestimmten Geschäften verpflichtet sein, zuvor die Zustimmung der Gesellschafter einzuholen? Wenn ja, bei welchen?

10. Wettbewerbsverbot
    – Sollen die Gesellschafter einem Wettbewerbsverbot unterliegen?
    – Wenn ja: Soll dieses Verbot auch nach der Beendigung der Gesellschafterstellung gelten?

11. Beirat und Aufsichtsrat
    – Ab 500 Arbeitnehmern ist ein Aufsichtsrat zwingend
    – Soll für die Gesellschaft ein Aufsichtsrat oder Beirat eingerichtet werden?
    – Wenn ja, welche Kompetenzen soll dieses Gremium haben?

12. Jahresabschluss und Ergebnisverwendung
    – Soll jeder Gesellschafter am Jahresgewinn anteilig in Höhe seines Anteils am Stammkapital beteiligt sein?
    – Wenn nein: Welche abweichenden Regelungen sind gewünscht?
    – Sollen hinsichtlich des Jahresabschlusses besondere Regeln gelten? Soll der Abschluss zum Beispiel unabhängig von der Größe der Gesellschaft durch einen Wirtschaftsprüfer geprüft werden, auch wenn die gesetzlich nicht vorgesehen ist?
    – Soll die Satzung einen Anspruch gegen den Gesellschafter vorsehen, wenn es steuerrechtlich zu einer verdeckten Gewinnausschüttung kommt?

13. Einziehung von Geschäftsanteilen
    – Unter welchen Voraussetzungen soll ein Gesellschafter auch gegen seinen Willen durch die Einziehung seiner Anteile aus der Gesellschaft ausgeschlossen werden können?
    – Insolvenz des Gesellschafters?
    – Tod des Gesellschafters?
    – Aus wichtigem Grund? Was soll als wichtiger Grund angesehen werden?

14. Kündigung der Gesellschaft
    - Soll den Gesellschaftern die Möglichkeit eingeräumt werden, ihre Mitgliedschaft in der Gesellschaft zu kündigen? Wenn ja: Welche Fristen sollen für das Ausscheiden dann gelten?

15. Entgelt bei Einziehung oder Kündigung
    - Im Falle einer Einziehung oder Kündigung muss dem ausscheidenden Gesellschafter ein Entgelt gezahlt werden. Nach welchem Bewertungsverfahren soll dieses Entgelt berechnet werden?
    - Soll die Auszahlung des Entgeltes gestreckt werden? Wenn ja: In welchen Raten soll die Auszahlung erfolgen?

16. Konfliktmanagement
    - Soll im Fall von Streitigkeiten unter den Gesellschaftern ein Mediationsverfahren vor einer gerichtlichen Auseinandersetzung durchgeführt werden?
    - Soll im Falle eines Rechtsstreits ein staatliches Gericht oder ein Schiedsgericht den Streit entscheiden?

17. Güterstand
    - Soll für verheiratete Gesellschafter eine Obliegenheit zum Abschluss eines Ehevertrages aufgenommen werden?

II. Zwingende Bestandteile

1. Firma

Die Firma ist – entgegen der Verwendung in der Umgangssprache – nur der Name des Unternehmens, unter dem dieses im Geschäftsverkehr auftritt. Die Firma muss im Falle einer GmbH nach § 4 GmbHG den Zusatz „GmbH" enthalten. Für gemeinnützig tätige Gesellschaft ist die Verwendung des Zusatzes „gGmbH" (= „gemeinnützige GmbH") ausdrücklich zugelassen.

Ergänzend gilt das allgemeine Firmenrecht des Handelsgesetzbuches (HGB). Nach dem HGB ist die Firma der Name, unter dem der Kaufmann seine Geschäfte betreibt und seine Unterschrift abgibt (§ 17 Abs. 1 HGB). Der Kaufmann kann unter der Firma vor Gericht klagen und verklagt werden (§ 17 Abs. 2 HGB). Die Firma kann von dem bürgerlich-rechtlichen Namen des Kaufmannes abweichen.

Das Firmenrecht ist in den §§ 17 bis 35 HGB geregelt. Man unterscheidet bei der Firmenbildung in der Praxis zwischen:

- Personenfirma
- Sachfirma
- Mischfima
- Phantasiefirma

Dabei ist diese Unterscheidung so im Gesetz nicht angelegt. Es handelt sich lediglich um eine aus der praktischen Anwendung des §§ 17 ff. HGB entwickelte Unterscheidung, so dass Überschneidungen möglich sind.

Bei einer **Personenfirma** ist in der Firma Name des Unternehmers enthalten (z.B. Robert Bosch GmbH). Nicht zwingend erforderlich ist dabei, dass die genannte Person Gesellschafter ist.

Bei einer **Sachfirma** wird in der Firma der Unternehmensgegenstand (ergänzt z.B. um geographische Angaben) dargestellt (z.B. Hildesheimer Stahlhandel GmbH).

In einer **Mischfirma** enthält die Bezeichnung zum einen Personennamen und zum anderen einen Hinweis auf den Unternehmensgegenstand (z.B. Meyer Automobilhandel GmbH)

Eine **Phantasiefirma** besteht aus einer Phantasiebezeichnung (z.B. Commerzbank AG). Gelegentlich werden auch reine „Kunstworte" verwendet (Evonik Industries AG; Arcandor AG). Auch eine Kombination mit Hinweisen auf den Unternehmensgegenstand ist denkbar (z.B. E.ON Kraftwerke GmbH).

Eine Firma kann von den Gesellschaftern grundsätzlich frei gewählt werden. Allerdings müssen dabei einige Grundsätze beachtet werden. Diese Firmengrundsätze sind:

- Grundsatz der Firmenunterscheidbarkeit (Ausschließlichkeit)
- Grundsatz der Firmenwahrheit und -klarheit
- Grundsatz der Firmenbeständigkeit
- Grundsatz der Firmeneinheit
- Grundsatz der Firmenöffentlichkeit

a) Grundsatz der Firmenunterscheidbarkeit, §§ 18, 30 HGB

Gemäß § 18 HGB muss die Firma zur Kennzeichnung des Kaufmannes geeignet sein und Unterscheidungskraft besitzen.

Grundsätzlich können alle Begriffe zur Kennzeichnung der Firma herangezogen werden. Phantasiebezeichnungen sind demnach auch möglich. Nicht zulässig sind jedoch beispielsweise Buchstabenreihen die kein Wort ergeben (z.B. „AAA GmbH").

Bei einer Firma, die Buchstaben und Zahlen miteinander verbindet („S 23 GmbH") ist die Kennzeichnungskraft grundsätzlich gegeben. Nicht ausreichend ist dagegen eine reine Kombination von Zahlen („23. GmbH").

Ferner muss die Firma Unterscheidungskraft besitzen. Eine solche liegt nicht vor, wenn der Kaufmann lediglich seinen Unternehmensgegenstand beschreibt, wie beispielsweise „Autoleasing GmbH".

Darüber hinaus muss sich die Firma von allen anderen Firmen, die an dem jeweiligen Ort im Handelsregister bestehen, unterscheiden (§ 30 HGB). Es reicht nicht aus, dass sich die betreffenden Unternehmen gegenseitig keinen Wettbewerb machen. Für eine Unterscheidbarkeit reicht ein unterschiedlicher Rechtsformzusatz nicht aus. So würde sich zum Beispiel der eingetragene Kaufmann „Christian Meyer e.K." nicht von einer „Christian Meyer GmbH" unterscheiden. Es darf auch nicht durch eine ähnlich klingende Firmierung die Gefahr einer Verwechslung geschaffen werden.

b) Grundsatz der Firmenwahrheit und -klarheit

Nach § 18 Abs. 2 S. 1 HGB darf durch die Firma nicht über die wesentlichen geschäftlichen Verhältnisse getäuscht werden. Ferner müssen die Haftungsverhältnisse korrekt angegeben werden (§ 19 HGB). Eine GmbH darf sich etwa nicht als OHG im Rechtsverkehr bezeichnen. Eine Unternehmergesellschaft (§ 5a GmbHG) darf sich nicht als „GmbH" bezeichnen.

Beispiele aus der Rechtsprechung zur Firmenwahrheit

Ein nur regional tätiges Unternehmen des Einzelhandels darf nicht als „International Business Consulting Group" auftreten. Die Bezeichnung eines Unternehmens als „Gruppe" in der Firma ist regelmäßig irreführend im Sinne des § 18 Abs. 2 S. 1 HGB, sofern nicht tatsächlich ein Zusammenschluss mehrerer Unternehmen vorliegt (OLG Thüringen, Beschluss vom 14.10.2013 – 6 W 375/12)

Der Firmenbestandteil „Stadtwerke" darf grundsätzlich nur bei Mehrheitsbeteiligung einer Gemeinde verwendet werden (BGH, Urteil vom 13.6.2012 – I ZR 228/10).

c) Grundsatz der Firmenbeständigkeit

Bei einer einmal vorhandenen Firma kann nach § 21 HGB der Name des Inhabers fortgeführt werden, auch wenn dieser aus dem Unternehmen ausgeschieden ist. Das gilt auch für die Fortführung der Firma durch einen Erwerber oder Pächter (§ 22 HGB).

Bei einer Handelsgesellschaft bleibt die Firma auch bei einem Wechsel der Gesellschafter grundsätzlich unverändert (§ 24 HGB). Bei einer GmbH ändert sich die Firma nicht, wenn ein Gründungsgesellschafter ausscheidet.

Beispiel Firmenbeständigkeit

Die Ingenieurgesellschaft Schreiber & Winter GmbH wurde im Jahre 1950 von den Gesellschafter Karl Schreiber und Anton Winter gegründet und geleitet. Inzwischen sind längst andere Gesellschafter und Geschäftsführer im Unternehmen tätig. Dennoch bleibt die Firma unverändert.

d) Grundsatz der Firmeneinheit

Der Kaufmann darf für ein Unternehmen nur eine Firma führen. Er kann allerdings mehrere jeweils organisatorisch selbständige Einheiten unter verschiedenen Firmen auftreten lassen. Für die GmbH bedeutet das, dass diese jeweils nur eine Firma haben können.

Die Firma kann nach § 23 HGB nicht ohne das Unternehmen veräußert werden.

e) Grundsatz der Firmenöffentlichkeit

Dieser Grundsatz besagt, dass die Firma in das Handelsregister eingetragen werden muss. Bei der GmbH ist das unproblematisch, weil diese erst durch die Eintragung in das Handelsregister überhaupt entsteht.

f) Ansprüche zum Schutz der Firma

Die Firma ist als ein sogenanntes absolutes Recht gegen Beeinträchtigung gegenüber jedermann geschützt. Folgende Ansprüche können sich bei unberechtigter Beeinträchtigung einer Firma ergeben:

- Die unberechtigte Nutzung einer Firma kann durch das Registergericht untersagt werden (§ 37 Abs. 2 HGB). Im Falle der Fortsetzung der unberechtigten Benutzung kann das Gericht ein Ordnungsgeld verhängen.

- Der Berechtigte kann denjenigen, der die Firma zu Unrecht nutzt auf Unterlassung in Anspruch nehmen (§ 37 Abs. 2 HGB, § 12 BGB analog). Ferner kann er Schadensersatz verlangen (§ 823 Abs. 1 BGB).

g) Unterscheidung der Firma von anderen Bezeichnungen

Die Firma als Bezeichnung des Unternehmens ist zu unterscheiden von anderen Kennzeichen, die im Geschäftsverkehr verwendet werden. Hier ist vor allem die Marke zu erwähnen. Eine Marke stellt eine schutzfähige Bezeichnung für ein bestimmtes Produkt (oder eine Dienstleistung) dar. Ein Unternehmen kann also unter diversen Marken Produkte vertreiben.

> **Unterscheidung Firma – Marke**
>
> Das Unternehmen unter der Firma „Coca-Cola Company" vertreibt diverse Produkte unter verschiedenen Marken, z.B. Coca-Cola, Sprite, Mezzo-Mix etc.

Insgesamt sollte bei der Gründung eines Unternehmens die Bedeutung der Firma nicht unterschätzt werden. Als Instrument für ein erfolgreiches Marketing sollte neben der Firma vor allem die Möglichkeit einer überzeugenden Gestaltung einer Marke geprüft werden.

2. Sitz

Der Sitz der Gesellschaft muss nach § 4a GmbHG ein Ort im Inland sein. Anzugeben ist dabei nur die politische Gemeinde. Nicht erforderlich ist, dass in der Satzung eine konkrete Adresse angegeben wird. Diese muss nur in der Anmeldung zum Handelsregister angegeben werden.

In der Satzung sollte daher nur der Ort und nicht die Adresse angegeben werden. Ansonsten wäre jede Änderung der Anschrift mit einer Satzungsänderung verbunden.

3. Gegenstand des Unternehmens

Mit dem Gegenstand des Unternehmens wird beschrieben, in welchen Bereichen die Gesellschaft geschäftlich tätig sein darf. Die Geschäftsführer müssen sich grundsätzlich in diesem Rahmen bewegen.

Einerseits muss der Gegenstand des Unternehmens in der Satzung hinreichend konkret bezeichnet sein, es ist also nicht zulässig „Allgemeinplätze" zu verwenden.

> **Unzulässigkeit von „Allgemeinplätzen"**
>
> An einer hinreichenden Individualisierung fehlt es bei der Angabe „Handel mit Verbrauchs- und Konsumgütern".

Andererseits sollte das Unternehmen aber auch in seinen Aktivitäten nicht unangemessen eingeschränkt werden. So sollte der Zusatz aufgenommen werden, dass die Gesellschaft den Zweck auch durch Beteiligung an anderen Unternehmen verfolgen kann.

Außerdem ist zu berücksichtigen, dass bestimmte Unternehmensgegenstände nur verfolgt werden dürfen, wenn weitere Voraussetzungen erfüllt sind, die sich aus dem öffentlichen Recht ergeben:

> **Beispiele für Unternehmensgegenstände**
>
> Bei dem Betrieb eines Handwerks in der Rechtsform einer GmbH ist sicherzustellen, dass der Betriebsleiter (nicht notwendig der Geschäftsführer) Handwerksmeister ist.
>
> Eine Gesellschaft, die zum Zwecke des Inkassos einer Forderung gegründet wird, bedarf der Erlaubnis nach dem Rechtsdienstleistungsgesetz (RDG). Liegt diese Erlaubnis nicht vor, so ist der Gesellschaftsvertrag nach § 134 BGB nichtig.

Die Formulierung des Unternehmensgegenstandes sollte daher von den Gesellschaftern mit Bedacht gewählt werden. In Zweifelsfällen ist anwaltlicher Rat hinsichtlich der Zulässigkeit des jeweiligen Unternehmensgegenstandes einzuholen.

Formulierungsbeispiel Unternehmensgegenstad

(1) Gegenstand des Unternehmens ist der Groß- und Einzelhandel mit Kraftfahrzeugen, Kraftfahrzeugteilen sowie der Betrieb einer Reparaturwerkstatt.

(2) Die Gesellschaft ist berechtigt, Geschäfte jeder Art durchzuführen, die dem oben genannten Geschäftszweck unmittelbar oder mittelbar dienen oder diesen ergänzen. Sie kann Zweigniederlassungen errichten, andere Unternehmen erwerben und sich an anderen Unternehmen beteiligen.

4. Stammkapital

Das Stammkapital muss seiner Höhe nach im Gesellschaftsvertrag angegeben werden. Ferner ist hier bei einer Gründung auch die Form der Aufbringung (Bar- oder Sacheinlage) anzugeben.

Nicht erforderlich ist es, die einzelnen Gesellschafter in der Satzung zu bezeichnen. Diese müssen nur in die Gesellschafterliste aufgenommen werden. Ist ein Gesellschafterwechsel vorgesehen, so sollte aus Gründen der Praktikabilität auf eine Erwähnung der Gesellschafter in der Satzung verzichtet werden. Bei Anteilsübertragungen sollte die Erwähnung der einzelnen Gesellschafter gestrichen werden.

III. Verfügung über Geschäftsanteile

Grundsätzlich ist jeder Gesellschafter in der Verfügung über seinen Geschäftsanteil frei. Somit kann er den Anteil auch ohne die Zustimmung seiner Mitgesellschafter veräußern. Dies ist normalerweise aber nicht gewollt. Daher kann eine Beschränkung der Veräußerungsmöglichkeiten durch Zustimmungserfordernisse in der Satzung geregelt werden. Diese Regelung im Gesellschaftsvertrag bezeichnet man in der juristischen Fachsprache als Vinkulierung. Ferner ist die Aufnahme eines Vorkaufsrechts möglich.

1. Vinkulierungsklausel

Durch eine Vinkulierungsklausel wird die Übertragung eines Geschäftsanteils erschwert. Dabei muss die Klausel in der Satzung bestimmen, wer die Zustimmung zur Anteilsübertragung erteilen kann. Folgende Varianten kommen in Betracht:

- Alle Mitgesellschafter
- Gesellschafterversammlung (i.d.R. einfache Mehrheit)
- Gesellschaft (durch Geschäftsführer)
- Aufsichtsrat

Welche Gestaltung sachgerecht ist, ist eine Frage des Einzelfalles. Grundsätzlich sollte bei einer Gesellschaft, bei der die Gesellschafter persönlich mitarbeiten die Aufnahme eines neuen Gesellschafters und damit auch die Anteilsabtretung nur mit Zustimmung aller Gesellschafter möglich sein. Ganz anders ist die Interessenlage aber, wenn die Gesellschaft eine Vielzahl von Gesellschaftern hat (z.B. bei einer Einkaufskooperation). Hier ist die Zustimmung aller Gesellschafter kaum praktikabel. Daher sollte die Entscheidung auf andere Organe (z.B. die Geschäftsführung) delegiert werden.

Die Satzung kann dabei vorsehen, dass die Zustimmungsvorbehalte in bestimmten Fällen nicht gelten. So ist eine Zustimmung oft nicht erforderlich, wenn die Anteile an einen Mitgesellschafter oder an ein Familienmitglied eines Gesellschafters (z.B. im Rahmen einer Nachfolgegestaltung) übertragen werden.

Formulierungsbeispiel einer Vinkulierungsklausel:
Jede Verfügung über Geschäftsanteile oder Teile von solchen ist nur mit der Zustimmung der Gesellschaft aufgrund eines einstimmigen Beschlusses der Gesellschafterversammlung zulässig. Dies gilt nicht für die Übertragung von Anteilen auf einen anderen Gesellschafter sowie bei einer Übertragung an den Ehegatten oder einen Abkömmling eines Gesellschafters.

Umstritten ist die Frage, ob solche Vinkulierungsklauseln auch im Falle der Umwandlung gelten (zur Umwandlung vgl. 3. Kapitel, S. 37 ff.). Teilweise wird von der Rechtsprechung angenommen, dass die Übertragung im Rahmen einer Umwandlung (z.B. bei der Spaltung) nicht der Zustimmung der Gesellschafter im Rahmen eines im

Gesellschaftsvertrag vorgesehenen Zustimmungsvorbehalts bedarf (OLG Hamm, Urteil vom 16.4.2014 – 8 U 82/13). Die Regelungen des Umwandlungsgesetzes seien insoweit abschließend.

Diese Überlegung zeigt, dass eine Vinkulierungsklausel keinen sicheren Schutz gegen alle denkbaren Konstellationen bietet. Dennoch wird die Aufnahme einer solchen Regelung für gewöhnlich anzuraten sein.

2. Vorkaufsrecht

Eine Zustimmung darf in keiner Konstellation aus sachfremden Erwägungen von den Mitgesellschaftern verweigert werden. Ein Gesellschafter könnte also die Zustimmung, falls notwendig, gerichtlich erzwingen. Daher ist die Ergänzung der Zustimmungsklausel durch ein Vorkaufsrecht zu Gunsten der Mitgesellschafter sinnvoll. Vorkaufsrecht bedeutet, dass der Gesellschafter seinen Anteil an Dritte verkaufen darf. In diesem Falle sind die bisherigen Mitgesellschafter aber berechtigt, in den Kaufvertrag zu den ausgehandelten Bedingungen einzusteigen.

Formulierungsbeispiel für ein Vorkaufsrecht

(1) Für den Fall der Veräußerung eines Geschäftsanteils oder eines Teils eines Geschäftsanteils durch einen Gesellschafter sind die übrigen Gesellschafter zum Vorkauf im Verhältnis ihrer Beteiligung berechtigt. Macht ein Gesellschafter davon nicht innerhalb eines Monats Gebrauch, geht das Recht anteilig auf die verbleibenden Gesellschafter und letztlich auf die Gesellschaft über. Etwaige Spitzenbeträge stehen der Gesellschaft zu.

(2) Der Erwerb im Rahmen des Vorkaufsrechts bedarf nicht der Zustimmung der übrigen Gesellschafter. Bei der Übertragung von Geschäftsanteilen oder Teilen an den Ehegatten oder einen Abkömmling des verfügenden Gesellschafters ist die Ausübung des Vorkaufsrechts ausgeschlossen.

IV. Nachfolgeregelungen

Im Grundsatz sind GmbH-Anteile frei vererblich, der Gesellschafter bestimmt also durch letztwillige Verfügung (Testament, Erbvertrag) grundsätzlich frei darüber, wer seinen Anteil erhält. Dieser Grundsatz kann durch Regelungen in der Satzung eingeschränkt werden.

Dann geht die Regelung im Gesellschaftsvertrag der erbrechtlichen Regelung vor.

Bei der Gestaltung des Gesellschaftsvertrags müssen die Gesellschafter die Frage entscheiden, was bei dem Tod eines Gesellschafters mit dem Anteil geschehen soll.

Vorfragen zur Nachfolgeklausel

- Soll der Gesellschafter seinen Anteil nach seinem Willen frei vererben können?

- Was soll gelten, wenn der Gesellschafter nicht ganz frei sein soll:

- Soll die Gesellschaft nur die Option haben den/die Erben aus der Gesellschaft zu drängen oder sollen die Erben unter keinen Umständen in die Gesellschaft eintreten?

- Im Gegenzug erwerben die Erben dann allerdings einen Abfindungsanspruch gegen die Gesellschaft, dessen Höhe ebenfalls in der Satzung geregelt werden kann.

Die sachgerechte Beantwortung dieser Fragen ist eine Frage des Einzelfalles. In manchen Fällen bestehen allerdings rechtliche Vorgaben, die eine freie Verfügung über den Anteil unmöglich machen.

Steuerberatungsgesellschaft

Nach dem Steuerberatungsgesetz können Gesellschafter einer Steuerberatungsgesellschaft in der Rechtsform einer GmbH nur Steuerberater, Rechtsanwälte oder Wirtschaftsprüfer sein (§ 50a StBerG). Daher ist bei einer solchen Gesellschaft eine freie Verfügung über Anteile im Rahmen einer Nachfolge nur dann möglich, wenn der Erbe ebenfalls einem dieser Berufe angehört, was nicht immer der Fall sein muss.

Allgemein kann man sagen, dass eine freie Verfügung über Anteile dann sachgerecht ist, wenn Unternehmensführung und Anteilseignerschaft zumindest teilweise getrennt sind. Ist die Gesellschaft dagegen auf die persönliche Mitarbeit ihrer Gesellschafter angelegt, ist es sachgerecht, einen Zutritt von „gesellschaftsfremden" Erben nicht zu ermöglichen.

1. Regelung bei freier Verfügung

Soll der Gesellschafter in der Verfügung über seinen Geschäftsanteil frei sein, bedarf es grundsätzlich keiner Regelung in der Satzung. Zu Bedenken ist aber aus der Sicht der Gesellschaft und der verbleibenden Gesellschafter, dass der Anteil des verstorbenen Gesellschafters nicht nur auf einen Erben, sondern auch auf mehrere Erben übergehen kann. Dann entsteht eine sogenannte Erbengemeinschaft.

Während des Bestehens der Erbengemeinschaft muss der Anteil durch die Erbengemeinschaft verwaltet werden. Nach § 2038 Abs. 1 BGB steht die Verwaltung grundsätzlich allen Erben zu. Somit müssen Entscheidungen der Erbengemeinschaft einstimmig getroffen werden. In vielen Fällen stellt sich dies – wegen der Uneinigkeit der Erben – als wenig praktikabel dar.

Um diese Situation für die Gesellschaft praktikabel zu gestalten, sollte im Gesellschaftsvertrag vorgesehen werden, dass die Ausübung der Gesellschafterrechte nur durch einen gemeinsamen Vertreter erfolgen kann und die Gesellschafterrechte bis zur Bestellung eines solchen Vertreters ruhen.

> **Formulierungsbeispiel Rechte einer Erbengemeinschaft**
>
> Der Anteil des verstorbenen Gesellschafters geht auf den oder die Erben über.
>
> Mehrere Nachfolger können die Gesellschafterrechte nur durch einen gemeinsamen Bevollmächtigten ausüben, der entweder Gesellschafter oder Angehöriger der rechts- oder steuerberatenden oder wirtschaftsprüfenden Berufe sein muss. Auch die Vertretung durch einen Testamentsvollstrecker ist zulässig, wenn er Angehöriger der vorgenannten Berufsgruppen ist. Bis zur Bestellung eines Bevollmächtigten ruhen die Gesellschafterrechte mit Ausnahme des Gewinnbezugsrechts.

2. Regelung bei Beschränkung der Nachfolge

Das Recht des Gesellschafters, die Nachfolge in den Geschäftsanteil zu bestimmen, kann durch die Satzung beschränkt werden. Auch hier sind wieder mehrere Gestaltungen denkbar:

1. Der verstorbene Gesellschafter scheidet automatisch aus der Gesellschaft aus.

2. Die Gesellschaft erhält im Falle des Todes das Recht, den Anteil des verstorbenen Gesellschafters einzuziehen und damit die Erben aus der Gesellschaft auszuschießen.

3. Der Gesellschafter ist bei der Auswahl der Person des Nachfolgers beschränkt (sog. qualifizierte Nachfolge).

4. Bereits im Gesellschaftsvertrag wird eine bestimmte Nachfolge geregelt.

a) Automatisches Ausscheiden

Soll der verstorbene Gesellschafter automatisch aus der Gesellschaft ausscheiden, so muss in die Satzung eine Fortsetzungsklausel aufgenommen werden.

Fortsetzungsklausel
Verstirbt ein Gesellschafter, so wird die Gesellschaft mit den übrigen Gesellschaftern fortgesetzt.

Der Erbe (ggf. die Erbengemeinschaft) erhält also (nur) einen Abfindungsanspruch. Enthält der Gesellschaftsvertrag keine Regelung zur Abfindung, so besteht der Abfindungsanspruch nach § 738 BGB analog in Höhe des Verkehrswertes des Anteils. Dieser ist gegebenenfalls durch einen Gutachter zu ermitteln.

Die Satzung kann zur Höhe des Abfindungsanspruches Regelungen treffen. Insoweit kann auf die Ausführungen auf S. 95 ff. verwiesen werden. Inwieweit der Anspruch auf eine Abfindung durch die Satzung beschränkt oder gar ganz ausgeschlossen werden kann, ist streitig. Teilweise wird angenommen, dass eine Abfindung vollständig ausgeschlossen werden kann. Die wohl herrschende Meinung geht davon aus, dass die Abfindung durch den Gesellschaftsvertrag nur beschränkt werden kann.

Bei der Gestaltung der Regelung sollte einerseits berücksichtigt werden, dass die Erben des verstorbenen Gesellschafters einen angemessenen Gegenwert für die Beteiligung erhalten. Andererseits sollten die Höhe der Abfindung und die Zahlungsmodalitäten auch so gestaltet sein, dass dadurch die Gesellschaft nicht in ihrer Existenz bedroht wird.

b) Möglichkeit des Ausschlusses der Erben

Der Gesellschaftsvertrag kann auch vorsehen, dass die verbleibenden Gesellschafter die Möglichkeit haben, den Anteil des verstorbenen Gesellschafters einzuziehen oder die Übertragung des Anteils auf einen Mitgesellschafter oder einen Dritten zu verlangen. Auch in diesem Fall ist zu regeln, in welchem Umfang die Erben einen Anspruch auf Zahlung einer Abfindung haben.

Der Unterschied zu der zuvor dargestellten Regelung besteht darin, dass hier nur ein Recht zum Ausschluss der Erben besteht, welches die verbliebenen Gesellschafter ausüben können, aber nicht ausüben müssen.

c) Qualifizierte Nachfolge

Durch die Satzung kann die Nachfolge in den Gesellschaftsanteil in dem Sinne beschränkt werden, dass im Rahmen der erbrechtlichen Regelungen nur bestimmte Personen zugelassen werden. Man spricht dann von einer „qualifizierten" Nachfolgeklausel, weil der Erbe bestimmte Eigenschaften (lateinisch qualitas) aufweisen muss.

Es obliegt dann dem jeweiligen Gesellschafter, seine Nachfolge durch Testament oder Erbvertrag so zu regeln, dass diese den Regelungen des Gesellschaftsvertrages entspricht. Geschieht dies nicht, sollte der Gesellschaftsvertrag die Möglichkeit einer Einziehung (und damit Ausschluss des Erben) vorsehen.

> **Formulierungsbeispiel Qualifizierte Nachfolgeklausel**
> Nachfolger von Todes wegen können nur Angehörige des Familienstamms des verstorbenen Gesellschafters werden. Geht der Anteil von Todes wegen auf einen anderen über, so kann die Gesellschaft den betreffenden Geschäftsanteil gegen ein nach § X zu berechnendes Entgelt einziehen.

Kommt es zum Erbfall und hat der Erbe die erforderliche Eigenschaft, so tritt nur der Erbe in die Gesellschaft ein. Die Gesellschaft hat mit einer Erbengemeinschaft damit grundsätzlich nichts zu tun. Bei der erbrechtlichen Gestaltung ist aber zu berücksichtigen, dass der Erbe Ausgleichsansprüchen von Miterben ausgesetzt sein kann.

Eine qualifizierte Nachfolgeklausel ist empfehlenswert, wenn entweder die Anteile in der Familie gehalten oder wenn bestimmte fachliche Qualifikationen der Gesellschafter sichergestellt werden sollen.

d) Bestimmung des Nachfolgers in der Satzung

Eine weitere Möglichkeit der Nachfolgegestaltung in der Satzung besteht darin, bereits hier den Nachfolger festzulegen. In diesem Fall spricht man von einer Eintrittsklausel.

Formulierungsbeispiel Eintrittsklausel

Verstirbt der Gesellschafter A, so tritt dessen Sohn A jr. an dessen Stelle.

Der Anteil wird durch Vertrag zugunsten Dritter unter Lebenden zugewandt. Das Eintrittsrecht entsteht kraft Gesellschaftsvertrages und wird nicht im Erbgang erworben. Insoweit tritt eine Sondererbfolge ein.

Diese Variante wird in der Praxis eher selten zu empfehlen sein, weil sie einerseits die Gestaltungsfreiheit der Gesellschafter bei der Nachfolgeregelung stark einschränkt; andererseits müsste die Satzung geändert werden, wenn der betroffene Gesellschafter die Person des Nachfolgers verändern will.

Beratungsbedarf wegen Unternehmensnachfolge

In jedem Fall sollte sich jeder einzelne Gesellschafter wegen der erbrechtlichen Gestaltungsmöglichkeiten beraten lassen. Dabei ist eine sachgerechte Abstimmung der erbrechtlichen Regelung mit der gesellschaftsvertraglichen Gestaltung besonders wichtig. Das gilt insbesondere bei einer qualifizierten Nachfolgeklausel im Gesellschaftsvertrag.

Zu bedenken ist allerdings auch, dass bei einer Unternehmensnachfolge noch viele weitere Aspekte zu planen sind, die mit dem Gesellschaftsvertrag nichts zu tun haben.

V. Dauer und Geschäftsjahr

Die Satzung sollte Regelungen zur Dauer der Gesellschaft und zum Geschäftsjahr enthalten.

V. Dauer und Geschäftsjahr

1. Dauer der Gesellschaft

Eine GmbH wird im Regelfall auf unbestimmte Dauer errichtet. Eine Befristung des Gesellschaftsvertrages ist rechtlich möglich. Von dieser Möglichkeit wird aber in der Praxis so gut wie nie Gebrauch gemacht.

2. Geschäftsjahr

Das Geschäftsjahr ist in den meisten Fällen das Kalenderjahr. Eine abweichende Regelung in der Satzung ist aber möglich, wenn das Geschäftsjahr zwölf Monate umfasst. So kann etwa in der Satzung geregelt werden, dass das Geschäftsjahr am 1.4. beginnt und am 31.3. des Folgejahres endet. In jedem Fall ist das erste Geschäftsjahr ein Rumpfgeschäftsjahr.

Bei der Gründung der Gesellschaft ist die Regelung eines vom Kalenderjahr abweichenden Wirtschaftsjahres ohne weiteres möglich.

Eine spätere Änderung des Geschäftsjahres von einem abweichenden Wirtschaftsjahr auf das Kalenderjahr ist jederzeit möglich. Die Einführung oder Änderung eines abweichenden Wirtschaftsjahres ist steuerlich nur beachtlich, wenn das Finanzamt dieser Änderung zustimmt. Um eine Zustimmung zu erhalten sind beachtliche nichtsteuerliche Gründe für die Änderung darzulegen (z.B. Vereinheitlichung der Rechnungslegung innerhalb einer Unternehmensgruppe). Eine rückwirkende Eintragung einer Änderung des Geschäftsjahres ist jedoch nicht möglich.

Zu beachten ist, dass eine Änderung des Geschäftsjahres stets eine Satzungsänderung darstellt. Der Beschluss bedarf damit nach § 53 GmbHG der notariellen Beurkundung.

Die Regelung eines abweichenden Wirtschaftsjahres kann bei der Unternehmensgründung genutzt werden, um die Abgabe der ersten Steuererklärung hinauszuschieben und so gegebenenfalls Steuerzahlungen zu stunden. Zu beachten ist bei diesen Gestaltungen aber, dass die Regelungen in keinem Fall zu einer Steuerersparnis führen.

Abweichendes Geschäftsjahr

Die Gesellschafter A und B gründen die AB-GmbH im Oktober des Jahres 2001. Bei der Vereinbarung des Kalenderjahres als Geschäftsjahr müsste der erste Jahresabschluss zum 31.12.2001 erstellt werden. Würden die Gesellschafter bestimmen, dass das Geschäftsjahr am 1.10 beginnt und am 30.9. endet, so wäre der erste Jahresabschluss zum 30.9.2002 zu erstellen.

Ein weiteres Argument für die Regelung eines abweichenden Wirtschaftsjahres kann auch das Saisongeschäft eines Unternehmens sein. So könnte ein Unternehmen des Einzelhandels mit einem starken Weihnachtsgeschäft das Ende des Geschäftsjahres in den Sommer verlegen. So müssten Geschäftsführer und Mitarbeiter sich nicht parallel um das zum Jahresende besonders anstrengende operative Geschäft und die Erstellung des Jahresabschluss kümmern. Die Jahresabschlussarbeiten könnten in eine ruhigere Zeit verlagert werden.

VI. Gesellschafterversammlung

Die Gesellschafterversammlung ist das „oberste" Organ der GmbH. In der Gesellschafterversammlung treffen die Gesellschafter die wesentlichen Entscheidungen über die Zukunft des Unternehmens. Die Geschäftsführer haben die Gesellschaft nach den Weisungen der Gesellschafterversammlung zu leiten.

Das Gesetz enthält in den §§ 45–51 GmbHG eine Reihe von Regelungen zur Gesellschafterversammlung. Eine Satzungsregelung kann diese gesetzlichen Bestimmungen teilweise wiederholen oder auch modifizieren. Auch die Wiederholung der gesetzlichen Regelung kann sinnvoll sein, weil die Satzung dem Geschäftsführer die praktischen Regelungen zur Durchführung einer Gesellschafterversammlung an die Hand geben sollte.

In welchem Umfang eine Regelung der Gesellschafterversammlung in der Satzung erfolgen soll, ist den Gesellschaftern überlassen. Es bietet sich aber jedenfalls bei mehreren Gesellschaftern an, den Rahmen für den Ablauf einer Gesellschafterversammlung in Satzung präzise zu beschreiben.

Die Satzungsregelungen können sich auf unterschiedliche Aspekte der Gesellschafterversammlung beziehen. Die wichtigsten Gestaltungselemente sind:

1. Reglungen zur Einberufung der Versammlung

2. Regelungen zur Zuständigkeit (den Kompetenzen) der Gesellschafterversammlung

3. Regelungen zur Durchführung der Versammlung und zur Ausübung des Stimmrechts

4. Regelungen zur Möglichkeit der Anfechtung eines Gesellschafterbeschlusses

VI. Gesellschafterversammlung

Im Folgenden werden die typischen Möglichkeiten einer Satzungsregelungen im Hinblick auf die Gesellschafterversammlung dargestellt. Die Durchführung der Gesellschafterversammlung wird in Kapitel 6 (S. 105 ff.) dargestellt.

1. Einberufung der Gesellschafterversammlung

Die Einberufung der Gesellschafterversammlung bezieht sich zum einen auf die Frage der Einberufungskompetenz und zum anderen auf die Frage der Frist. Beides ist im Gesetz geregelt und kann durch Satzung modifiziert werden.

Die gesetzlichen Regelungen sehen wie folgt aus:

Nach § 49 Abs. 1 GmbHG erfolgt die Einberufung durch die Geschäftsführung. Nur im Rahmen des Selbsthilferechts nach § 50 Abs. 3 GmbHG können Gesellschafter, die zusammen 10 % des Stammkapitals halten eine Versammlung einberufen, wenn die Geschäftsführer einem vorherigen Einberufungsverlangen nicht nachkommen. Die Satzung kann hier Regelungen vorsehen, darf aber die Minderheitsrechte nicht über die gesetzliche Regelung hinaus beschränken.

Die Einberufung erfolgt nach § 51 GmbHG durch eingeschriebenen Brief mit einer Frist von einer Woche. Hier kann die Satzung einerseits eine Vereinfachung der Form (z.B. eine Ladung per E-Mail) und zum anderen eine Verlängerung der Frist vorsehen.

Vereinfachung der Einberufung?

Bei der Gestaltung einer Vereinfachung der Einberufungsregelungen sollten sich die Gesellschafter darüber bewusst sein, dass man im Einverständnis aller Gesellschafter auf die Formen und Fristen der Einberufung jederzeit verzichten kann. Die Regeln gelten daher eher für den „Konfliktfall". Hier kann es zum Schutz der Gesellschafter und aus Gründen der Beweisbarkeit wünschenswert sein, wenn bestimmte Formalien eingehalten werden.

2. Kompetenzen der Gesellschafterversammlung

Die Kompetenzen der Gesellschafterversammlung sind im GmbHG nicht abschließend und zwingend geregelt. Einen „Mindestbestand" an Kompetenzen regelt § 46 GmbHG. Die Satzung kann diese Kompetenzen aber erweitern.

> **§ 46 Aufgabenkreis der Gesellschafter**
>
> Der Bestimmung der Gesellschafter unterliegen:
> 1. die Feststellung des Jahresabschlusses und die Verwendung des Ergebnisses;
>
> 1a. die Entscheidung über die Offenlegung eines Einzelabschlusses nach internationalen Rechnungslegungsstandards (§ 325 Abs. 2a HGB) und über die Billigung des von den Geschäftsführern aufgestellten Abschlusses;
>
> 1b. die Billigung eines von den Geschäftsführern aufgestellten Konzernabschlusses;
>
> 2. die Einforderung der Einlagen;
>
> 3. die Rückzahlung von Nachschüssen;
>
> 4. die Teilung, die Zusammenlegung sowie die Einziehung von Geschäftsanteilen;
>
> 5. die Bestellung und die Abberufung von Geschäftsführern sowie die Entlastung derselben;
>
> 6. die Maßregeln zur Prüfung und Überwachung der Geschäftsführung;
>
> 7. die Bestellung von Prokuristen und von Handlungsbevollmächtigten zum gesamten Geschäftsbetrieb;
>
> 8. die Geltendmachung von Ersatzansprüchen, welche der Gesellschaft aus der Gründung oder Geschäftsführung gegen Geschäftsführer oder Gesellschafter zustehen, sowie die Vertretung der Gesellschaft in Prozessen, welche sie gegen die Geschäftsführer zu führen hat.

Die Gesellschafter können durch die Satzung weitere Zuständigkeiten für die Gesellschafterversammlung vorsehen. Dabei stellt sich bei der Gestaltung der Satzung die Frage, welche Entscheidungen die Geschäftsführer allein treffen können und wo ein Zustimmungsvorbehalt angebracht ist. Die konkrete Ausgestaltung der Kompetenzen ist stets eine Frage des Einzelfalles.

VI. Gesellschafterversammlung

Auf der einen Seite sollten die Gesellschafter die Kontrolle über die wesentlichen Geschäfte bei sich behalten. Auf der anderen Seite sollten Entscheidungen des Tagesgeschäfts auch nicht durch zu geringe Kompetenzen der Geschäftsführung behindert werden.

> **Regelung zu Kompetenzen der Gesellschafterversammlung** ℹ
>
> Die Geschäftsführer bedürfen zu folgenden Maßnahmen der vorherigen Zustimmung durch Gesellschafterbeschluss:
>
> a) dem jährlich aufzustellenden Investitions- und Finanzplan;
>
> b) Investitionen und Kreditaufnahmen, die den Investitions- bzw. Finanzplan um mehr als 10 % überschreiten;
>
> c) der Veräußerung oder Stilllegung des Betriebs oder eines Betriebsteils; der Aufgabe eines wesentlichen Tätigkeitsbereichs;
>
> d) der Gründung, dem Erwerb oder der Veräußerung von Unternehmen oder Unternehmensbeteiligungen;
>
> e) dem Erwerb, der Veräußerung oder Belastung von Grundstücken und grundstücksgleichen Rechten sowie der Verpflichtung zur Vornahme solcher Rechtsgeschäfte;
>
> f) sonstigen außergewöhnlichen, insbesondere mit hohen Risiken verbundenen Maßnahmen;
>
> g) sonstigen Maßnahmen, die durch die Gesellschafterversammlung oder eine von ihr beschlossene Geschäftsordnung für zustimmungspflichtig erklärt werden.

3. Durchführung der Versammlung und Stimmrecht

Die Satzung kann die Durchführung der Versammlung sowie die Ausübung des Stimmrechts weitgehend nach den Vorstellungen der Gesellschafter regeln.

a) Ausübung des Stimmrechts außerhalb der Versammlung

Die Ausübung des Stimmrechts muss nicht auf die Versammlung beschränkt sein. Die Satzung kann auch vorsehen, dass Beschlussfassungen auch außerhalb der Versammlung möglich sind.

Regelung zur Beschlussfassung außerhalb von Versammlungen

Gesellschafterbeschlüsse werden grundsätzlich in Versammlungen gefasst. Jedoch können Gesellschafterbeschlüsse auch brieflich, telegrafisch, fernschriftlich, per Telefax, telefonisch oder per E-Mail gefasst werden, wenn alle Gesellschafter mit dieser Art der Beschlussfassung einverstanden sind.

b) Umfang des Stimmrechts

Das Stimmrecht steht den Gesellschaftern grundsätzlich nach Anteilen zu. So gewährt jeder Euro eines Geschäftsanteils eine Stimme. Auch hier kann der Gesellschaftsvertrag eine abweichende Regelung zulassen, z.B. indem einem Gesellschafter mehr Stimmrechte zugestanden werden als ihm nach seinem Anteil am Stammkapital zustehen würde.

Grundsätzlich ist ein Gesellschafter in eigener Sache von der Ausübung des Stimmrechts nach § 47 Abs. 4 GmbHG ausgeschlossen. So kann ein geschäftsführender Gesellschafter nicht über die eigene Entlastung mit entscheiden. Als Leitgedanke gilt hier das „Verbot des Richtens in eigener Sache". Dieser Grundsatz kann durch Satzungsregelungen modifiziert werden, wobei die Einzelheiten hier sehr streitig sind. Generell dürften Erweiterungen des gesetzlichen Verbots zulässig sein, während Einschränkungen (also eine Gestattung der Entscheidung in eigener Sache) unter dem Gesichtspunkt der Schutzes der Minderheitsgesellschafter kritisch zu sehen sind.

Ist ein Testamentsvollstrecker bestellt, so steht diesem grundsätzlich auch das Recht zu, die Gesellschafterrechte (insbesondere das Stimmrecht) an Anteilen auszuüben, die zu dem verwalteten Erbe gehören. Das Stimmrecht des Testamentsvollstreckers ist allerdings nach § 47 Abs. 4 GmbHG (ggf. analog) ausgeschlossen, wenn der Testamentsvollstrecker als „Richter in eigener Sache" auftritt. Das ist etwa der Fall, wenn die Gesellschafterversammlung beschließen soll, Schadensersatzansprüche gegen den Testamentsvollstrecker geltend zu machen. Der Umstand, dass ein Stimmverbot besteht, führt allerdings nicht dazu, dass die Erben das Recht hätten, eine entsprechende Gesellschafterversammlung einzuberufen. Das Einberufungsrecht steht grundsätzlich der Geschäftsführung oder der den Minderheitsgesellschaftern zu. Die Erben müssten dann den Testamentsvollstrecker zunächst auf Einberufung einer Gesellschafterversammlung in Anspruch nehmen.

c) Regelungen zur Durchführung der Versammlung

Auch Regelungen zur Durchführung der Gesellschafterversammlung sind denkbar. Von Bedeutung ist hier vor allem die Regelung, wer zum Versammlungsleiter bestellt wird. So könnte die Satzung bestimmen, dass die Versammlung immer von dem ältesten Gesellschafter geleitet wird.

4. Anfechtung von Gesellschafterbeschlüssen

Die Satzung kann auch Regelungen für den Fall vorsehen, dass ein Gesellschafter mit einer Beschlussfassung nicht einverstanden ist. In diesem Fall muss er den betroffenen Beschluss anfechten. Bei der GmbH erfolgt die Anfechtung eines Gesellschafterbeschlusses nur durch Klage gegen die Gesellschaft (§ 246 AktG analog). Eine einfache Anfechtungserklärung reicht daher nicht aus.

Die Satzung kann auch Bestimmungen zur Anfechtung von Gesellschafterbeschlüssen vorsehen. Streitig ist, ob die in § 246 vorgesehen Frist von einem Monat hier analog heranzuziehen ist. Man geht von der Geltung der Frist als „Regelfrist" aus. Die Anfechtungsfrist sollte zur Vermeidung von Unklarheiten in der Satzung geregelt werden. Dabei kann aber die Monatsfrist nicht unterschritten werden. Die Satzung kann auch eine Regelung vorsehen, nach der vor der Erhebung einer Klage erst der Versuch einer Mediation unternommen werden muss.

VII. Geschäftsführung und Vertretung

1. Grundsatz

Die Geschäftsführung obliegt nach § 35 GmbHG den Geschäftsführern. Der beziehungsweise die Geschäftsführer werden durch die Gesellschafterversammlung gewählt. Ausnahmen ergeben sich nur bei Gesellschaften, die der Mitbestimmung unterliegen (Bestellung durch den Aufsichtsrat) und wenn die Satzung hier Besonderheiten vorsieht. So kann die Satzung die Bestellung der Geschäftsführer etwa auf einen Beirat oder Aufsichtsrat delegieren. Ferner kann die Satzung vorsehen, dass die Amtszeit der Geschäftsführer befristet ist. Ohne eine solche Regelung ist die Bestellung grundsätzlich unbefristet.

Die Bestellung eines Geschäftsführers ist grundsätzlich jederzeit durch die Gesellschafterversammlung widerruflich (§ 38 GmbHG). Soll dieses Recht der Gesellschafterversammlung eingeschränkt werden, ist eine Regelung in der Satzung erforderlich. Denkbar ist etwa eine Regelung dahingehend, dass die Bestellung eines Geschäftsführers nur aus wichtigem Grund widerrufen werden kann.

2. Vertretungsbefugnis

Die Satzung kann regeln, ob Geschäftsführer im Regelfall allein- oder gesamtvertretungsberechtigt sein sollen. Alleinvertretungsberechtigung bedeutet, dass der Geschäftsführer die Gesellschaft allein vertreten kann. Bei der Gesamtvertretung ist regelmäßig die Vertretung durch zwei Geschäftsführer oder durch einen Geschäftsführer und einen Prokuristen erforderlich. Im Zweifel sollte die Satzung den konkreten Umfang der Vertretungsbefugnis den Gesellschaftern überlassen.

3. Entsendungsrechte

Ferner kann die Satzung Entsendungsrechte für einzelne Gesellschafter oder Gesellschafterstämme vorsehen. Das kann sich anbieten, wenn mehreren Gesellschaftern eine Vertretung in der Geschäftsführung gesichert werden soll.

Formulierungsbeispiel Entsendungsrecht

Den jeweiligen Inhabern der Geschäftsanteile Nr. 1 und Nr. 2 steht jeweils das Sonderrecht (§ 35 BGB) zu, eine Person als Geschäftsführer zu bestellen. Dieses Sonderrecht geht auf die Rechtsnachfolger der genannten Gesellschafter in die genannten Gesellschaftsanteile über. Für die Abberufung des kraft eines Sonderrechts bestellten Geschäftsführers ist allein der bestellende Gesellschafter zuständig; dies gilt nicht, wenn in der Person des betroffenen Geschäftsführers ein wichtiger Grund im Sinne des § 38 Abs. 2 GmbHG vorliegt. Die Bestellung des Inhabers des jeweiligen Geschäftsanteils ist zulässig.

Die Aufnahme eines Entsendungsrechts ist in der Praxis eher selten. Es kann allerdings ein probates Mittel sein, um den Einfluss bestimmter Gesellschafter oder Gesellschaftergruppen (z.B. Familienstämme) auf die Geschäftsführung zu sichern.

VIII. Wettbewerbsverbot

Bei der Regelung eines Wettbewerbsverbverbotes geht es um die Frage, ob ein Gesellschafter zu der Gesellschaft in Wettbewerb (Konkurrenz) treten darf. Grundsätzlich gilt hier, dass es ein allgemeines Wettbewerbsverbot für den Gesellschafter einer GmbH nicht gibt.

Im Grundsatz kennt das GmbHG nämlich kein dem § 112 HGB entsprechendes Wettbewerbsverbot (bei OHG). Allerdings gilt ein solches jedenfalls bei einem Gesellschafter mit maßgeblichem Einfluss als Ausfluss der gesellschaftsrechtlichen Treuepflicht. Hier sind allerdings viele Einzelheiten streitig, wann dieser „maßgebliche" Einfluss gegeben ist.

> **Festlegung eines Wettbewerbsverbots**
> Grundsätzlich sollte die Satzung ein Wettbewerbsverbot für alle Gesellschafter vorsehen, die potenziell die Möglichkeit haben, der Gesellschaft Konkurrenz zu machen. Ein Vertrauen auf die gesetzliche Regelung bzw. die Regeln der Rechtsprechung ist nicht ausreichend.

Bei der Regelung eines Wettbewerbsverbotes in der Satzung sind das vertragliche und das nachvertragliche Wettbewerbsverbot zu unterscheiden. Bei einem vertraglichen Wettbewerbsverbot ist dem Gesellschafter die Ausübung von Wettbewerb (nur) solange verboten, wie er auch Gesellschafter ist. Bei einem nachvertraglichen Wettbewerbsverbot gilt das Verbot für eine gewisse Zeit über die Beendigung der Gesellschafterstellung hinaus.

1. Vertragliches Wettbewerbsverbot

Ein vertragliches Wettbewerbsverbot gilt während des Bestehens der Gesellschafterstellung und ist grundsätzlich zulässig. Es muss nur deutlich in der Satzung verankert sein.

Ein zwischen der GmbH und einem Dritten vertraglich vereinbartes Wettbewerbsverbot gilt grundsätzlich nicht für die Gesellschafter. Allerdings kann die Vertragsauslegung und die gesellschaftsrechtliche Treuepflicht ergeben, dass ein solches Verbot ausnahmsweise auch für die Gesellschafter gilt.

2. Nachvertragliches Wettbewerbsverbot

Nach dem Ausscheiden aus einer Gesellschaft unterliegt ein Gesellschafter ohne entsprechende Vereinbarung in der Satzung keinem Wettbewerbsverbot. Wettbewerb ist in einer marktwirtschaftlichen Wirtschaftsordnung sogar ausdrücklich erlaubt. Ein ausgeschiedener Gesellschafter darf daher in Wettbewerb treten und Kunden abwerben.

Ein nachvertragliches Wettbewerbsverbot ist in einer Wettbewerbswirtschaft somit grundsätzlich nicht vorgesehen und kann auch nur in engen Grenzen wirksam vereinbart werden.

> **i** **Nachträgliches Wettbewerbsverbot als sittenwidriges Rechtsgeschäft (§ 138 BGB)**
> Eine ausdrückliche gesetzliche Regelung gibt es nicht, die Rechtsprechung misst Wettbewerbsverbote aber am allgemeinen Verbot sittenwidriger Rechtsgeschäfte (§ 138 BGB). Danach ist ein nachvertragliches Wettbewerbsverbot nur soweit zulässig wie als im Interesse der Gesellschaft geboten ist.

Das Verbot muss demnach sachlich, zeitlich und räumlich beschränkt sein.

Sachlich geboten ist ein Wettbewerbsverbot, wenn es sich auf den tatsächlichen Tätigkeitsbereich des Unternehmens beschränkt. Ferner muss es mit dem Kartellverbot vereinbar sein. Vor diesem Hintergrund dürfte es unzulässig sein, einen Minderheitsgesellschafter, der keinen bestimmenden Einfluss auf die Gesellschaft ausübt und auch nicht über besonderes Know-How verfügt, mit einem Wettbewerbsverbot zu belegen. Ein nachvertragliches Wettbewerbsverbot dürfte unwirksam sein, wenn es sich auf einen „rein kapitalistisch" beteiligten Minderheitsgesellschafter bezieht.

In zeitlicher Hinsicht muss das Wettbewerbsverbot ebenfalls beschränkt sein. Die Rechtsprechung akzeptiert hier im Regelfall einen Zeitraum von maximal zwei Jahren. Auch Kundenschutzklauseln, die zwischen GmbH und Gesellschafter anlässlich des Ausscheidens vereinbart werden, dürfen einen Zeitraum von zwei Jahren nicht überschreiten. Gehen sie über diesen Zeitraum hinaus, so sind sie nichtig.

Eine räumliche Beschränkung ist sachgerecht, wenn sie sich auf den tatsächlichen räumlichen Tätigkeitsbereich des Unternehmens beschränkt.

Ein finanzieller Ausgleich (Karenzentschädigung) muss für das nachvertragliche Wettbewerbsverbot eines Gesellschafters nicht gezahlt werden.

Bei der Gestaltung von Wettbewerbsverboten in der Satzung ist zu beachten, dass ein Überschreiten der vorgenannten Grenzen dazu führen kann, dass das Wettbewerbsverbot insgesamt von einem Gericht im Streitfall als nichtig angesehen werden kann. „weniger" ist also hier manchmal „mehr".

Ergänzt werden sollte das Wettbewerbsverbot mit einer Regelung zur Vertragsstrafe. Durch eine solche Regelung wird in der Satzung ein pauschaler Schadensersatzanspruch für den Fall einer Verletzung des Wettbewerbsverbots vorgesehen. Ohne eine solche Regelung könnte das Verbot praktisch wertlos sein: Dann müsste die Gesellschaft nachweisen, welcher konkrete Schaden ihr aus dem Verstoß entstanden ist. Sie müsste dann also darlegen, welche Geschäfte ihr durch den Verstoß entgangen sind. Das kann im Einzelfall schwierig bis unmöglich sein.

Formulierungsbeispiel Wettbewerbsverbot

(1) Kein Gesellschafter darf während seiner Zugehörigkeit und zwei Jahre nach seinem Ausscheiden mit der Gesellschaft unmittelbar oder mittelbar in Wettbewerb treten.

(2) Wettbewerb ist jede selbstständige oder unselbstständige Tätigkeit im tatsächlichen örtlichen und sachlichen Tätigkeitsbereich der Gesellschaft.

(3) Verletzt ein Gesellschafter das Wettbewerbsverbot, hat er für jeden Fall der Zuwiderhandlung EUR XXX als Vertragsstrafe an die Gesellschaft zu zahlen. Bei fortgesetzter Zuwiderhandlung gilt jeder angefangene Monat des Verstoßes gegen das Wettbewerbsverbot als eine neue Zuwiderhandlung. Das Recht der Gesellschaft, Unterlassung und Schadensersatz zu verlangen, bleibt unberührt. Eine gezahlte Vertragsstrafe wird auf den Schadensersatz angerechnet.

(4) Die Gesellschafter können durch Beschluss ganz oder teilweise vom Wettbewerbsverbot befreien, wenn in einem gesonderten Vertrag im Voraus eine klare und eindeutige Aufgabenabgrenzung zwischen Gesellschaft und befreitem Gesellschafter vereinbart wird. Der von dem Wettbewerbsverbot betroffene Gesellschafter hat bei dem Beschluss kein Stimmrecht.

3. Verschwiegenheitspflicht

Eine Ergänzung des Wettbewerbsverbotes durch eine Regelung zur Verschwiegenheit über die Belange der Gesellschaft ist möglich. Bei Gesellschaftern, die zu der Gesellschaft in einem Dienstverhältnis stehen, ist die unberechtigte Weitergabe von Betriebs- und Geschäftsgeheimissen kann auch ohne eine entsprechende Regelung nach § 17 UWG strafbar sein.

Formulierungsbeispiel Verschwiegenheitspflicht

Jeder Gesellschafter ist verpflichtet, über vertrauliche Angelegenheiten, die ihm in seiner Eigenschaft als Gesellschafter im Rahmen einer Tätigkeit für die Gesellschaft zur Kenntnis gelangen, insbesondere über die Bilanzen sowie die Verhandlungen und Beschlüsse der Gesellschafter Dritten gegenüber Stillschweigen zu bewahren soweit er nicht aufgrund gesetzlicher Vorschriften zur Offenlegung verpflichtet ist. Diese Verpflichtung besteht auch nach seinem Ausscheiden fort. Die Schweigepflicht gilt nicht für die Vorlage von Bilanzen der Gesellschaft bei Banken und für die Offenbarung vertraulicher Angelegenheiten gegenüber zur Berufsverschwiegenheit verpflichteten Angehörigen eines rechts-, wirtschafts- oder steuerberatenden Berufs anvertrauen, wenn und soweit dies zur Wahrung der berechtigten Interessen des Gesellschafters erforderlich ist. Weitere Ausnahmen von der Schweigepflicht können im Einzelfall durch Gesellschafterbeschluss zugelassen werden.

IX. Beirat und Aufsichtsrat

Ein Aufsichtsrat ist bei der GmbH grundsätzlich nicht zwingend vorgesehen. Die Verpflichtung zur Einrichtung eines solchen Gremiums ergibt sich allenfalls aus den Regelungen zur unternehmerischen Mitbestimmung des Arbeitsrechts.

IX. Beirat und Aufsichtsrat

Übersicht Obligatorischer Aufsichtsrat

- Ab 500 Arbeitnehmern: Aufsichtsrat nach dem Drittelbeteiligungsgesetz (= ein Drittel der Mitglieder des Aufsichtsrates von den Arbeitnehmern gewählt)

- Ab 2000 Arbeitnehmern: Aufsichtsrat nach dem Mitbestimmungsgesetz (= Hälfte der Mitglieder des Aufsichtsrates von den Arbeitnehmern gewählt)

- Seltene Sonderregelungen gelten für Unternehmen der Montanindustrie mit mehr als 1.000 Arbeitnehmern

1. Obligatorischer Aufsichtsrat

Ab 500 Arbeitnehmern ist zwingend aufgrund des Drittelbeteiligungsgesetzes ein Aufsichtsrat einzurichten. Ferner regelt das Gesetz, dass ein Drittel der Mitglieder durch die Arbeitnehmer zu wählen ist. In der Praxis geschieht dies durch den Antrag der Geschäftsführung oder des Betriebsrates. Wird aber trotz der gesetzlichen Verpflichtung kein Aufsichtsrat gebildet, so bleibt dieser Pflichtenverstoß ohne Sanktion. Auch bei der Veröffentlichung des Jahresabschlusses kann kein Ordnungsgeld wegen des fehlenden Berichts des Aufsichtsrates verhängt werden. In der Praxis haben daher zahlreiche an sich betroffene Unternehmen keinen Aufsichtsrat.

Ab 2000 Arbeitnehmern greift das Mitbestimmungsgesetz von 1976 ein und regelt die paritätische Mitbestimmung. Danach ist die Hälfte aller Mitglieder des Aufsichtsrates von den Arbeitnehmern zu wählen. Betreiben mehrere Unternehmen einen Gemeinschaftsbetrieb, so sind auch die in dem Gemeinschaftsbetrieb beschäftigten Arbeitnehmer im Rahmen der Aufsichtsratswahl aktiv wahlberechtigt. Es kommt dabei nicht darauf an, mit welchem Unternehmen rechtlich der Arbeitsvertrag geschlossen ist. Entscheidend ist allein die Beschäftigung in dem Gemeinschaftsbetrieb.

Wenn eine zwingende Mitbestimmung gegeben ist, kann die Satzung nicht vorsehen, dass die Anteilseigner in den Aufsichtsrat weitere Mitglieder entsenden dürfen, auch wenn diese nur beratend (ohne Stimmrecht) tätig sind.

Bei einer mitbestimmten GmbH stehen die Kompetenzen des Aufsichtsrates und der Gesellschafter nebeneinander. Das kann problematisch sein, wenn Aufsichtsrat und Gesellschafter abweichende

Entscheidungen treffen. Teilweise wird insoweit ein Letztentscheidungsrecht der Gesellschafterversammlung angenommen. Das erscheint zweifelhaft. Im Hinblick auf den Schutzzweck der Mitbestimmung ist es geboten, dem Aufsichtsrat eigene Entscheidungskompetenzen einzuräumen, die dann nicht einem Letztentscheidungsrecht der Gesellschafter unterliegen.

Gesellschaften, die der Mitbestimmung unterliegen haben nach § 52 Abs. 2 GmbHG einen Anteil von Frauen im Aufsichtsrat festzulegen, der regelmäßig 30 % nicht unterschreiten soll. Ferner ist bei solchen Gesellschaften nach § 36 GmbHG ein Frauenanteil auch für Positionen unterhalb der Geschäftsführungsebene festzulegen. Eine Mindestquote siegt das Gesetz aber nicht vor.

2. Fakultativer Aufsichtsrat

Unabhängig von der gesetzlichen Pflicht zur Bildung eines Aufsichtsrates kann der Gesellschaftsvertrag dies vorsehen. Dann sind die Kompetenzen dieses Gremiums zu bestimmen, zu klären ist insbesondere, ob die Regelungen des Aktiengesetzes entsprechende Anwendung finden sollen. § 52 GmbHG sieht grundsätzlich eine entsprechende Anwendung der wesentlichen aktienrechtlichen Vorschriften vor.

Für die meisten Familienunternehmen ist dies – gerade auch im Hinblick auf die damit verbundene Aufsichtsratshaftung – nicht sachgerecht. In der Praxis wird daher in den meisten Fällen der freiwilligen Schaffung eines solchen Organs ein „Beirat" eingerichtet.

Bei einem Aufsichtsrat greift auch die Aufsichtsratshaftung nach § 111 AktG analog ein. Ein Aufsichtsrat ist stets zur eigenständigen Risikoanalyse verpflichtet. Durch „pointierte Meinungsäußerungen" kann der Aufsichtsrat die Kreditwürdigkeit der Gesellschaft gefährden sich schadensersatzpflichtig machen.

3. Beirat

Der Begriff des Beirates ist gesetzlich nicht definiert. Daher muss auch hier die Satzung eine Regelung zur Bestimmung der Funktion vorsehen. In der Praxis hat der Beirat meist eine beratende Funktion.

Die Satzung sollte aus Gründen der Rechtssicherheit die Einrichtung des Beirates fest vorsehen. Die gelegentlich anzutreffende Satzungsbestimmung, wonach ein Beirat durch Beschluss der Gesellschafter errichtet werden kann, wird teilweise von der Rechtsprechung als unwirksam angesehen (KG, Urteil vom 23.7.2015 – 23 U 18/15).

> **Formulierungsbeispiel Verschwiegenheitspflicht**
> **Formulierungsbeispiel Beirat**
>
> (1) Die Gesellschaft hat einen aus drei Mitgliedern bestehenden Beirat.
>
> (2) Die Beiratsmitglieder können Gesellschafter oder Dritte sein. Sie müssen über die Sachkenntnis und wirtschaftliche Erfahrung verfügen, die dem Umfang und der Bedeutung ihres Amtes entsprechen. Dem Beirat dürfen nicht angehören:
>
> Geschäftsführer oder Mitarbeiter der Gesellschaft,
>
> Personen, die in einem Konkurrenzunternehmen tätig sind oder einem solchen Konkurrenzunternehmen sonst nahe stehen,
>
> Abschlussprüfer der Gesellschaft,
>
> Personen, die nach § 6 Abs. 2 GmbHG von der Bestellung zum Geschäftsführer einer GmbH ausgeschlossen sind.
>
> (3) Die Mitglieder des Beirates werden von der Gesellschafterversammlung mit einfacher Mehrheit für die Dauer von fünf Jahren gewählt. Wiederwahl ist zulässig.
>
> (4) Jedes Beiratsmitglied kann sein Amt jederzeit ohne Angabe von Gründen mit einer Frist von drei Monaten zum Ende eines Kalendermonats durch schriftliche Erklärung gegenüber der Geschäftsführung niederlegen, die die Gesellschafterversammlung unverzüglich zu unterrichten hat.
>
> (5) Jedes Beiratsmitglied kann durch Beschluss der Gesellschafter, der der Mehrheit aller zur Mitwirkung an der Beschlussfassung berufenen Gesellschafter bedarf, abberufen werden, wenn ein wichtiger Grund vorliegt.
>
> (6) Die Beiratsmitglieder sind nicht an Weisungen gebunden; sie haben ihre Entscheidung nach bestem Wissen und Gewissen zu treffen. Ihre Haftung ist auf vorsätzliches und grob fahrlässiges Handeln beschränkt.
>
> (7) Der Beirat berät die Geschäftsführung bei der Wahrnehmung ihrer Aufgaben. Er kann jederzeit Auskunft über alle Angelegen-

heiten der Gesellschaft verlangen und sich auch selbst darüber informieren; er kann insbesondere die Bücher und Schriften der Gesellschaft sowie deren Vermögensgegenstände einsehen und prüfen. Er kann mit dieser Prüfung auch einzelne seiner Mitglieder oder – sofern erforderlich – auf Kosten der Gesellschaft besondere Sachverständige beauftragen. Die Mitglieder der Geschäftsführung sind verpflichtet, dem Beirat jede gewünschte Auskunft über alle geschäftlichen Verhältnisse zu erteilen sowie auf Aufforderung zu den Sitzungen des Beirats zu erscheinen und ihm über alle Sachverhalte, die für die Entscheidung des Beirats von Belang sein können, zu berichten. Der Beirat muss von der Gesellschaft Auskunft zu bestimmten Fragen verlangen, wenn auch nur eines seiner Mitglieder dies wünscht. Der Beirat hat jährlich in der ordentlichen Gesellschafterversammlung den Gesellschaftern über seine Tätigkeit im abgelaufenen Geschäftsjahr zu berichten.

(8) Auf den Beirat sind Bestimmungen des Aktiengesetzes über den Aufsichtsrat nicht entsprechend anzuwenden.

(9) Die Mitglieder des Beirats haben Anspruch auf eine angemessene Vergütung und Ersatz ihrer Auslagen sowie die darauf etwa entfallende Mehrwertsteuer in der jeweiligen gesetzlichen Höhe. Über die Höhe der Vergütung beschließen die Gesellschafter jährlich in der ordentlichen Gesellschafterversammlung unter Berücksichtigung des Jahresergebnisses der Gesellschaft.

X. Jahresabschluss und Ergebnisverwendung

Die GmbH ist verpflichtet, jährlich einen Jahresabschluss nach den Vorschriften des Handelsgesetzbuches (HGB) zu erstellen. Dieser Abschluss ist auch maßgeblich für die Steuererklärung der Gesellschaft.

Der Grundsatz zur Ergebnisverwendung ist in § 29 GmbHG geregelt. Faktisch unterliegt die Disposition über die Gewinnausschüttungen stets der Mehrheit der Gesellschafter. Das kann gerade für Minderheitsgesellschafter problematisch sein. Solange die Mehrheit nicht mit einer Ausschüttung einverstanden ist, erhält der Minderheitsgesellschafter auch kein Geld. Bei dem Erwerb einer Minderheitsbeteiligung an einer GmbH ist also zu prüfen, ob nicht eine Satzungsregelung geboten ist.

X. Jahresabschluss und Ergebnisverwendung

1. Ergebnisverwendung

Zum Schutz von Minderheitsgesellschaftern kann die Satzung daher Regelungen vorsehen. Übliche Regelungen zur Ergebnisverwendung sind:

- Thesaurierungsklausel
- Ausschüttungsklausel
- Rücklagenklausel

Bei der Gestaltung solcher Klauseln geht es stets um die Frage, in welchem Umfang die Verwendung des Jahresergebnisses bereits durch die Satzung festgelegt ist und in welchem Umfang umgekehrt die Gesellschafter darüber verfügen können. Dabei gilt der Grundsatz, dass stets ein von der Satzung abweichende Regelung durch einen einstimmigen Gesellschafterbeschluss getroffen werden kann. In diesem Sinne regelt die Satzung also den Regelfall, von dem Ausnahmen möglich sind.

> **Formulierungsbeispiele Ergebnisverwendungsklauseln**
>
> **Thesaurierungsklausel**
>
> Von dem Jahresgewinn sind 50 % in die Rücklagen einzustellen, wenn nicht die Gesellschafterversammlung einstimmig etwas anderes beschließt. Über die Verwendung des Restes entscheidet die Gesellschafterversammlung durch Beschluss mit einfacher Mehrheit.
>
> **Ausschüttungsklausel**
>
> Von dem Jahresgewinn sind 50 % an die Gesellschafter auszuschütten, wenn nicht die Gesellschafterversammlung einstimmig etwas anderes beschließt. Über die Verwendung des Restes entscheidet die Gesellschafterversammlung durch Beschluss mit einfacher Mehrheit.
>
> **Rücklagenklausel**
>
> Von dem Jahresgewinn sind 50 % in die Rücklagen einzustellen bis die Gesellschaft über eine Rücklage in Höhe von EUR XXX verfügt. Die Gesellschafterversammlung kann einstimmig beschließen, dass auf die Rücklagenbildung verzichtet oder eine Auflösung der Rücklage vorgenommen wird. Im Übrigen entscheidet die Gesellschafterversammlung über die Gewinnverwendung durch Beschluss mit einfacher Mehrheit.

2. Inkongruente Ausschüttung

Von einer inkongruenten (oder auch disquotalen) Gewinnverteilung bei einer GmbH spricht man, wenn der Gewinn nicht entsprechend den Kapitalanteilen ausgeschüttet wird. Diese Gestaltung kann interessant sein, wenn ein Gesellschafter ausscheidet und ein Teil des Kaufpreises aus dem Gesellschaftsvermögen aufgebracht werden soll.

Gesellschaftsrechtlich sind solche disquotalen Ausschüttungen zulässig, wenn der Gesellschaftsvertrag sie zulässt und die benachteiligten Gesellschafter zustimmen. In der Folge stellt sich die Frage, ob solche Konstruktionen auch steuerrechtlich anzuerkennen sind. Nach Auffassung des BMF (BMF-Schreiben vom 17.12.2013 – IV C 2 – S2750-a/11/10001) sind gesellschaftsrechtlich wirksame Gewinnverteilungen auch steuerrechtlich anzuerkennen. Allerdings bleibt weiterhin zu prüfen, ob im Einzelfall ein Missbrauch steuerlicher Gestaltungsmöglichkeiten (§ 42 AO) vorliegt. Dies soll dann nicht der Fall sein, wenn es beachtliche nicht steuerliche Gründe für die gewählte Gestaltung gibt. Hier kann es immer wieder zu Auseinandersetzungen zwischen Steuerpflichtigen und der Finanzverwaltung kommen.

In jedem Fall sollte bei der Gestaltung der Satzung die Möglichkeit einer disquotalen Ausschüttung vorgesehen werden.

Formulierungsbeispiel Disquotale Gewinnausschüttung
Durch einstimmigen Beschluss können die Gesellschafter eine von den Kapitalanteilen abweichende Ausschüttung beschließen.

3. Freiwillige Abschlussprüfung

Nach § 316 HGB in Verbindung mit § 267 HGB ist der Jahresabschluss durch einen Wirtschaftsprüfer zu prüfen, wenn die Gesellschaft bestimmte Größenkriterien erfüllt. Eine Prüfungspflicht besteht grundsätzlich, wenn die Gesellschaft zwei der drei folgenden Kriterien erfüllt:

- Bilanzsumme von mehr als EUR 6 Mio.
- Umsatzerlöse von mehr als EUR 12 Mio. p.a.
- Mehr als 50 Arbeitnehmer im Jahresdurchschnitt.

Über diese gesetzliche Verpflichtung hinaus kann die Satzung die Regelung zur freiwilligen Prüfung des Jahresabschlusses enthalten. Die Gesellschafter können mit einer solchen Bestimmung im Gesellschaftsvertrag eine Abschlussprüfung herbeiführen, auch wenn die Gesellschaft nicht prüfungspflichtig ist.

Auch die Kriterien der Prüfung können in der Satzung bestimmt werden: Grundsätzlich bezieht sich eine Jahresabschlussprüfung auf die ordnungsgemäße Erstellung des Abschlusses. Darüber hinaus kann auch eine Prüfung der Ordnungsmäßigkeit der Geschäftsführung vorgesehen werden. Bei Unternehmen der öffentlichen Hand können hier Besonderheiten nach dem Haushaltsrecht zu beachten sein, das oft eine umfassendere Prüfungspflicht vorsieht.

XI. Verdeckte Gewinnausschüttung

Eine verdeckte Gewinnausschüttung ist steuerrechtlich eine Vermögensminderung oder verhinderte Vermögensmehrung, die durch das Gesellschaftsverhältnis veranlasst ist und keine Auswirkung auf das steuerpflichtige Einkommen der Gesellschaft hatte. Beispiel wäre etwa ein objektiv überhöhtes Geschäftsführergehalt oder der Verkauf eines Vermögensgegenstandes unter Wert von der Gesellschaft an den Gesellschafter (vgl. Kapitel 11, S. 251 ff.).

Der Umstand, dass das Steuerrecht eine verdeckte Gewinnausschüttung annimmt führt nicht automatisch zu einem Erstattungsanspruch der Gesellschaft. Dies kann nur dann angenommen werden, wenn der zugrunde liegende Vertrag auch zivilrechtlich unwirksam ist.

> **Verdeckte Gewinnausschüttung**
>
> Die A-GmbH zahlt ihrem Gesellschafter-Geschäftsführer G ein Jahresgehalt von EUR 300.000,–. Im Rahmen der Betriebsprüfung stellt das Finanzamt (zutreffend) fest, dass angesichts der Größe und Ertragskraft der A-GmbH nur EUR 200.000,– angemessen wären. Damit liegt steuerrechtlich in Höhe von EUR 100.000,– eine verdeckte Gewinnausschüttung vor. Diesen Betrag kann die A-GmbH also steuerrechtlich nicht als Aufwand geltend machen.
>
> Dies ändert allerdings nichts daran, dass G einen zivilrechtlich wirksamen Anspruch auf das Gehalt hat. Somit kann die Gesellschaft keine Erstattung der verdeckten Gewinnausschüttung von G verlangen.

Die Satzung kann eine Regelung enthalten, die eine Erstattungspflicht für erfolgte verdeckte Gewinnausschüttungen vorsieht. Damit kann der Gesellschaft ein Anspruch auf Ersatz von Aufwendungen gesichert werden, die steuerrechtlich nicht abzugsfähig sind.

XII. Einziehung von Geschäftsanteilen

Nach § 34 GmbHG kann eine Einziehung von Geschäftsanteilen nur erfolgen, wenn dies in der Satzung ausdrücklich vorgesehen ist. Jede Satzung einer Gesellschaft mit mehreren Gesellschaftern sollte eine Einziehungsklausel enthalten.

1. Voraussetzungen der Einziehung

Die Satzung muss zunächst den Grund der Einziehung definieren. Hier ist grundsätzlich zwischen der einvernehmlichen Einziehung und der Zwangseinziehung zu unterscheiden.

Mit Zustimmung des betroffenen Gesellschafters kann die Satzung in jedem Fall eine Einziehung vorsehen.

Gegen den Willen des betroffenen Gesellschafters kann eine Einziehung nur erfolgen, wenn die Satzung entsprechende Einziehungsgründe näher definiert. Typische Einziehungsgründe in Satzungen sind:

- Tod des Gesellschafters und damit verbundener Ausschluss des Erben
- Insolvenz des Gesellschafters
- Wegfall von berufsrechtlichen Voraussetzungen (z.B. Widerruf der Zulassung bei einem Steuerberater)
- Grobe Verstöße gegen den Gesellschaftsvertrag, insbesondere Verstoß gegen ein Wettbewerbsverbot

2. Folgen der Einziehung

Folge der Einziehung ist die Vernichtung des Geschäftsanteils. Gleichzeitig muss die Gesellschaft das Einziehungsentgelt entrichten.

a) Vernichtung des Geschäftsanteils

Nach § 5 Abs. 3 Satz 2 GmbHG muss die Summe der Nennwerte der Geschäftsanteile dem Stammkapital entsprechen. Folge der Einziehung ist die Vernichtung des Anteils. Der Beschluss über die Einziehung von GmbH-Geschäftsanteilen muss nicht notwendig eine Verwertung des eingezogenen Anteils vorsehen. Es ist daher möglich, dass nach Einziehung des Anteils das Stammkapital und die Summe der Nennbeträge der Geschäftsanteile auseinanderfallen. In Höhe des Differenzbetrages besteht dann sogenanntes anteilsloses Stammkapital. Allein das Auseinanderfallen von Stammkapital und Anteilssumme führt aber nicht zur Unwirksamkeit des Beschlusses. Ob der Aufstockungsbeschluss der notariellen Beurkundung bedarf ist umstritten.

Die Satzung muss insoweit keine besonderen Regelungen zur Folge einer Einziehung vorsehen.

b) Einziehungsentgelt

Die Gesellschaft muss in der Lage sein, das Einziehungsentgelt zu zahlen ohne gegen die Kapitalerhaltungsvorschrift nach § 30 Abs. 1 GmbHG zu verstoßen (vgl. dazu 6. Kapitel V.2 S. 148 ff.). Dies gilt unabhängig von der Frage der Höhe des Einziehungsentgeltes.

Die Satzung kann und sollte eine Regelung zur Berechnung des Einziehungsentgeltes enthalten. Einzelheiten dazu sind meist in einer gesonderten Satzungsregelung enthalten.

c) Ergänzende Regelung zur Zwangsabtretung

In vielen Fällen wird eine Zwangseinziehung nicht möglich sein, da die Gesellschaft zur Zahlung des Abfindungsentgeltes nicht in der Lage ist. Für diesen Fall sollte die Satzung die Möglichkeit der Zwangsabtretung vorsehen. Dabei wird der betroffenen Gesellschafter durch Beschluss verpflichtet, seinen Anteil an einen Mitgesellschafter oder an einen Dritten abzutreten.

> **Formulierungsbeispiel Einziehungsklausel**
> (1) Mit Zustimmung des betroffenen Gesellschafters kann die Gesellschaft jederzeit Geschäftsanteile ganz oder teilweise einziehen. Teile von Geschäftsanteilen müssen auf volle Euro lauten.

(2) Ohne Zustimmung des betroffenen Gesellschafters kann die Gesellschaft seine Geschäftsanteile einziehen, wenn

a) über sein Vermögen das Insolvenzverfahren eröffnet ist oder die Eröffnung eines solchen Verfahren mangels einer die Verfahrenskosten deckenden Masse abgelehnt wird oder

b) der Geschäftsanteil von einem Gläubiger des Gesellschafters gepfändet oder sonst wie in diesen vollstreckt wird, und die Vollstreckungsmaßnahme nicht innerhalb von zwei Monaten, spätestens bis zur Verwertung des Geschäftsanteils aufgehoben wird, oder

c) der Geschäftsanteil gekündigt worden ist oder der Gesellschafter verstorben ist,

d) in der Person des Gesellschafters ein wichtiger Grund vorliegt, der seine Ausschließung rechtfertigt; ein wichtiger Grund liegt dabei insbesondere vor, wenn der Gesellschafter nachhaltig gegen die Geschäftsführungsbeschränkungen in § X verstoßen hat.

(3) Statt der Einziehung kann die Gesellschafterversammlung beschließen, dass der Anteil von der Gesellschaft – unter Beachtung der §§ 30 bis 33 GmbHG – erworben oder auf eine oder mehrere von der Gesellschaft benannte Personen übertragen wird

(4) Die Einziehung wird durch die Geschäftsführung erklärt. Sie bedarf eines Gesellschafterbeschlusses, der mit Mehrheit von 75 % der abgegebenen Stimmen gefasst wird. Dem betroffenen Gesellschafter steht kein Stimmrecht zu. Der Einziehungsbeschluss ist unabhängig von einer Auseinandersetzung über die Höhe der Einziehungsvergütung mit Zugang der Einziehungserklärung an den betroffenen Gesellschafter wirksam.

XIII. Kündigung und sonstiges Ausscheiden von Gesellschaftern

Das GmbHG enthält keine Regelung zur Kündigung des Gesellschaftsvertrages. Eine Kündigung scheidet daher bei fehlender Satzungsregelung aus. Die Satzung kann und sollte daher zunächst die grundsätzliche Möglichkeit einer Kündigung und dann auch deren Folgen regeln.

XIII. Kündigung und sonstiges Ausscheiden von Gesellschaftern

1. Möglichkeit der Kündigung

Die Kündigungsregelung in der Satzung sollte eine angemessene Kündigungsfrist enthalten. Üblich ist hier zum Beispiel ein Jahr zum Jahresende. Die Ausgestaltung ist auch hier natürlich eine Frage des Einzelfalles. Wegen der einschneidenden Auswirkungen einer Kündigung auf die Gesellschaft sollte die Frist aber nicht zu kurz bemessen sein. Denkbar ist auch eine Mindestlaufzeit in dem Gesellschaftsvertrag zu regeln.

2. Folgen der Kündigung

Als Folge der Kündigung kommt grundsätzlich entweder das Ausscheiden des kündigenden Gesellschafters oder die Auflösung der Gesellschaft in Betracht. Darüber hinaus kann auch das Ausscheiden eines Gesellschafters im Wege des sogenannten Russian Roulette vorgesehen werden.

a) Ausscheiden des kündigenden Gesellschafters

Führt eine Kündigung zur Fortsetzung der Gesellschaft mit den verbleibenden Gesellschaftern, so erwirbt der ausscheidende Gesellschafter einen Abfindungsanspruch gegen die Gesellschaft. Hier kann auch ein Anspruch auf Abtretung des Anteils an einen anderen Gesellschafter sowie die Möglichkeit der Einziehung vorgesehen werden. Voraussetzung ist auch hier wieder, dass die Gesellschaft das Entgelt an den kündigenden Gesellschafter zahlen kann.

b) Auflösung der Gesellschaft

Führt die Kündigung zur Auflösung der Gesellschaft, so tritt diese in eine Liquidation ein.

Diese Folge kann mit dem Ausscheiden des Gesellschafters verknüpft werden: Viele Gesellschaftsverträge sehen vor, dass die Gesellschaft in die Liquidation eintritt, wenn nicht innerhalb einer bestimmten Frist eine Einigung über Verwertung des Anteils des ausscheidenden Gesellschafters gefunden wird.

Formulierungsbeispiel Kündigungsklausel

(1) Jeder Gesellschafter kann den Gesellschaftsvertrag mit einer Frist von einem Jahr zum Jahresende gekündigt werden. Eine Kündigung ist frühestens mit Wirkung zum 31.12.20XX möglich. Hält ein Gesellschafter mehrere Geschäftsanteile, so kann das Kündigungsrecht nur für alle Anteile einheitlich ausgeübt werden.

(2) Die Kündigung ist gegenüber der Gesellschaft durch eingeschriebenen Brief zu erklären. Die Geschäftsführung hat die Gesellschaft unverzüglich über den Zugang einer Kündigungserklärung zu unterrichten.

(3) Der Anteil des kündigenden Gesellschaft kann nach Maßgabe des § X eingezogen werden. Anstelle der Einziehung können die Gesellschafter auch die Abtretung des Anteils an einen Mitgesellschafter oder einen Dritten verlangen. Bei den insoweit zu fassenden Beschlüssen hat der kündigende Gesellschafter kein Stimmrecht.

(4) Kommt es bis zum einem Zeitpunkt von drei Monaten nach dem Wirksamwerden der Kündigung zu keiner Einziehung oder Übertragung des Anteils des Kündigenden, so tritt die Gesellschaft in das Liquidationsverfahren ein.

c) Russian Roulette

Eine Russian-Roulette-Klausel in dem Gesellschaftsvertrag einer Personen- oder Kapitalgesellschaft ist grundsätzlich wirksam. Solche Klauseln finden sich vor allem in Gesellschaftsverträgen von Gesellschaften, an denen zwei Gesellschafter zu je 50 % beteiligt sind oder aus sonstigen Gründen ein „Patt" möglich ist. Die Klausel sieht vor, dass ein Gesellschafter berechtigt ist, seinen Anteil unter Nennung eines bestimmten Preises dem anderen Gesellschafter zum Kauf anzubieten. Bei Nichtannahme des Angebots ist der andere Gesellschafter dann verpflichtet, seinen Anteil zu gleichen Preis an den Anbietenden zu veräußern.

Eine solche Regelung wird in der Praxis sehr selten gewählt. Sie ist nur dann sachgerecht, wenn die Gesellschafter gleichermaßen Zugriff auf den Geschäftsbetrieb haben (z.B. durch aktive Mitarbeit).

XIV. Entgelt bei Einziehung oder Kündigung

Scheidet ein Gesellschafter durch Kündigung oder Einziehung aus der Gesellschaft aus, so steht ihm grundsätzlich nach § 738 BGB analog ein Abfindungsanspruch in Höhe des „Verkehrswertes" des Anteils zu. Die Satzung kann die Konkretisierungen, Modifikationen und Beschränkungen dieses Anspruches vorsehen.

1. Buchwert

In manchen Gesellschaftsverträgen ist ein Ausscheiden zum Buchwert vorgesehen. Der Buchwert eines Anteils ist der anteilige Wert des Eigenkapitals auf Basis der Handelsbilanzwerte.

> **Beispiel für die Ermittlung eines Buchwerts**
>
> An der X-GmbH sind A, B und C zu jeweils einem Drittel beteiligt. C soll aufgrund einer Kündigung zum 31.12.2001 ausscheiden. Die Handelsbilanz zu diesem Stichtag weist folgendes Bild auf (vereinfacht):
>
> | Aktiva | | Passiva | |
> |---|---|---|---|
> | Anlagevermögen | 100 | Stammkapital | 60 |
> | | | Rücklage | 60 |
> | Umlaufvermögen | 100 | Fremdkapital | 80 |
> | | 200 | | 200 |
>
> In diesem Fall hat die Gesellschaft ein bilanzielles Eigenkapital vom 120 (Stammkapital zzgl. Rücklagen). Der Buchwert des Anteils von C beträgt ein Drittel dieses Wertes, also 40.

Diese Klauseln sind unwirksam, wenn der Buchwert den „tatsächlichen Wert" des Anteils weit (d.h. um mehr als 50 %) unterschreitet. Im vorstehenden Beispiel wäre also zu fragen, ob der tatsächliche Wert des Anteils von C wesentlich höher ist als der Buchwert.

Das wäre denkbar zum einen, wenn in dem Vermögen erhebliche stille Reserven vorhanden sind. Stille Reserven entstehen meist, wenn der Verkehrswert eines Wirtschaftsgutes den Buchwert übersteigt.

Stille Reserve

Im vorstehenden Beispiel unterstellen wir, die X-GmbH sei Eigentümerin einer Immobilie, welche bereits abgeschrieben ist, weil sie sich bereits sehr lange im Eigentum der Gesellschaft befindet. Daher hat es einen Buchwert nur noch in Höhe des (nicht abschreibungsfähigen) Grundstückswertes von EUR 50.000,–. Tatsächlich hat die Immobilie aber einen Verkehrswert von EUR 500.000,–. Dann besteht in Höhe EUR 450.000,– eine sogenannte stille Reserve.

Umgekehrt kann eine stille Reserve (in der Praxis seltener) auch darin bestehen, dass in der Bilanz eine Verbindlichkeit zu hoch bewertet ist.

Eine andere Möglichkeit für ein Abweichen des Buchwertes vom tatsächlichen Wert besteht darin, dass in dem Buchwert der zukünftige Ertrag des Unternehmens keine Berücksichtigung findet. Zu fragen wäre also weiter, welchen Ertragswert der Anteil des ausscheidenden Gesellschafters hat (vgl. dazu 2.). Auch dieser Wert ist mit dem Buchwert abzugleichen.

2. Ertragswertverfahren

Ein Unternehmen ist grundsätzlich nach dem sogenannten Ertragswert zu bewerten. Unter dem Ertragswert eines Unternehmens versteht man den Barwert der zukünftigen Erfolge des Unternehmens. Dabei müssen die in Zukunft zu erwartenden Erträge eines Unternehmens prognostiziert werden und mit einem Kalkulationszins auf die Gegenwart abgezinst werden. Das Ergebnis wird also maßgeblich von den prognostizierten Erträgen sowie von dem angewandten Kalkulationszinsfuß beeinflusst.

Im Einzelnen besteht hier in der Betriebswirtschaft ein erheblicher Methodenstreit. Für die Praxis weit verbreitet ist das auch vom Institut der Wirtschaftsprüfer (IdW) als Berufsstandard der Wirtschaftsprüfer propagiert Discounted Cash Flow (DCF) Verfahren. Dieses ist im Einzelnen niedergelegt in den Berufsstandards der Wirtschaftsprüfer zur Unternehmensbewertung (IDW S 1). Dabei geht es um die Abzinsung der zukünftigen (ausschüttbaren) Erträge auf den Bewertungsstichtag.

Die Bewertung eines Unternehmens nach dem Ertragswert ist die aus betriebswirtschaftlicher Sicht sachgerechteste Bewertungsmethode.

Allerdings ist sie aufgrund der genannten Schwierigkeiten bei der Prognose zukünftiger Erträge mit großen Unsicherheiten behaftet.

Für die Praxis ist bei der Gestaltung der Satzung ein Abstellen auf den Verkehrswert (IDW S 1) geboten. Für bestimmte Fälle des Ausscheidens sollten Einschränkungen vorgesehen werden. Im Hinblick auf die Ermittlung des Abfindungsbetrages kann eine Schiedsgutachterabrede getroffen werden.

> **Formulierungsbeispiel Abfindungsguthaben**
>
> (1) Ist für den Austritt, die Einziehung oder die Abtretung eines Geschäftsanteiles nach den Bestimmungen dieser Satzung eine Vergütung oder Abfindung zu zahlen, steht dem ausscheidenden Gesellschafter eine Abfindung in Höhe des seinem Anteil entsprechenden anteiligen Unternehmenswertes zu. Der Unternehmenswert der Gesellschaft ist auf Grundlage der vom Institut der Wirtschaftsprüfer in Deutschland e.V. veröffentlichten Grundsätze zur Durchführung von Unternehmensbewertungen (derzeit IDW S 1) auf den letzten vor Zeitpunkt des Ausscheidens oder mit ihm zusammenfallenden 31.12. zu ermitteln.
>
> (2) Im Falle eines Ausscheidens nach § X (Zwangseinziehung) sowie im Falle der Zwangsabtretung erhält der betroffene Gesellschafter eine Abfindung in Höhe von 50 % des in Abs. 1 genannten Wertes.
>
> (3) Streitigkeiten über die Höhe der Einziehungsvergütung werden von einem durch die Industrie- und Handelskammer am Sitz der Gesellschaft zu benennenden Wirtschaftsprüfer als Schiedsgutachter, der auch über die Kosten seiner Inanspruchnahme entsprechend den Bestimmungen der §§ 91 ff. ZPO zu befinden hat, für alle Beteiligten endgültig entschieden.

3. Verweis auf steuerrechtliche Bewertungsverfahren

In vielen Gesellschaftsverträgen wird auch heute noch auf steuerrechtliche Bewertungsverfahren auch für die Ermittlung von Abfindungsansprüchen verwiesen. Eine Bewertung von GmbH-Anteilen für Zwecke des Steuerrechts ist im Zusammenhang mit der Ermittlung von Erbschaft- und Schenkungsteuer erforderlich. Hier sieht das Bewertungsgesetz (BewG) in den §§ 200 ff. BewG das vereinfachte Ertragswertverfahren vor. Dieses stellt für die Ermittlung des Jahresertrages im Wesentlichen auf Werte aus der Vergangenheit ab. Gegenüber diesem (standardisierten) Verfahren ist eine individuelle Bewertung durch einen Sachverständigen im Zweifel vorzuziehen. Solche Verweise auf das Steuerrecht sind nicht sachgerecht.

Noch unglücklicher sind Verweise auf das sogenannte „Stuttgarter Verfahren". Dabei handelte es sich um Bewertungsverfahren, welche bis zum 31.12.2008 von der Finanzverwaltung für die Bewertung von GmbH-Anteilen zugrunde gelegt wurden. Dieses Verfahren hat für das Steuerrecht keine Bedeutung mehr seitdem das Erbschaftsteuerrecht zum 1.1.2009 insoweit reformiert wurde.

Abfindungsklauseln, die auf „steuerrechtliche Vorschriften" verweisen, können zudem erhebliche Auslegungsprobleme beinhalten. Oft ist unklar, ob die Klausel auf die „steuerrechtlichen Vorschriften" zum Zeitpunkt des Abschlusses des Gesellschaftsvertrages oder zum Zeitpunkt des Ausscheidens verweist. Hier kommt es im Zweifel auf die genaue Formulierung und die Umstände des Abschlusses des Gesellschaftsvertrages an.

Bezugnahme auf steuerrechtliche Vorschriften
Von der Bezugnahme auf steuerrechtliche Vorschriften zum Zwecke der Ermittlung von Abfindungsguthaben ist allgemein abzuraten. Gesellschaftsverträge, die noch entsprechende Bezüge enthalten, sollten überprüft und im Zweifel geändert werden.

4. Auslegungsregelungen

Wenn eine Klausel über die Ermittlung des Abfindungsguthabens inhaltlich unklar ist, muss – wie bei jedem anderen Vertrag auch – die Bedeutung der Klausel durch Auslegung ermittelt werden. Im Streitfall müssen die Parteien versuchen, das Gericht von Richtigkeit ihrer jeweiligen Auslegung zu überzeugen.

Die Auslegung einer Abfindungsbestimmung hat dabei die Besonderheit, dass sie nicht zur Ungleichbehandlung der Gesellschafter führen darf. Somit kommt der Auslegung einer unklaren Regelung im Zusammenhang mit früheren Fällen des Ausscheidens von Gesellschaftern eine besondere Bedeutung zu.

5. Auszahlungsbestimmungen

Neben dem Bewertungsverfahren kann der Gesellschaftsvertrag auch Regelungen zur Auszahlung des Abfindungsguthabens treffen. Dabei kann bestimmt werden, dass das Guthaben in Raten auszuzahlen ist. Zu regeln ist dann ferner, ob eine Verzinsung stattfindet und ob der ausscheidende Gesellschafter eine Sicherheitsleistung verlangen kann.

6. Mitarbeiterbeteiligungsmodelle

Abfindungsbeschränkungen in Gesellschaftsverträgen sind unwirksam, wenn die dem ausscheidenden Gesellschafter zu zahlende Abfindung unangemessen niedrig ist. Diese Regelung kann nicht dadurch umgangen werden, dass bei einer Mitarbeiterbeteiligung ein aufschiebend bedingter Kaufvertrag mit dem Mitarbeiter-Gesellschafter geschlossen wird, der einen als Abfindung unangemessen niedrigen Kaufpreis vorsieht. Im Allgemeinen ist eine Übertragung von Geschäftsanteilen als Instrument der Mitarbeiterbeteiligung nicht zu empfehlen (vgl. dazu 8. Kapitel S. 220).

XV. Konfliktmanagement

Bereits bei der Abfassung (oder auch im Rahmen einer späteren Änderung) des Gesellschaftsvertrages können die Gesellschafter Regelungen darüber treffen, nach welchen Regeln sie im Falle von Konflikten agieren wollen.

Für rechtliche Auseinandersetzungen sind – ohne dass es einer Regelung bedarf – die staatlichen Gerichte zuständig. Für Gesellschafterstreitigkeiten ist das die ordentliche Gerichtsbarkeit. Eingangsinstanz ist im Regelfall das für den Sitz der Gesellschaft zuständige Landgericht.

Abweichend von diesem Grundsatz können die Gesellschafter für Streitigkeiten die Zuständigkeit eines Schiedsgerichts vereinbaren (1.). Ferner können die Gesellschafter vereinbaren, dass vor einer gerichtlichen Auseinandersetzung der Versuch einer Mediation unternommen werden soll (2.).

1. Schiedsgerichtsvereinbarung

Ein Schiedsgericht ist ein Gericht, welches durch eine private Vereinbarung der Parteien errichtet wird. Es entscheidet dann anstelle eines staatlichen Gerichts. Die Entscheidung des Schiedsgerichts ist ebenso bindend wie die (rechtskräftige) Entscheidung eines staatlichen Gerichts.

Eine Schiedsgerichtsvereinbarung im Gesellschaftsvertrag ist grundsätzlich wirksam. Das gilt sogar dann, wenn die Klausel auf einen gesonderten Schiedsvertrag verweist und dieser tatsächlich nie geschlossen wurde. Manche GmbH-Gesellschaftsverträge sehen vor, dass Streitigkeiten zwischen den Gesellschaftern beziehungsweise zwischen Gesellschaftern und Gesellschaft vor einem Schiedsgericht ausgetragen werden müssen. Handelt es sich dabei um Beschlussmängelstreitigkeiten, muss die Klausel im Gesellschaftsvertrag besonderen Anforderungen entsprechen. Nimmt die Klausel Beschlussmängelstreitigkeit aber gerade aus, ist auch eine „einfache" Schiedsklausel wirksam.

Formulierungsbeispiel Schiedsgerichtsklausel

(1) Alle Streitigkeiten zwischen Gesellschaftern oder zwischen der Gesellschaft und ihren Gesellschaftern im Zusammenhang mit diesem Gesellschaftsvertrag oder seiner Gültigkeit, dem Gesellschaftsverhältnis oder der Gesellschaft werden nach der Schiedsgerichtsordnung (DIS-SchO) und den Ergänzenden Regeln für gesellschaftsrechtliche Streitigkeiten (DIS-ERGeS) der Deutschen Institution für Schiedsgerichtsbarkeit e.V. (DIS) unter Ausschluss des ordentlichen Rechtswegs endgültig entschieden. Dies gilt auch für Beschlussanfechtungs-, Beschlussfeststellungs- und Beschlussnichtigkeitsklagen.

(2) Die Wirkungen des Schiedsspruchs erstrecken sich auch auf die Gesellschafter, die fristgemäß als Betroffene benannt werden, unabhängig davon, ob sie von der ihnen eingeräumten Möglichkeit, dem schiedsrichterlichen Verfahren als Partei oder Nebenintervenient beizutreten, Gebrauch gemacht haben (§ 11 DIS-ERGeS). Die fristgemäß als Betroffene benannten Gesellschafter verpflichten sich, die Wirkungen eines nach Maßgabe der Bestimmungen in den DIS-ERGeS ergangenen Schiedsspruchs anzuerkennen.

(3) Ausgeschiedene Gesellschafter bleiben an diese Schiedsvereinbarung gebunden.

XV. Konfliktmanagement

> (4) Die Gesellschaft hat gegenüber Klagen, die gegen sie vor einem staatlichen Gericht anhängig gemacht werden und Streitigkeiten betreffen, die gemäß Abs. 1 der Schiedsvereinbarung unterfallen, stets die Einrede der Schiedsvereinbarung zu erheben.
>
> (5) Der Ort des schiedsrichterlichen Verfahrens ist Mannheim. Die Verfahrenssprache ist Deutsch. Die Anzahl der Schiedsrichter beträgt 3.

Der Vorteil eines Schiedsgerichts besteht vor allem darin, dass seine Verhandlungen nicht öffentlich durchgeführt werden. So kann über gesellschaftsinterne Streitigkeit besser Vertraulichkeit gewahrt werden. Darüber hinaus können die Parteien die Richter und das Verfahren in einem gewissen Rahmen selbst bestimmen. Auf der anderen Seite ist aber auch zu berücksichtigen, dass ein Schiedsgerichtsverfahren mit erheblichen Kosten verbunden ist. Gerade für kleinere Unternehmen bietet sich diese Variante daher nicht an.

2. Mediation

Ergänzend aber auch unabhängig von der Vereinbarung eines Schiedsgerichts können die Parteien auch die Durchführung eines Mediationsverfahrens vereinbaren. Unter einer Mediation versteht man ein Streitbeilegungsverfahren, bei dem die Parteien freiwillig mit Unterstützung eines Dritten (des Mediators) versuchen, selbst eine Lösung zu erarbeiten. Der wesentliche Unterschied zu einem Gerichtsverfahren oder einem Schiedsgerichtsverfahren besteht darin, dass der Mediator im Gegensatz zum Richter keine Entscheidungsbefugnis hat. Er moderiert lediglich das Verfahren. Er kann aber keine für die Parteien verbindliche Entscheidung treffen. Zu einer Beilegung des Konflikts kommt es bei einer Mediation nur, wenn alle Parteien der Vereinbarung zustimmen. Vor diesem Hintergrund kann eine Mediation das Gerichtsverfahren ergänzen, indem sie vorangestellt wird. Sie kann das Gerichtsverfahren aber nicht in allen Fällen zwingend ersetzen.

In einem Gesellschaftsvertrag können die Parteien regeln, dass sie im Falle von Konflikten eine Mediation versuchen wollen. Dann sollten allerdings die Modalitäten dieses Verfahrens in der Mediationsklausel beschrieben werden.

Formulierungsbeispiel Mediationsklausel

Die Gesellschafter verpflichten sich, im Falle von Auseinandersetzungen zwischen Gesellschaftern und Gesellschaft ein Mediationsverfahren durchzuführen.

Das Mediationsverfahren beginnt durch den schriftlichen Antrag einer Partei an die andere Partei, ein Mediationsverfahren durchzuführen. Bei dem Antrag soll auch die Person des Mediators vorgeschlagen werden. Können sich die Parteien nicht auf einen Mediator einigen, so soll ein Vorschlag von der (… Bezeichnung der Organisation) unterbereitet werden. Die Mediation soll am Sitz der Gesellschaft stattfinden.

Kommt eine Einigung auf einen Mediator nicht zustande, so endet das Mediationsverfahren, wenn eine Partei schriftlich erklärt, dass sie die weitere Durchführung des Verfahrens ablehne.

Wird ein Mediator ernannt, so ist mit diesem eine Mediationsvereinbarung zu treffen, die die Durchführung des Mediationsverfahrens nach Maßgabe dieses Gesellschaftsvertrages sowie die Vergütung des Mediators regelt. Die Kosten der Mediation trägt die Gesellschaft, wenn die Parteien keine abweichende Vereinbarung treffen.

Der Mediator soll unverzüglich nach Annahme des Auftrages allen Gesellschaftern Gelegenheit geben, sich an dem Mediationsverfahren zu beteiligen und mit den Parteien das weitere Verfahren festlegen.

Die Mediation endet durch die Unterzeichnung einer Abschlussvereinbarung oder durch die Erklärung des Mediators, dass die Mediation gescheitert ist. Das Scheitern der Mediation ist durch den Mediator festzustellen, wenn eine Partei die weitere Durchführung des Mediationsverfahrens ihm gegenüber schriftlich ablehnt.

Die Erhebung sämtlicher Klagen aus dem Gesellschaftsverhältnis einschließlich der Anfechtungs- oder Nichtigkeitsklagen gegen Gesellschafterbeschlüsse ist erst zulässig, wenn die Mediation nach Maßgabe der vorstehenden Bestimmungen gescheitert ist. Für die Dauer des Mediationsverfahren ist die Frist zur Erhebung der Anfechtungsklage (§ … der Satzung) gehemmt.

Ob eine Mediationsklausel sachgerecht ist, ist eine Frage des Einzelfalles. Auf der einen Seite kann man einwenden, dass natürlich kein Gesellschafter zu einer Einigung im Rahmen einer Mediation gezwungen werden kann. Auf der anderen Seite ist gerade bei Gesellschaften mit einer größeren Zahl von Beteiligten ist im Regelfall eine Mediation zumindest einen Versuch wert. In solchen Fällen bietet eine entsprechende Regelung im Gesellschaftsvertrag einen guten Einstieg in dieses Verfahren.

XVI. Güterstandsklausel

Unter einer Güterstandsklausel versteht man eine gesellschaftsvertragliche Regelung, nach der sich der Gesellschafter verpflichtet, im Falle der Begründung einer Ehe (oder Lebenspartnerschaft) einen bestimmten familienrechtlichen Güterstand zu vereinbaren. Gesetzlich leben Ehegatten im Güterstand der Zugewinngemeinschaft.

Zweck der Güterstandsklausel ist es, die Gesellschaft vor (mittelbaren) Belastungen durch Zugewinnausgleichsansprüche zu schützen. Zu regeln ist auch die Folge einer Nichtbeachtung der Klausel. Hier wird der Gesellschaftsvertrag im Regelfall die Möglichkeit des Ausschlusses aus der Gesellschaft vorsehen.

> **Beispiel Güterstandsklausel**
>
> (1) Jeder verheiratete Gesellschafter ist verpflichtet, einen Ehevertrag abzuschließen. Mit dem Ehevertrag ist dafür Sorge zu tragen, dass Wertsteigerungen der Beteiligung und Ansprüche aus dem Gesellschaftsverhältnis (zuerst Ansprüche und dann Wertsteigerungen) keine Rechnungsposten bei der Berechnung des Zugewinnausgleichs bilden, also im Fall der Scheidung nicht auszugleichen sind. Dies muss durch die Vereinbarung der Gütertrennung oder modifizierten Zugewinngemeinschaft oder einer gegenständlichen Beschränkung der Zugewinngemeinschaft geschehen.
>
> (2) Jedem verheirateten kann durch die anderen Gesellschafter eine Frist zur Erfüllung der vorstehenden Verpflichtungen von 6 Monaten gesetzt werden. Der aufgeforderte Gesellschafter hat dann den Nachweis der vorstehenden Regelungen durch Vorlage eines Auszuges des Ehevertrages zu erbringen.

(3) Erbringt der Gesellschafter den Nachweis nicht, können die anderen Gesellschafter den Anteil des betroffenen Gesellschafters einziehen oder die Übertragung des Anteils auf einen Dritten verlangen. Für den weiteren Ablauf gelten die Regelungen zur Einziehung bzw. Zwangsabtretung.

Auch bei der Güterstandsklausel ist es eine Frage des Einzelfalles, ob man eine solche Vereinbarung treffen sollte. Grundsätzlich bietet es sich an, solche Vereinbarungen bei Gesellschaften zu treffen, die einen relativ hohen Ertragswert aufweisen. Bei solchen Gesellschaften kann es durch die Auseinandersetzungsregelungen im Rahmen des Zugewinnausgleiches zu sehr hohen Forderungen von (Ex-)Ehepartnern kommen, die aus dem bestehenden Barvermögen nicht ohne weiteres zu bedienen sind. Solche Konflikte können sich dann mittelbar sehr nachteilig auf die Entwicklung der Gesellschaft auswirken.

XVII. Gründungskosten

Die Gründungskosten tragen grundsätzlich die Gesellschafter. Der Gesellschaftsvertrag kann aber bestimmen, dass die Gesellschaft diese übernimmt.

Das ist steuerrechtlich geboten: Fehlt eine solche Regelung, stellen die Kosten für die Gründung Anschaffungskosten der Gesellschafter auf die Beteiligung dar. Diese sind nicht abschreibungsfähig. Durch die Bestimmung in der Satzung werden es Kosten der Gesellschaft.

In der Satzung einer GmbH kann diese die Kosten ihrer Gründung übernehmen. Dies folgt aus § 26 Abs. 2 AktG analog. Allerdings darf im Hinblick auf den Grundsatz der Kapitalerhaltung kein unangemessen hoher Gründungsaufwand übernommen werden. In der Praxis akzeptieren die Registergerichte meist einen Aufwand von ca. 10 % des Stammkapitals.

Praktische Bedeutung hat das, wenn die GmbH im Rahmen eines Umwandlungsvorganges gegründet wird. Hier können für die Beurkundung des Umwandlungsvertrages (Verschmelzungsvertrag, Spaltungsplan) erhebliche Notarkosten anfallen. Vor der Durchführung eines solchen Vorganges sollten daher die Kosten konkret besprochen werden. Unter Umständen sollte – soweit möglich – das Stammkapital der neu gegründeten Gesellschaft entsprechend höher angesetzt werden.

6. Kapitel

Stellung des Gesellschafters

I. Grundlagen

Die Gesellschafter sind die Eigentümer des Unternehmens. Sie bestimmen daher neben der Gründung auch über den Fortbestand und die Geschäftspolitik des Unternehmens. Die Geschäftsführer führen das Unternehmen nach den Weisungen der Gesellschafter.

Die Aufgaben- und Kompetenzverteilung zwischen Gesellschaftern und Geschäftsführung ist damit bei einer GmbH grundsätzlich anders geregelt als bei einer Aktiengesellschaft. Dort sind die Kompetenzen der Aktionäre im Wesentlichen durch die Zuständigkeiten der Hauptversammlung beschränkt. Dem Vorstand wird eine weitgehend unabhängige Führung des Unternehmens (unter Überwachung durch den Aufsichtsrat) zugestanden. Ein Aktionär hat im Vergleich zu dem Gesellschafter einer GmbH nur sehr geringe Auskunftsrechte.

Im Folgenden werden die wesentlichen Aspekte der Gesellschafterstellung bei GmbH dargestellt.

Bei der GmbH ist grundlegend für die Erlangung der Gesellschafterstellung die Eintragung in die Gesellschafterliste (II.). Die Ausübung der Gesellschafterrechte erfolgt vor allem in der Gesellschafterversammlung (III.). Darüber hinaus stehen dem Gesellschafter aber auch außerhalb der Versammlung diverse umfassende Informationsrechte zu (IV.). Zuletzt ist auf die verschiedenen Möglichkeiten der Beendigung der Gesellschafterstellung einzugehen (V.).

II. Gesellschafterliste

§ 40 GmbHG bestimmt, dass die Geschäftsführer bei jeder Änderung des Gesellschafterbestandes eine geänderte Gesellschafterliste beim Handelsregister einzureichen haben. Die entscheidende Vorschrift zur Gesellschafterliste findet sich jedoch in § 16 GmbHG.

> **§ 16 Abs. 1 GmbHG**
>
> (1) Im Verhältnis zur Gesellschaft gilt im Fall einer Veränderung in den Personen der Gesellschafter oder des Umfangs ihrer Beteiligung als Inhaber eines Geschäftsanteils nur, wer als solcher in der im Handelsregister aufgenommenen Gesellschafterliste (§ 40) eingetragen ist. Eine vom Erwerber in Bezug auf das Gesellschaftsverhältnis vorgenommene Rechtshandlung gilt als von Anfang an wirksam, wenn die Liste unverzüglich nach Vornahme der Rechtshandlung in das Handelsregister aufgenommen wird.

Nach der Vorschrift ist also die Ausübung von Gesellschafterrechten bei einer GmbH grundsätzlich an die Eintragung in die Liste gebunden. Sinn der Gesellschafterliste ist vor allem eine leichtere Identifikation des Geschäftsanteils für die Übertragung. Ferner wird der gutgläubige Erwerb von Geschäftsanteilen nach § 16 Abs. 3 GmbHG geregelt. Damit kommt der Gesellschafterliste eine erhebliche Bedeutung zu. Für die steuerrechtliche Zurechnung des Anteils im Rahmen von Anteilsübertragungen spielt die Gesellschafterliste allerdings keine Rolle.

> **Bedeutung der Gesellschafterliste**
>
> Sowohl Geschäftsführer als auch Gesellschafter haben ein erhebliches Interesse daran, dass die Gesellschafterliste richtig geführt wird. Daher sollte insbesondere bei der Übertragung von Anteilen auf eine zeitnahe und zutreffende Aktualisierung geachtet werden.

In die Gesellschafterliste werden die jeweils aktuellen Gesellschafter eingetragen. Weitere Zusätze können auf der Liste nicht eingetragen werden (z.B. ein Testamentsvollstreckervermerk).

Beispiel einer Gesellschafterliste

Gesellschafterliste

der Techno GmbH

mit dem Sitz in Hildesheim

Anteil Nr.	Anteilsinhaber	Nennwert
1	Herr Heinrich Müller, Bahnhofstr. 17a, 30455 Hannover	EUR 40.000,–
2	Frau Gerda Meier, Hauptstraße 4, 31275 Lehrte	EUR 40.000,–
3	Future Capital GmbH, Hohe Str. 15, 20225 Hamburg (AG Hamburg HRB 4711)	EUR 20.000,–

Hildesheim, den

Alena Schmidt

Geschäftsführerin

1. Zuständigkeit für die Richtigkeit der Gesellschafterliste

Zuständig für die Richtigkeit der Liste ist der Geschäftsführer. Daneben ist auch der Notar zuständig, soweit er an einer Veränderung des Gesellschafterbestandes mitgewirkt hat (z.B. durch Beurkundung eines Anteilskaufvertrages). Nach Auffassung des OLG Hamm (Beschluss vom 25.9.2013 – 27 W 72/13) muss der Notar die Liste jedoch nur dann einreichen, wenn der Rechtsübergang unmittelbar aus der Urkunde folgt. Wenn erst noch Bedingungen zu erfüllen oder Genehmigungen einzuholen sind, liegt die Kompetenz zur Einreichung wieder beim Geschäftsführer. Die Entscheidung ist nicht unumstritten. Nach dieser Auffassung würde die Verpflichtung zur Einreichung der Liste in den meisten Fällen auf Geschäftsführer übergehen, weil fast immer in Anteilsübertragungsverträgen Bedingungen vorgesehen sind (in der Regel z.B. die Zahlung des Kaufpreises). Im Ergebnis würde so die Verantwortung für die Einreichung der Liste weitgehend auf den Geschäftsführer verlagert. Im Zweifel sollte die Einreichung der Liste mit dem Notar im Einzelfall abgeklärt werden.

Bei jeder Veränderung der Gesellschafterstruktur einer GmbH muss eine neue Gesellschafterliste eingereicht werden. Dabei müssen die eingereichten Listen die Entwicklung der Anteile an einer GmbH lückenlos dokumentieren. Deshalb muss bei einer Teilung eines Geschäftsanteils auch dann eine neue Liste eingereicht werden, wenn zunächst die Personen der Gesellschafter unverändert bleiben und die geteilten Anteile unmittelbar danach auf Dritte übertragen werden. Es reicht hier nicht aus, wenn der Notar eine Liste einreicht, die den aktuellen Stand der Gesellschafter richtig wiedergibt.

Führung der Gesellschafterliste
Insgesamt sollte also der Geschäftsführer stets auf eine korrekte Führung der Gesellschafterliste achten. Bei Zweifeln oder Meinungsverschiedenheiten unter den Gesellschaftern sollte der Geschäftsführer umgehend rechtliche Beratung einholen.

2. Anspruch auf Berichtigung

Die Gesellschafterliste schützt grundsätzlich den Gesellschafter. Ist er in die Gesellschafterliste eingetragen, so kann er nach § 16 Abs. 1 GmbHG seine Gesellschafterrechte ausüben. Der Gesellschafter einer GmbH hat daher gegen die Gesellschaft einen Anspruch auf Einreichung einer korrekten Gesellschafterliste (§ 40 Abs. 1 S. 1 GmbHG). Der Gesellschafter muss im Zweifel für eine Berichtigung der Gesellschafterliste sorgen.

Dabei ist in vielen Fällen aus der Sicht der Gesellschafters Eile geboten: Solange die Eintragung in die Liste nicht erfolgt ist, kann der (zu Unrecht) Eingetragene gegebenenfalls noch immer über den Anteil wirksam verfügen.

Grundsätzlich kann der Gesellschafter einer GmbH bei Unrichtigkeit der Gesellschafterliste einen Anspruch auf Korrektur der Liste geltend machen. Macht ein Gesellschafter geltend, dass die Liste unzutreffend ist, so kann er einen Widerspruch gegen die Berechtigung einzelner Gesellschafter an dem jeweiligen Geschäftsanteil der Liste zuordnen lassen. Im Streitfall kann dies auch durch Erlass einer einstweiligen Verfügung geschehen. Fällt der Grund für den Widerspruch weg oder erweist sich dieser als unbegründet, kann der betroffene Gesellschafter eine Löschung des Widerspruchs aus der Liste verlangen. Es muss keine neue Liste eingereicht werden.

II. Gesellschafterliste

> **Abfrage der Gesellschafterliste**   **i**
>
> Gesellschafter sollten unter allen Umständen darauf achten, dass die Gesellschafterliste richtig ist. Die aktuelle Gesellschafterliste kann unter www.handelsregister.de bei entsprechender Anmeldung eingesehen werden. Gesellschafter, die sich selbst nicht anmelden wollen, können auch einen Berater mit der Abfrage beauftragen.

Eine Haftung des Geschäftsführers bei Unrichtigkeit der Liste ist nach § 40 Abs. 3 GmbHG möglich. Daher sollte eine regelmäßige Prüfung der Gesellschafterliste durch den Geschäftsführer erfolgen.

Der Geschäftsführer einer GmbH ist berechtigt, eine unrichtige Gesellschafterliste zu berichtigen, auch wenn diese unrichtige Liste von einem Notar im Rahmen einer Anteilsübertragung erstellt wurde. Der Geschäftsführer muss dem von der Änderung betroffenen Gesellschafter aber vor Einreichung der Liste Gelegenheit zur Stellungnahme geben. Widerspricht der Betroffene, so kann der Geschäftsführer die nach seiner Auffassung richtige Liste dennoch einreichen, solange der Betroffene keine einstweilige Verfügung erwirkt.

3. Treuhand und Sonderfälle

Die Gesellschafterliste führt lediglich die aktuellen Gesellschafter auf. Für zusätzliche Eintragungen bietet das Gesetz keinen Raum.

In manchen Fällen wird ein Geschäftsanteil treuhänderisch gehalten. Das bedeutet, dass ein Treuhänder den Anteil für einen anderen (den Treugeber) hält. Die Treuhand führt dazu, dass zwar der Treuhänder formal Gesellschafter ist, den Anteil aber „für Rechnung" der Treugeber hält. So hat der Treuhänder u.a. erhaltene Gewinnausschüttungen an den Treugeber herauszugeben und das Stimmrecht aus dem Anteil nur nach entsprechender Weisung des Treugebers auszuüben. In solch einem Fall tritt nur der Treuhänder, nicht jedoch der Treugeber in der Gesellschafterliste auf.

Weitere Einzelfälle:

- Bei einer Verpfändung des Anteils (z.B. im Rahmen einer Kreditsicherung) bleibt die Gesellschafterliste unverändert. Die Aufnahme eines Verpfändungsvermerkes ist nicht möglich.

- Bei einer Gesellschaft bürgerlichen Rechts (GbR) ist auch der Gesellschafterbestand der GbR (d.h. die einzelnen Gesellschafter) anzugeben.

- Eine aufschiebend bedingte Abtretung ist noch nicht in neue Gesellschafterliste aufzunehmen. Eine angeordnete Testamentsvollstreckung kann ebenfalls nicht in die Gesellschafterliste eingetragen werden.

4. Gutgläubiger Erwerb

Nach § 16 Abs. 3 GmbHG ist grundsätzlich auch der gutgläubiger Erwerb eines Geschäftsanteils unter den dort genannten Voraussetzungen möglich. Damit können auch Rechte gutgläubig erworben werden.

Voraussetzung für einen gutgläubigen Erwerb ist zunächst die Eintragung des Nichtberechtigten als Inhaber des Geschäftsanteils. Ferner darf kein Ausschlusstatbestand eingreifen.

Folgende Ausschlusstatbestände sieht das Gesetz vor:

- Die Liste ist weniger als drei Jahre unrichtig und die Unrichtigkeit ist dem Berechtigten nicht zuzurechnen.

- Dem Erwerber ist die mangelnde Berechtigung bekannt oder infolge grober Fahrlässigkeit unbekannt.

- Der Liste ist ein Widerspruch zugeordnet.

Beispiel Gutgläubiger Erwerb

Sohn S und Tochter T streiten um das Erbe ihres Vaters V. Zur Erbmasse gehört auch der Geschäftsanteil des V an der Y-GmbH. Nach dem Erbfall sucht S den Geschäftsführer der Y-GmbH auf und bewegt diesen dazu, eine neue Gesellschafterliste einzureichen, bei der S als Inhaber der früher vom V zustehenden Geschäftsanteils ausgewiesen wird.

T verklagt kurze Zeit später ihren Bruder S auf Feststellung, dass sie Alleinerbin geworden sei. Grund hierfür ist, dass nach dem Tod des V mehrere Testamente gefunden wurden, deren Wirksamkeit im Einzelnen unklar ist. Bezüglich des Geschäftsanteils unternimmt T aber nichts.

> Während des Rechtsstreits veräußert S seinen GmbH-Anteil an den gutgläubigen Dritten D. Später stellt das Landgericht rechtskräftig fest, dass T tatsächlich Alleinerbin ist. T möchte nun Inhaberin des Anteils werden.
>
> Dies dürfte aber wegen § 16 Abs. 3 GmbHG nicht möglich sein. D hat den Geschäftsanteil gutgläubig erworben. Der Anteil stand zwar tatsächlich der T und nicht dem S zu. S war jedoch in die Gesellschafterliste eingetragen. Darauf konnte D vertrauen. Gleichzeitig war die Unrichtigkeit der Liste der T auch zuzurechnen, weil sie keinen Widerspruch hat eintragen lassen.
>
> T hat es im vorliegenden Fall versäumt, eine einstweilige Verfügung auf Eintragung eines Widerspruches zur Gesellschafterliste gegen ihren Bruder S zu erwirken. Ein solcher Widerspruch hätte den gutgläubigen Erwerb des Anteils durch D verhindert.

III. Gesellschafterversammlung

Grundsätzlich verfügt die GmbH über zwei Organe: die Gesellschafterversammlung und die Geschäftsführung.

Die Gesellschafterversammlung ist das „oberste" Organ der GmbH. Die Versammlung kann grundsätzlich alle Entscheidungen an sich ziehen und der Geschäftsführung Weisungen erteilen. Hier besteht ein wesentlicher Unterschied zur Aktiengesellschaft, wo die Kompetenzen der Hauptversammlung deutlich geringer sind.

In der Gesellschafterversammlung werden die grundlegenden Entscheidungen für die Gesellschaft getroffen. Daher haben die Geschäftsführer ein besonderes Interesse, solche Versammlungen möglichst korrekt durchzuführen. Die Gesellschafter haben ein Interesse daran, ihre Positionen hier möglichst gut zu vertreten und durchzusetzen.

Beschlüsse können außerhalb von Gesellschafterversammlungen (z.B. im Umlaufverfahren; per E-Mail oder Ähnlichem) nur gefasst werden, wenn der Gesellschaftsvertrag dies ausdrücklich zulässt. In vielen Fällen wird der Gesellschaftsvertrag dann auch zu einem solchen Verfahren bestimmte Vorgaben machen (wie z.B. Fristen bestimmen, die einzuhalten sind).

Die Zuständigkeiten der Gesellschafterversammlung ergeben sich neben dem Gesetz vor allem aus der Satzung (1.). Für eine ordnungsgemäße Vorbereitung ist die form- und fristgerechte Einladung der Versammlung entscheidend (2.). Bei der Teilnahme an der Versammlung stellt sich vor allem die Frage nach Teilnahme- und Stimmrechten in der Versammlung (3. und 4.). Das Ergebnis einer Versammlung erfolgt durch die Feststellung der Beschlüsse in einem Protokoll (5.). Sollte ein Gesellschafter mit einem gefassten Beschluss nicht einverstanden sein, so besteht die Möglichkeit der Anfechtung (6.).

1. Zuständigkeit

a) Gesetz und Satzung

Die Zuständigkeiten der Gesellschafterversammlung ergeben sich zum einen aus dem Gesetz und zum anderen aus der Satzung.

Die wichtigsten Zuständigkeiten der Gesellschafterversammlung ergeben sich aus § 46 GmbHG:

> **§ 46 GmbHG**
>
> Der Bestimmung der Gesellschafter unterliegen:
>
> 1. die Feststellung des Jahresabschlusses und die Verwendung des Ergebnisses;
>
> 1a. die Entscheidung über die Offenlegung eines Einzelabschlusses nach internationalen Rechnungslegungsstandards (§ 325 Abs. 2a des Handelsgesetzbuchs) und über die Billigung des von den Geschäftsführern aufgestellten Abschlusses;
>
> 1b. die Billigung eines von den Geschäftsführern aufgestellten Konzernabschlusses;
>
> 2. die Einforderung der Einlagen;
>
> 3. die Rückzahlung von Nachschüssen;
>
> 4. die Teilung, die Zusammenlegung sowie die Einziehung von Geschäftsanteilen;
>
> 5. die Bestellung und die Abberufung von Geschäftsführern sowie die Entlastung derselben;
>
> 6. die Maßregeln zur Prüfung und Überwachung der Geschäftsführung;

III. Gesellschafterversammlung

> 7. die Bestellung von Prokuristen und von Handlungsbevollmächtigten zum gesamten Geschäftsbetrieb;
>
> 8. die Geltendmachung von Ersatzansprüchen, welche der Gesellschaft aus der Gründung oder Geschäftsführung gegen Geschäftsführer oder Gesellschafter zustehen, sowie die Vertretung der Gesellschaft in Prozessen, welche sie gegen die Geschäftsführer zu führen hat.

Die in § 46 GmbHG festgelegten Kompetenzen können durch den Gesellschaftsvertrag modifiziert werden. So kann der Gesellschaftsvertrag zum einen weitere Kompetenzen vorsehen, darüber hinaus können aber auch bestimmte Aufgaben verlagert werden. Wenn zum Beispiel die GmbH einen Aufsichtsrat hat, kann diesem durch den Gesellschaftsvertrag die Kompetenz zur Bestellung und Abberufung der Geschäftsführer übertragen werden.

b) Letztentscheidungsrecht und Minderheitenrechte

Grundsätzlich kann die Gesellschafterversammlung jede Entscheidung an sich ziehen und dem Geschäftsführer Weisungen erteilen (sog. Letztentscheidungsrecht). Das gilt unabhängig davon, was im Gesellschaftsvertrag geregelt ist.

Gesellschafter, die nicht die Mehrheit der Anteile und Stimmrechte halten, werden durch bestimmte Minderheitenrechte geschützt. Insbesondere können auch Minderheitsgesellschafter (ab 10 % der Anteile) die Einberufung einer Gesellschafterversammlung verlangen und Anträge zur Tagesordnung stellen. Das bedeutet allerdings nicht, dass eine Minderheit jeden beliebigen Punkt auf die Tagesordnung setzen kann und dann einen Anspruch auf „Bescheidung" durch Beschluss hat. Ein solcher Anspruch besteht nur dann, wenn die Gesellschafterversammlung für die Entscheidung zuständig ist.

c) Entscheidungen im Zusammenhang mit der Geschäftsführung

Die Gesellschafterversammlung kann auch über die „Entlastung" der Geschäftsführung beschließen. Der Geschäftsführer hat einen Anspruch darauf, dass die Gesellschafterversammlung über die Entlastung entscheidet; einen Anspruch auf Erteilung der Entlastung hat er allerdings nicht. Die rechtliche Bedeutung eines solchen Entlastungsbeschlusses ist umstritten. Ein Verzicht auf Ansprüche dürfte damit nicht verbunden sein. Allerdings kehrt ein Entlastungsbeschluss die Beweislast um, nicht mehr der Geschäftsführer muss die Ordnungsmäßigkeit der Geschäftsführung nachweisen, sondern die Gesellschaft trägt die Beweislast für eine mögliche Pflichtverletzung.

Die Gesellschafterversammlung ist auch zuständig, wenn der Geschäftsführer einen Vertrag mit einer Gesellschaft abschließt, auf die er maßgeblichen Einfluss hat. Schließt der Geschäftsführer mit einer solchen Gesellschaft Verträge, ohne diese von der Gesellschafterversammlung genehmigen zu lassen, so macht er sich nach § 43 Abs. 2 GmbHG schadensersatzpflichtig.

2. Einladung

a) Gesetz und Satzung

Die Gesellschafterversammlung wird grundsätzlich durch die Geschäftsführer einberufen (§ 49 Abs. 1 GmbHG). Die Einberufungsfrist beträgt mindestens eine Woche (§ 51 Abs. 1 GmbHG). Auch hier kann der Gesellschaftsvertrag Modifikationen vornehmen. So kann etwa die Einberufungskompetenz auf andere Organe (z.B. einen Aufsichtsrat) verlagert werden. Ferner kann auch eine längere Einberufungsfrist vorgesehen werden.

Gesellschafter, die zusammen mindestens 10 % Anteil am Stammkapital halten, können die Einberufung einer Versammlung verlangen. Kommt der Geschäftsführer der Aufforderung, die Versammlung einzuberufen nicht nach, so kann der Gesellschafter die Versammlung selbst einberufen (§ 50 Abs. 3 GmbHG).

b) Adressaten der Einladung

Die Einladung ist an die in der Gesellschafterliste nach § 16 GmbHG aufgenommenen Gesellschafter zu richten. Ferner ist die Einladung an die zuletzt von dem Gesellschafter genannte Adresse zu richten. Der Gesellschafter muss grundsätzlich für seine Erreichbarkeit sorgen. Ist ein Gesellschafter verstorben und sind die Erben unbekannt, so kann die Bestellung eines Nachlasspflegers nach § 1960 BGB beantragt werden. Wenn der Gesellschafter seine Unerreichbarkeit zu vertreten hat, so kann nach § 1911 BGB ein Abwesenheitspfleger bestellt werden.

c) Form der Einberufung

Grundsätzlich erfolgt die Einberufung durch eingeschriebenen Brief. Auch hier kann der Gesellschaftsvertrag wieder Abweichungen vorsehen, die dann zu beachten sind.

Eine Ladung kann und sollte nicht durch sogenannte Ersatzzustellung (also etwa durch das Einwerfen der Ladung in den Briefkasten durch den Geschäftsführer) erfolgen. Eine Ersatzzustellung ist jedenfalls dann unwirksam, wenn diese unter einer Adresse erfolgt, von der der Geschäftsführer weiß, der betreffende Gesellschafter dort nicht erreicht werden kann.

Grundsätzlich sollte die Einladung auch eine Tagesordnung enthalten, zwingend ist das jedoch nicht. Jedenfalls können Anträge zur Tagesordnung noch bis 3 Tage vor der Versammlung nachgereicht werden, wenn die Satzung nichts anderes bestimmt.

Einladung zur Gesellschafterversammlung

Einschreiben

An die Gesellschafter der

Techno GmbH

Als Geschäftsführer der Gesellschaft lade ich hiermit zu einer

Gesellschafterversammlung

ein auf

Freitag, den 27.3.2015 um 11 Uhr

in den Geschäftsräumen der Gesellschaft.

Folgende Tagesordnung ist vorgesehen:

1. Feststellung des Jahresabschlusses für das Geschäftsjahr 2014
2. Beschlussfassung über die Verwendung des Jahresergebnisses für das Geschäftsjahr 2015
3. Entlastung der Geschäftsführung für das Jahr 2014
4. Erteilung einer Prokura

> 5. Verschiedenes
>
> Eine Abschrift des Jahresabschlusses zum 31.12.2014 füge ich bei.
>
> Mit freundlichen Grüßen
>
> (Wilhelm Mayer)
>
> Geschäftsführer

Bei der Erstellung der Tagesordnung sollte berücksichtigt werden, dass die Ankündigung der einzelnen Punkte so konkret sein muss, dass sich der Gesellschafter auf eine Abstimmung sachgerecht vorbereiten kann. Daher ist den Gesellschaftern etwa ein Jahresabschluss rechtzeitig vor der Abstimmung über die Feststellung zur Verfügung zu stellen.

Bei komplexen oder voraussichtlich strittigen Fragen bietet es sich an, dass die Geschäftsführung ihre Auffassung zu dem Tagesordnungspunkt in dem Einladungsschreiben kurz erläutert. Die Tagesordnung kann – wenn die Satzung nichts anderes vorsieht – von jedem Gesellschafter noch bis drei Tage vor der Versammlung durch Anträge ergänzt werden. Auch dabei ist aber immer zu beachten, dass die Ankündigung so konkret sein muss, dass den Gesellschaftern eine sachgerechte Vorbereitung auf die Abstimmung möglich ist.

Über Punkte, die nicht rechtzeitig angekündigt sind, kann kein Beschluss gefasst werden, wenn nicht alle Gesellschafter anwesend sind und sich mit einer Beschlussfassung einverstanden erklären.

Gesellschafterkonflikte

Im Falle von Gesellschafterkonflikten und bei „streitigen" Beschlussfassung sollte der Geschäftsführer daher bereits bei der Vorbereitung der Gesellschafterversammlung anwaltlichen Rat in Anspruch nehmen. Es kann sich auch anbieten, einen neutralen Dritten mit der Protokollierung der Versammlung zu beauftragen.

3. Teilnahmerecht

a) Persönliche Teilnahme

Jeder Gesellschafter hat ein Recht, an der Versammlung persönlich teilzunehmen. Der Versammlungsort und -termin wird jedoch durch den Geschäftsführer in der Einladung bestimmt. Hierauf hat der einzelne Gesellschafter grundsätzlich keinen Einfluss. Der Geschäftsführer muss in der Regel auch nicht auf Hinderungsgründe (wie etwa Krankheit oder Urlaub) Rücksicht nehmen.

Das Teilnahmerecht eines Gesellschafters kann aber verletzt werden, wenn sich nach der Einladung herausstellt, dass der Gesellschafter nicht teilnehmen und auch nicht für eine sachgerechte Vertretung sorgen kann. Der Einladende sollte es daher vermeiden, eine Abwesenheit einer Gesellschafters gezielt auszunutzen (z.B. indem er bewusst zu einem Zeitpunkt einlädt, an dem der Gesellschafter aus nachvollziehbaren Gründen nicht teilnehmen kann). Das gilt jedenfalls dann, wenn der Gesellschaft durch die Rücksichtnahme kein Schaden droht.

Andererseits besteht keine Pflicht zur Rücksichtnahme, wenn Eile geboten ist. Auf die krankheitsbedingte Abwesenheit eines Gesellschafters bei dem Beschluss über eine Kapitalerhöhung muss dann etwa keine Rücksicht genommen werden, wenn umgehende Maßnahmen die Kapitalerhöhung erfordern. Das ist der Fall, wenn sich die Gesellschaft in wirtschaftlichen Schwierigkeiten befindet und die Kapitalerhöhung beschlossen werden muss, um den Fortbestand des Unternehmens zu sichern.

b) Vertretung

Ein Gesellschafter kann sich in der Versammlung grundsätzlich von einem Dritten vertreten lassen. Hierzu finden sich oft Regelungen in der Satzung, die die Vertretung zum Beispiel auf Mitgesellschafter und zur Berufsverschwiegenheit verpflichtete Dritte (Rechtsanwälte, Steuerberater, Wirtschaftsprüfer) beschränken. Zu beachten ist, dass die Vollmacht nach § 47 Abs. 3 GmbHG der Textform bedarf. Dieses Erfordernis gilt jedoch nur für die Wirksamkeit der Vollmacht gegenüber der Gesellschaft. Eine formlos erteilte Vollmacht macht den Beschluss daher nicht unwirksam, wenn keine Einwände gegen den Formmangel seitens der Mitgesellschafter erhoben werden.

In der Praxis sollte die Stimmrechtsvollmacht stets schriftlich erteilt werden.

> **Vertretungsvollmacht für eine Gesellschafterversammlung**
>
> <NAME des Gesellschafters>
>
> Am Stammkapital der XXX-GmbH in Höhe von EUR 100.000,– bin ich dem Geschäftsanteil Nr. 4 (gem. Gesellschafterliste vom ...) im Nennwert von EUR 15.000,– beteiligt.
>
> Ich bevollmächtigte hiermit
>
> > **Herrn Rechtsanwalt .... (Name),**
> >
> > geschäftsansässig .... (Kanzleiadresse)
>
> mich in der Gesellschafterversammlung der vorgenannten Gesellschaft am 27.3.2015 vollumfänglich zu vertreten und meine Gesellschafterrechte, insbesondere das Antrags- und Stimmrecht, auszuüben.
>
> Der Bevollmächtigte ist von den Beschränkungen des § 181 BGB befreit und berechtigt, Untervollmacht zu erteilen.
>
> Hannover, den 20.3.2015
>
> (Unterschrift des Gesellschafters)

c) Beschlussfähigkeit

In vielen Satzungen finden sich Regelungen zur Beschlussfähigkeit, wonach eine Gesellschafterversammlung nur dann beschlussfähig ist, wenn ein bestimmtes Quorum an Stimmen (meist 50 % oder 75 %) anwesend sind. Erweist sich die Versammlung als beschlussunfähig, so ist eine weitere Versammlung (die sog. Folgeversammlung) einzuberufen, die dann ohne Rücksicht auf die anwesenden Stimmen beschlussfähig ist.

Fehlt eine entsprechende Regelung in der Satzung, so ist die Gesellschafterversammlung unabhängig von der Zahl der Anwesenden stets beschlussfähig, wenn sie ordnungsgemäß einberufen worden ist.

III. Gesellschafterversammlung

4. Stimmrecht

Die Stimmrechte richten sich grundsätzlich nach den Nennbeträgen der Anteile der jeweiligen Gesellschafter. In den meisten Satzungen findet sich dazu die Regelung, dass je 1 EUR Nennwert eine Stimme ergibt. Abweichende Regelungen sind in der Satzung jedoch möglich.

a) Stimmabgabe durch den Gesellschafter

Der Gesellschafter kann sein Stimmrecht selbst oder durch einen Bevollmächtigten ausüben. Ist der Gesellschafter selbst handlungsunfähig, so kommt die Bestellung eines Betreuers in Betracht. Die Bestellung eines Betreuers kommt beispielsweise bei dauerhafter Erkrankung in Betracht. Ein Minderjähriger wird durch seine gesetzlichen Vertreter (im Regelfall die Eltern) vertreten.

Grundsätzlich ist der Gesellschafter bei der Ausübung seines Stimmrechtes frei, nur in Ausnahmefällen ist der Gesellschafter zu einem bestimmten Abstimmungsverhalten durch seine Treuepflicht gegenüber der Gesellschaft verpflichtet. Stimmt der Gesellschafter lediglich aus „formalen" Gründen mit Nein, so kann dies treuwidrig sein, wenn der Gesellschafter tatsächlich keine inhaltlichen Einwände gegen den Beschluss hat. Anders ist die Situation aber zu beurteilen, wenn der Gesellschafter die Tragweite einer Entscheidung nicht beurteilen kann.

Weiterhin kann der Gesellschafter bei der Ausübung seines Stimmrechts durch einen Stimmbindungsvertrag eingeschränkt sein. Dabei handelt es sich um eine vertragliche Vereinbarung zwischen Gesellschaftern, in der diese sich verpflichten ihr Stimmrecht einheitlich auszuüben.

b) Erbengemeinschaft

Bei der Stimmabgabe durch eine Erbengemeinschaft sind Besonderheiten zu beachten. Grundsätzlich kann eine Erbengemeinschaft ihre Rechte an dem Geschäftsanteil auf der Grundlage eines Mehrheitsbeschlusses der Erben ausüben. Zu diesen Rechten gehört auch das Stimmrecht. Das Stimmrecht kann die Erbengemeinschaft durch Mehrheitsbeschluss von einem gemeinsamen Vertreter in der Versammlung wahrnehmen lassen, soweit es sich um Maßnahmen der ordnungsgemäßen Verwaltung handelt.

c) Testamentsvollstrecker

Wird über ein Erbe die Testamentsvollstreckung angeordnet, so kann der Testamentsvollstrecker auch die Stimmrechte für Gesellschaftsanteile ausüben, die zur Erbmasse gehören. Allerdings darf er diese Befugnis nicht zum Nachteil der Erben ausüben. Deshalb darf er keiner Änderung des Gesellschaftsvertrages zustimmen, die den Erben, der Gesellschafter geworden ist, benachteiligt. Eine solche Änderung ist nur mit Zustimmung des betroffenen Erben zulässig.

d) Insolvenzverwalter

Ist über das Vermögen eines Gesellschafters einer GmbH das Insolvenzverfahren eröffnet worden, so übt der Insolvenzverwalter die Mitgliedschaftsrechte, insbesondere das Stimmrecht, aus. Aus diesem Grund sehen viele Satzungen für den Fall der Insolvenz eines Gesellschafters die Möglichkeit einer Einziehung oder Zwangsabtretung vor. Bis zu einer entsprechenden Beschlussfassung ist der Insolvenzverwalter aber zur Ausübung des Stimmrechts berechtigt.

e) Stimmverbot

In bestimmten Fällen ist der Gesellschafter von seinem Stimmrecht ausgeschlossen. Dies regelt § 47 Abs. 4 GmbHG. Danach gilt der Grundsatz, dass es bei der Stimmabgabe kein „Richten in eigener Sache" geben darf. Daher darf ein Gesellschafter, der gleichzeitig Geschäftsführer ist, nicht über seine eigene Entlastung mit abstimmen. Ferner ist die Stimmrechtsausübung auch dann untersagt, wenn es um die Geltendmachung von Schadensersatzansprüchen gegen den Gesellschafter geht.

Das Stimmverbot gilt auch bei sogenannten indirekten Interessenkonflikten. Daher erstreckt sich das Stimmverbot auch auf:

- Angehörige des Gesellschafters
- Abhängige Gesellschaften
- Personen die eine gleiche Pflichtverletzung begangen haben

Das Stimmverbot gilt auch, wenn die Gesellschafterversammlung über den Abschluss eines Vertrages mit einer Gesellschaft beschließt, an der der Gesellschafter mit 50 % beteiligt ist und in der er eine leitende Funktion wahrnimmt.

Voraussetzungen eines Stimmverbots

In Zweifelsfällen kann es für den Versammlungsleiter schwer zu beurteilen sein, ob die Voraussetzungen eines Stimmverbotes vorliegen. Für die Beurteilung, ob ein bestimmter Beschluss zustande gekommen ist oder nicht, ist dies aber gegebenenfalls von entscheidender Bedeutung. Dies spricht dafür, sich bei der Durchführung einer „streitigen" Gesellschafterversammlung anwaltlich beraten zu lassen.

Im Ergebnis muss der Versammlungsleiter selbst hier eine (vertretbare) Rechtsauffassung zur Frage des Stimmverbotes vertreten und diese im Protokoll bei der Feststellung des Abstimmungsergebnisses darstellen.

5. Protokollierung von Gesellschafterbeschlüssen

Über die Gesellschafterversammlung sollte ein Protokoll erstellt werden. Dieses kann sich als Ergebnisprotokoll auf die Wiedergabe der gefassten Beschlüsse beschränken. Es muss also nicht jede Äußerung jedes Gesellschafters festgehalten werden.

Protokoll einer Gesellschafterversammlung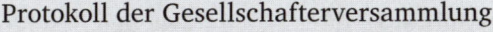

Protokoll der Gesellschafterversammlung

der Techno GmbH, Hannover, am 27.3.2015 in den Geschäftsräumen der Gesellschaft.

Anwesend:

Herr Heinrich Müller, Hannover, 40.000 Stimmen

Frau Gerda Meier, Lehrte, 40.000 Stimmen

Herr Frederik Stevenson als alleinvertretungsberechtigter Geschäftsführer für die Gesellschafterin Future Capital GmbH, Hohe Str. 15, 20225 Hamburg (AG Hamburg HRB 4711), 20.000 Stimmen

Herr Wilhelm Mayer als Geschäftsführer

Ablauf der Versammlung:

Der Geschäftsführer eröffnete die Gesellschafterversammlung um 11:02 Uhr und begrüßte die Anwesenden. Er übernahm im Einverständnis aller Anwesenden die Versammlungsleitung und die Erstellung des Protokolls.

Der Geschäftsführer stellte fest, dass die Gesellschafterversammlung form- und fristgerecht geladen wurde. Hiergegen erhoben die Anwesenden auf Nachfrage keine Einwendungen. Ferner wurde festgesellt, dass alle Gesellschafter anwesend sind und die Versammlung somit beschlussfähig ist.

Sodann wurde die Tagesordnung wie folgt abgehandelt:

TOP 1: Feststellung des Jahresabschlusses für das Geschäftsjahr 2014

Der Jahresabschluss der Gesellschaft zum 31.12.2014 lag den Gesellschaftern vor. Hierzu wurde Gelegenheit zur Aussprache gegeben.

Herr Müller beantragte sodann, den Jahresabschluss festzustellen. Für diesen Antrag stimmten sämtliche Gesellschafter durch Handzeichen.

Der Geschäftsführer stellte danach folgenden Beschluss fest:

Die Gesellschafter haben einstimmig beschlossen, den Jahresabschluss der Gesellschaft zum 31.12.2014 mit einer Bilanzsumme von EUR 12.435.867,– festzustellen. Eine Abschrift dieses Jahresabschlusses wird dem Protokoll als Anlage beigefügt.

TOP 2: Beschlussfassung über die Verwendung des Jahresergebnisses für das Geschäftsjahr 2015

Der Geschäftsführer regte an, auf eine Gewinnausschüttung zu verzichten und das Jahresergebnis in Höhe von EUR 345.723,– in voller Höhe auf neue Rechnung vorzutragen. Hierzu kam es zu einer Aussprache.

Herr Müller beantragt sodann, das Jahresergebnis in Höhe von EUR 345.723,– in voller Höhe auf neue Rechnung vorzutragen. Für diesen Antrag stimmten die Gesellschafter Müller und Future Capital (vertreten durch Herrn Stevenson). Gegen den Antrag stimmte die Gesellschafterin Meier.

III. Gesellschafterversammlung

Der Geschäftsführer stellte danach folgenden Beschluss fest:

Die Gesellschafter haben beschlossen, das Jahresergebnis in Höhe von EUR 345.723,– in voller Höhe auf neue Rechnung vorzutragen.

TOP 3: Entlastung der Geschäftsführung für das Jahr 2014

...

Der Geschäftsführer schloss die Versammlung um 13:55 h.

Hannover, den 27.3.2015

Wilhelm Mayer

Geschäftsführer

Das unterzeichnete Protokoll ist dann den Gesellschaftern nach Maßgabe der Regelungen des Gesellschaftsvertrages zu übersenden. Im Zweifelsfalle sollte auch diese Übersendung mit einem Zugangsnachweis (z.B. Einschreiben) erfolgen. Nur so kann im Streitfall nachgewiesen werden, wann da Protokoll den einzelnen Gesellschaftern zugegangen ist.

6. Anfechtung von Beschlüssen

Werden in einer Gesellschafterversammlung Beschlüsse gefasst, mit denen ein Gesellschafter nicht einverstanden ist, so stellt sich die Frage, ob er gegen einen solchen Beschluss vorgehen kann. Denkbar ist auch der Fall, dass ein Gesellschafter der Auffassung ist, ein bestimmter Beschluss sei gefasst worden, die anderen Gesellschafter aber eine andere Auffassung vertreten.

Streitige Beschlussfassung
Bei der Y-GmbH halten die Gesellschafter A, B, C, D und E je 20 % der Anteile. In der Gesellschafterversammlung wurde über den Abschluss eines Vertriebsvertrages mit einer Gesellschaft abgestimmt, an der die Ehefrau des C zu 80 % beteiligt ist. Für diesen Vertrag haben A, B und C gestimmt. Gegen den Vertrag haben D und E gestimmt.

Der Geschäftsführer G als Versammlungsleiter vertritt die Auffassung, dass die Stimmen des C mitzuzählen sei. Ein Stimmverbot greife nicht ein. Damit wird der Beschluss festgestellt. Um sich dagegen zu wehren, müssen nun D und E (oder einer von beiden) eine Anfechtungsklage gegen die Gesellschaft erheben.

Würde der Geschäftsführer dagegen die Auffassung vertreten, dass C nach § 47 Abs. 4 GmbHG analog einem Stimmverbot unterliegt, würde er den Beschluss nicht feststellen. Dann müssten die Gesellschafter A bis C eine Feststellungsklage gegen die Gesellschaft erheben. Ziel dieser Klage wäre es dann festzustellen, dass der entsprechende Beschluss gefasst worden ist.

Das GmbHG kennt im Gegensatz zum AktG keine Vorschriften zur Anfechtung von Gesellschafterbeschlüssen. Die Bestimmungen der §§ 241 ff. AktG werden daher (allerdings nur teilweise) auf die GmbH entsprechend angewendet.

Der Gesellschafter kann den Beschluss nicht durch einfache Erklärung anfechten, sie ist durch Erhebung einer Klage vor dem zuständigen Landgericht möglich. Dort besteht Anwaltszwang (§ 78 ZPO).

Eine Anfechtungsklage gegen einen Beschluss der Gesellschafterversammlung muss grundsätzlich innerhalb eines Monats nach der Beschlussfassung erhoben werden (§ 246 AktG). Allerdings kann hier die Satzung auch eine längere Frist bestimmen. Die Klagefrist ist eine materielle Ausschlussfrist, die im Regelfall nicht verlängert werden kann. So wird dem Gesellschafter im Regelfall zu raten sein, zumindest vorsorglich eine Klageerhebung zu veranlassen. Auch während eines laufenden Rechtsstreits können noch Möglichkeiten einer Beilegung der Streitigkeiten durch Verhandlungen oder auch eine Mediation versucht werden. Der Ablauf der Klagefrist kann aber für den betroffenen Gesellschafter einen Rechtsverlust bedeuten, der dann auch die Verhandlungsposition schwächt.

Dabei müssen innerhalb der Anfechtungsfrist alle wesentlichen Anfechtungsgründe vorgetragen werden. Die Erstellung einer Anfechtungsklage ist daher in der Regel mit einem erheblichen Arbeitsaufwand verbunden.

> **Streit über das Ergebnis**   *i*
> Im Falle eines Streites über das Ergebnis einer Gesellschafterversammlung sollte spätestens unmittelbar nach der Versammlung anwaltlicher Rat über die Möglichkeiten des weiteren Vorgehens eingeholt werden.

IV. Informationsrechte des Gesellschafters

Im Gegensatz zu einem Aktionär hat der Gesellschafter wesentlich weitergehende Informationsrechte. Nach § 51a GmbHG kann der Gesellschafter auch außerhalb der Versammlung Auskunft vom Geschäftsführer sowie Einsicht in die „Bücher und Schriften der Gesellschaft" verlangen. Damit hat der Gesellschafter ein sehr umfassendes Auskunftsrecht. Eine Auskunft kann nur dann verweigert werden, wenn zu befürchten ist, dass der Gesellschafter die Information zum Nachteil der Gesellschaft einsetzen wird. Diese sehr weitgehenden Rechte des Gesellschafters können auch durch Regelungen in der Satzung nicht beschränkt werden (§ 51a Abs. 3 GmbHG).

Diese Informationspflicht kann im Einzelfall für den Geschäftsführer schwer zu beurteilen sein.

Bestehen Zweifel seitens der Geschäftsführung, ob eine bestimmte Information erteilt werden sollte, ist anwaltlicher Rat einzuholen. In manchen Zweifelsfällen ist es geboten, die Gesellschafter über die Erteilung der Auskunft abstimmen zu lassen. Bei der Abstimmung hat der Auskunft begehrende Gesellschafter kein Stimmrecht. Wird die Auskunft erteilt, ist der Geschäftsführer abgesichert. Wird die Auskunft verweigert, so muss der Auskunft begehrende Gesellschafter die Anfechtung des Beschlusses betreiben, um das Bestehen oder Nichtbestehen des Auskunftsrechts gerichtlich feststellen zu lassen.

Auskunftsanspruch

An der A-GmbH sind die X-AG, die Y-AG und die Z-AG zu gleichen Teilen beteiligt. Die A-GmbH ist als Bauunternehmen an Ausschreibungen für bestimmte Bauvorhaben als Bieter beteiligt. Die drei Gesellschafterinnen sind ebenfalls Bauunternehmen.

Die X-AG fordert den Geschäftsführer der A-GmbH, Herrn G, auf, ihr die Kalkulationsunterlagen für die Angebote bei bestimmten Projekten zur Verfügung zu stellen. G befürchtet, die X-AG könnte diese Unterlagen verwenden, um gezielt Angebote zu unterbreiten, die unter denen der A-GmbH liegen.

Grundsätzlich ist der Auskunftsanspruch der X-AG nach § 51a Abs. 1 GmbHG gegeben. Fraglich ist allerdings, ob hier eine Verwertung der Informationen zum Nachteil der Gesellschaft zu erwarten ist (§ 51a Abs. 2 GmbHG). Hier könnte G wie folgt vorgehen:

Er könnte eine Gesellschafterversammlung einberufen und das Auskunftsverlangen der X-AG zur Abstimmung stellen. Im Rahmen der Versammlung könnte er auf seine Bedenken hinweisen. Bei der folgenden Abstimmung wäre die X-AG nach § 47 Abs. 4 GmbHG vom Stimmrecht ausgeschlossen. Es würde also mit den Stimmen der anderen Gesellschafterinnen ein Beschluss gefasst.

Dieser Gesellschafterbeschluss könnte dann von jeder Partei, die damit nicht einverstanden ist, angefochten werden. Somit hätte letztlich das Gericht über das Bestehen des Auskunftsrechts zu entscheiden. Gleichzeitig kann man G nicht vorwerfen, dass er zu Unrecht eine Auskunft verweigert habe.

Eine weitere Begrenzung des Informationsanspruches aus § 51a GmbHG könnte sich aus dem Datenschutzrecht ergeben. Hier ist die Rechtslage noch oft ungeklärt. Teilweise wird angenommen, das Gesellschaftsrecht gehe dem Datenschutzrecht als spezialgesetzliche Regelung vor. Nach anderer Ansicht soll ein Anspruch auf Übermittlung personenbezogener Daten nur bestehen, wenn der Gesellschafter daran ein schützenswertes Interesse hat. Bedeutung hat dies für die Übermittlung von Daten über Arbeitnehmer und Kunden. Unter Umständen sollte der Geschäftsführer prüfen, ob dem Informationsinteresse des Gesellschafters auch mit der Übermittlung anonymisierter Daten entsprochen werden kann.

Kommt die Gesellschaft dem Auskunftsbegehren des Gesellschafters nicht nach, so kann er seine Rechte im Informationserzwingungsverfahren nach § 51b GmbHG durchsetzen. Dabei handelt es sich um ein Beschlussverfahren vor dem Landgericht.

V. Beendigung der Gesellschafterstellung

Die Stellung eines Gesellschafters ist auf Dauer angelegt und kann jedoch auf verschiedene Weise beendet werden. Denkbar ist, dass der Gesellschafter seinen Anteil an einen anderen Gesellschafter oder einen Dritten überträgt (1.). Ferner ist die Einziehung von Geschäftsanteilen (§ 34 GmbHG) möglich, wenn die Satzung dies vorsieht (2.). Unter den Rahmenbedingungen des § 33 GmbHG kann die Gesellschaft auch eigene Geschäftsanteile erwerben (3.). Unter bestimmten Voraussetzungen kann die Gesellschafterstellung auch durch „Austritt" oder Kündigung beendet werden (4.).

1. Übertragung von Geschäftsanteilen

Die Übertragung eines Geschäftsanteils geschieht durch den Abschluss eines Kaufvertrages (Verpflichtungsgeschäft) sowie die Abtretung des Anteils (Verfügungsgeschäft). Der Kaufvertrag sowie die Abtretung bedürfen nach § 15 Abs. 3 und Abs. 4 GmbHG der notariellen Beurkundung. Wenn Gesellschafter ihre Anteile – gleich aus welchen Gründen – veräußern möchten, ist also stets die Mitwirkung eines Notars erforderlich. Der Notar hat die Aufgabe, die Erklärungen der Parteien zu protokollieren und an einer sachgerechten Vertragsgestaltung mitzuwirken. Er ist im Hinblick auf die Parteien zur Neutralität verpflichtet.

Im Vorfeld einer Anteilsübertragung kann es daher für die Parteien geboten sein, sich anwaltlich über die Möglichkeiten der Vertragsgestaltung beraten zu lassen. In vielen Fällen erfolgt die Aushandlung des Vertrages durch die Parteien unter Einbindung ihrer jeweiligen Anwälte. Der Notar wird in solchen Fällen erst am Ende der Verhandlungen für die Beurkundung eingebunden.

a) Gestaltung eines Anteilsübertragungsvertrages

Im Folgenden werden die wesentlichen typischen Schritte eines Kaufvertrages über GmbH-Anteile dargestellt. Eine Darstellung des gesamten Verfahrens eines Unternehmenskaufes würden Rahmen dieser Darstellung sprengen.

Im Vorfeld des Abschlusses eines Anteilskaufvertrages wird der Käufer im Regelfall eine sogenannte Due Diligence Prüfung vornehmen. Dabei geht es um die Untersuchung aller wesentlichen wirtschaftlichen und rechtlichen Grundlagen der zu erwerbenden Gesellschaft. Ohne eine solche eingehende Prüfung ist der Kauf von Geschäftsanteilen jedenfalls unter fremden Dritten nicht zu empfehlen. Ein Geschäftsführer einer GmbH, der eine Beteiligung an einer anderen Gesellschaft ohne eine solche Prüfung erwirbt, verletzt seine Pflichten.

Auch der Geschäftsführer des Verkäufers hat die Pflicht, die Vertragsverhandlungen im Sinne der Gesellschaft und ihrer Gesellschafter sorgfältig zu führen und für ein möglichst gutes Verhandlungsergebnis zu sorgen.

Kauf von Unternehmensanteilen

Der Kauf von Unternehmensanteilen ist ein komplexer Vorgang, der nicht ohne eingehende fachkundige Beratung vorgenommen werden sollte. Diese Beratung bezieht sich neben der rechtlichen und steuerlichen Gestaltung vor allem auch auf wirtschaftliche Fragen (z.B. im Rahmen der Unternehmensbewertung). Daher sollte rechtzeitig ein entsprechendes Beraterteam (im Regelfall mindestens bestehend aus Rechtsanwalt und Wirtschaftsprüfer/Steuerberater) zusammengestellt werden.

Die folgende Darstellung beschränkt sich auf einige wesentliche Regelungsaspekte, die bei der Gestaltung eines Anteilskaufvertrages zu berücksichtigen sind.

Checkliste Anteilskaufvertrag

- ☐ *Vertragsparteien*
- ☐ *Kaufobjekt*
- ☐ *Formerfordernisse*
- ☐ *Verfügungsbeschränkungen*
- ☐ *Kaufpreis und Zahlung*
- ☐ *Stichtag*
- ☐ *Garantien*

V. Beendigung der Gesellschafterstellung

- *Überleitung von Verträgen*
- *Wettbewerbsverbote*
- *Streitbeilegung und anwendbares Recht*
- *Schlussbestimmungen*

b) Vertragsparteien

Vertragsparteien sind Käufer und Verkäufer. Hinsichtlich beider Parteien ist die Rechts- und Geschäftsfähigkeit sowie die Vertretungsbefugnis zu prüfen. Im Hinblick auf § 15 HGB kann insoweit auf die Handelsregisterauszüge der Beteiligten zurückgegriffen werden, soweit es sich um Parteien handelt, die in das Handelsregister eingetragen sind. Nach dieser Vorschrift können die Parteien darauf vertrauen, dass die im Handelsregister enthaltenen Angaben zutreffend sind.

Aus wirtschaftlicher Sicht ist darauf zu achten, dass die GmbH tatsächlich Inhaber aller wesentlichen zu übertragenden Werte ist. So kann etwa ein wichtiges Patent nicht der Gesellschaft, sondern dem Gesellschafter zustehen.

c) Kaufobjekt

Das Kaufobjekt des Anteilskaufvertrages sind die zu übertragenden Geschäftsanteile. Man spricht daher in der Sprache des Unternehmenskaufes auch von einem „Share Deal" (Anteil = Share). Davon zu unterscheiden ist der Unternehmenskauf durch Übertragung von Vermögensgegenständen, den sogenannten „Asset Deal". Dabei werden die Vermögensgegenstände des Unternehmens auf den Erwerber übertragen. Die Gesellschafterstellung ändert sich dabei aber nicht. In der vorliegenden Darstellung wir nur der Share Deal behandelt.

Die Anteile sind in der Urkunde genau zu bezeichnen. Dabei sollte auf die Nummerierung in der Gesellschafterliste Bezug genommen werden. Wird ein, in einer alten Gesellschafterliste nicht nummerierter, Anteil übertragen, so ist die Übertragung jedoch nicht unwirksam. Das gilt auch dann, wenn es in der Liste gleiche Anteile gibt.

d) Formerfordernisse

Ein Vertrag, nach dem sich eine Partei zur Übertragung eines GmbH-Anteils verpflichtet, bedarf nach § 15 Abs. 4 GmbHG der notariellen Beurkundung. Bei der Formulierung des Vertrages sollte auch eine exakte Bezeichnung des zu übertragenden Anteils geachtet werden. Insoweit ist auf die Gesellschafterliste Bezug zu nehmen.

Die Abtretung eines GmbH-Geschäftsanteils bedarf nach § 15 Abs. 3 GmbHG ebenfalls der notariellen Beurkundung. Wird diese Form nicht beachtet, so ist die Übertragung unwirksam. Die unwirksame Abtretung kann regelmäßig nicht in die Abtretung des Gewinnbezugsrechts umgedeutet werden. Die Grundsätze der fehlerhaften Gesellschaft finden hier keine Anwendung (BGH, Beschluss vom 17.7.2012 – II ZR 217/10).

> **Notwendigkeit notarieller Beurkundung**
>
> Im Ergebnis ist festzuhalten, dass der Vertrag insgesamt der notariellen Beurkundung bedarf. Umgehungsversuche zum Zwecke der Kostenersparnis sind nicht zu empfehlen.

In manchen Fällen wird zur Vermeidung von als unangemessen empfundenen Notarkosten die Auslandsbeurkundung erwogen. Dabei wird die Beurkundung des Anteilskaufvertrages von einem ausländischen Notar vorgenommen. Der Vorteil besteht darin, dass ein ausländischer Notar nicht an das deutsche Notarkostenrecht gebunden ist und insofern die Möglichkeit hat, günstiger zu arbeiten.

Dabei muss allerdings darauf geachtet werden, dass die Beurkundung einer deutschen notariellen Beurkundung gleichwertig ist. Das wird angenommen für eine Beurkundung in einigen Kantonen der Schweiz. So ist etwa anerkannt, dass eine Beurkundung von einem Notar in Basel-Stadt wirksam möglich ist.

Bevor solche Gestaltungen erwogen werden, sollten allerdings Aufwand und Kosten sehr genau geprüft werden. Allgemein dürften sich derartige Maßnahmen nur bei sehr hohen Gegenstandswerten lohnen.

e) Verfügungsbeschränkungen

Nicht in allen Fällen kann der Verkäufer frei über seinen Geschäftsanteil verfügen. Wenn hier Restriktion bestehen, spricht man Verfü-

V. Beendigung der Gesellschafterstellung

gungsbeschränkungen. Solche Verfügungsbeschränkungen für den Verkäufer können sich aus der Satzung oder aus dem Gesetz ergeben.

Verfügungsbeschränkungen in der Satzung

Verfügungsbeschränkungenkönnen sich vor allem aus dem Gesellschaftsvertrag ergeben. So sehen die meisten Satzungen vor, dass eine Abtretung von Geschäftsanteilen nur mit Zustimmung der übrigen Gesellschafter zulässig ist. Hier muss die Einholung entsprechender Beschlüsse veranlasst werden. Die entsprechenden Beschlüsse können bereits vor Abschluss des Anteilskaufvertrages eingeholt werden. Möglich ist aber auch eine zeitgleiche Fassung des Beschlusses in der Urkunde über den Anteilskaufvertrag. Eine weitere Möglichkeit besteht darin, den Vertrag unter die aufschiebende Bedingung einer noch einzuholenden Zustimmung der Gesellschafterversammlung zu stellen.

Verfügungsbeschränkungen im Gesetz

Weiterhin sind im Einzelfall Verfügungsbeschränkungen aus dem Familien- und Erbrecht zu beachten:

Bei der Beteiligung von Minderjährigen oder unter Betreuung stehenden Personen sind unter Umständen Genehmigungen des Familiengerichts einzuholen (§§ 1643, 1821, 1822, 1908i BGB). Der Grundgedanke ist hier, dass der Sorgeberechtigte nicht Geschäfte mit sich selbst tätigen darf. Ist eine Genehmigung durch das Familiengericht erforderlich, wird in der Regel ein Ergänzungspfleger bestellt, der den Vertrag aus der Sicht des Minderjährigen oder Betreuten prüfen und bewerten soll. Eine Genehmigung ist immer dann möglich, wenn durch den Vertrag für den Betroffenen keine unangemessenen Risiken übernommen werden.

> **Beteiligung Minderjähriger und Betreuter** ✔
>
> Bei der Beteiligung eines Minderjährigen oder Betreuten sollte genau darauf geachtet werden, dass der Betroffene durch den Vertrag möglichst geringe Risiken übernimmt und die Vertragsgestaltung die Interessen des Betroffenen angemessen berücksichtigt. Ferner kann die Person des Ergänzungspflegers beim Familiengericht vorgeschlagen werden. Die Person muss fachlich geeignet (bei einer Vertragsprüfung im Regelfall ein Rechtsanwalt) und gegenüber den Parteien unabhängig sein.

Bei der Veräußerung des gesamten Vermögens muss beim Güterstand der Zugewinngemeinschaft der Ehegatte gemäß § 1365 Abs. 1 BGB zustimmen. Ausreichend für die Anwendbarkeit dieser Vorschrift ist, dass es sich bei den Anteilen um das „wesentliche" Vermögen des Gesellschafters handelt. Das ist in der Praxis oft der Fall, weil das übrigen Vermögen gegenüber dem Wert des Anteils oft von untergeordneter Bedeutung ist.

Ferner sind die Zustimmungserfordernisse seitens des Vormundschaftsgerichts nach §§ 1821, 1822 BGB zu beachten, wenn Anteile von Minderjährigen veräußert werden.

Bei einer Erbengemeinschaft müssen die Erben gemäß § 2040 Abs. 1 BGB ihre Zustimmung erteilen. Die Zustimmung des Nacherben ist nach § 2113 Abs. 2 BGB bei der Veräußerung durch den nicht befreiten Vorerben erforderlich.

Für den Fall, dass ein Testamentsvollstrecker eingesetzt worden ist, gilt § 2211 BGB. Nach dieser Vorschrift kann der Erbe während der bestehenden Testamentsvollstreckung nicht über den Anteil verfügen. Ein Kaufvertag müsste also mit dem Testamentsvollstrecker geschlossen werden, wenn der Anteil zu dem verwalteten Erbe gehört.

f) Kaufpreis und Zahlung

Der Kaufpreis stellt naturgemäß einen integralen Bestandteil eines Unternehmenskaufvertrages dar. Die Ermittlung und Vereinbarung des Kaupreises obliegt den Parteien. Einen „richtigen" Kaufpreis gibt es nicht. Dieser kann auch nicht durch einen Sachverständigen (Steuerberater oder Wirtschaftsprüfer) ermittelt werden. Eine Unternehmensbewertung kann den Parteien allenfalls Anhaltspunkte für Parameter einer Kaufpreisfindung bieten.

> **Gestaltungsmöglichkeiten**
>
> Für die Vertragsgestaltung bestehen – unabhängig von der absoluten Höhe – Gestaltungsmöglichkeiten im Hinblick darauf, ob ein fester oder ein variabler Kaufpreis vereinbart wird. Besondere Gestaltungen sind erforderlich, wenn ein Teil des Kaufpreises in Aktien gewährt, vor der Anteilsübertragung eine disquotale Gewinnausschüttung vorgenommen wird oder wenn Gesellschafterdarlehen abzulösen sind.

Ein **fester Kaufpreis** wird vertragsmäßig und mit entsprechendem Zahlungsplan in den Kaufvertrag aufgenommen.

Eine Alternative besteht in einem **variablen Kaufpreis**. Hier wird der Kaufpreis im Vertrag noch nicht betragsmäßig fixiert. Vielmehr beschränken sich die Parteien auf die Festlegung einer Abrechnungsmethode. Häufig wird zur endgültigen Bestimmung des variablen Kaufpreises eine sogenannte Abrechnungsbilanz vereinbart. Eine Abrechnungsbilanz wird auf den von den Parteien vereinbarten Übertragungsstichtag erstellt. Ihr Sinn liegt darin, einen möglichst „realistischen" Wert für die Unternehmung zu ermitteln. Aktiva und Passiva des Unternehmens werden gegenübergestellt und saldiert, so dass sich ein Eigenkapitalwert ergibt. Für die Berechnung des Kaufpreises ist dann ein von den Parteien festzulegender Geschäftswert hinzuzurechnen. Der Kaufpreis ergibt sich bei diesem Modell also als die Summe aus Eigenkapital und Geschäftswert.

Soll der Kaufpreis anhand einer Abrechnungsbilanz errechnet werden, so ist in der Vertragsgestaltung darauf zu achten, dass die Parteien zum einen klären, wer die Abrechnungsbilanz erstellt – dies kann sowohl eine der Vertragsparteien als auch ein neutraler Dritter sein. Im Falle der Erstellung durch eine der Vertragsparteien ist darauf zu achten, dass der anderen Vertragspartei ein Kontrollrecht eingeräumt wird. Ferner kann es sich anbieten, eine Schiedsgutachterklausel aufzunehmen. Darüber hinaus sollten die Parteien die für die Abrechnungsbilanz maßgeblichen Bilanzierungsgrundsätze festlegen. Dabei ist auch eine Abweichung von den gesetzlichen Bilanzierungsregeln nach §§ 238 ff. HGB möglich.

Die Parteien können auch sehr individuell einen für sie maßgeblichen Anpassungsmaßstab (z.B. im Hinblick auf einen bestimmten Warenbestand) festlegen.

> **Nachteil variabler Kaufpreisklauseln**
> Variable Kaufpreisklauseln sind generell „streitanfällig". Es sollte daher gerade bei geringeren Kaufpreisen geprüft werden, ob der Nutzen die Nachteile überwiegt.

Verbindung mit einer disquotalen Gewinnauszahlung

Von einer inkongruenten (oder auch disquotalen) Gewinnverteilung bei einer GmbH spricht man, wenn der Gewinn nicht entsprechend den Kapitalanteilen ausgeschüttet wird. Diese Gestaltung kann steuerrechtlich interessant sein, wenn ein Gesellschafter ausscheidet und ein Teil des Kaufpreises aus dem Gesellschaftsvermögen aufgebracht werden soll.

Gesellschaftsrechtlich sind solche disquotalen Ausschüttungen zulässig, wenn der Gesellschaftsvertrag sie zulässt und die benachteiligten Gesellschafter zustimmen. In der Folge stellt sich die Frage, ob solche Konstruktionen auch steuerrechtlich anzuerkennen sind. Nach Auffassung des BMF (BMF-Schreiben vom 17.12.2013 – IV C 2 – S2750-a/11/10001) sind gesellschaftsrechtlich wirksame Gewinnverteilungen auch steuerrechtlich anzuerkennen. Allerdings bleibt weiterhin zu prüfen, ob im Einzelfall ein Missbrauch steuerlicher Gestaltungsmöglichkeiten (§ 42 AO) vorliegt. Dies soll dann nicht der Fall sein, wenn es beachtliche nicht steuerliche Gründe für die gewählte Gestaltung gibt. Hier kann es immer wieder zu Auseinandersetzungen zwischen Steuerpflichtigen und der Finanzverwaltung kommen.

Unternehmenskauf mit disquotaler Gewinnausschüttung

A und B sind Gesellschafter der X-GmbH zu je 50 %. A erwirbt den Geschäftsanteil des B zu einem Kaufpreis von EUR 50.000,–. Kurz vor der Übertragung des Anteils wird von der Gesellschaft an B ein Betrag von weiteren EUR 50.000,– ausgeschüttet. A erhält keine Ausschüttung.

Berücksichtigung von Gesellschafterdarlehen

In manchen Fällen hat Veräußerer der GmbH Gesellschafterdarlehen gewährt. Bei einem Erwerb von Anteilen solcher Gesellschaften bedarf es einer Regelung darüber, wie mit diesen Gesellschafterdarlehen umzugehen ist. Besonders der Käufer sollte hier auf eine interessengerechte Gestaltung achten.

Werden im Zusammenhang mit der Transaktion Gesellschafterdarlehen abgelöst, so sind weitere Besonderheiten zu beachten. Gesellschafterdarlehen sind nach § 39 Abs. 1 Nr. 5 InsO stets nachrangig. Ferner unterliegt die Rückzahlung von Gesellschafterdarlehen nach § 135 InsO der Anfechtung innerhalb von einer Frist von einem Jahr.

Dabei ist zu berücksichtigen, dass sich die Anfechtung auch dann gegen den Darlehensgeber richten kann, wenn die Forderung bereits abgetreten worden ist. Der BGH möchte mit dieser Rechtsprechung ausdrücklich missbräuchliche Gestaltungen verhindern (BGH, Urteil vom 21.2.2013 – IX ZR 32/12).

Aus Sicht des Verkäufers besteht damit im Falle der Abtretung gleichwohl ein potentielles Haftungsrisiko. Dieses sollte im Vertrag berücksichtigt werden. Alternativ könnte der Verkäufer auf die Darlehen verzichten oder die Forderung in die Rücklage einlegen.

Unternehmenskauf unter Berücksichtigung von Gesellschafterdarlehen
A ist alleiniger Gesellschafter der X-GmbH. Gleichzeitig hat er der X-GmbH ein Darlehen über EUR 100.000,– gewährt. A verkauft nun seinen Anteil an der X-GmbH an B. Gleichzeitig tritt er seine Forderung aus dem Darlehen an B ab. Hier bestünde das oben genannte Haftungsrisiko.

Zahlungsmodus

Ferner muss zwischen den Parteien der Zahlungsmodus vereinbart werden. Enthält der Vertrag keine Regel, so ist der Kaufpreis bei Vertragsschluss in voller Höhe und in bar fällig (§§ 271, 273 BGB).

Außerdem sollte der Vertrag Regelungen zur bargeldlosen Zahlung des Kaufpreises enthalten. Hier bieten sich genaue Angaben zur Bankverbindungen des Verkäufers an.

Die gesetzlichen Zahlungsregelungen können modifiziert werden. Dabei ist zunächst an eine Ratenzahlung zu denken. Hinsichtlich der Ratenzahlungen sind die Parteien frei. In diesem Zusammenhang sollte auch die Frage einer Verzinsung der Kaufpreisraten erörtert werden.

Eine Alternative zur Ratenzahlung besteht in einer Rentenzahlung. Dies bietet sich insbesondere dann an, wenn auf Verkäuferseite ein Unternehmer aus dem aktiven Wirtschaftsleben austritt und Interesse an einer Verrentung seines Kaufpreisanspruches hat. In einem solchen Fall müssen die ertragssteuerlichen Konsequenzen für den Verkäufer im Einzelfall genau geprüft werden.

Der Kaufpreisanspruch unterliegt der Regelverjährung (§§ 195, 199 BGB) von drei Jahren. Auch insoweit ist eine Modifikation im Kaufvertrag möglich.

In manchen Fällen kommt es bei Unternehmenskaufverträgen zu Auseinandersetzungen, bei denen sich der Käufer weigert, den Kaufpreis zu zahlen. Rechtlich hat der Käufer ein Zurückbehaltungsrecht nach §§ 320, 322 BGB, solange der Verkäufer seinen Verpflichtungen nicht nachkommt. Dieses Zurückbehaltungsrecht kann jedoch vertraglich ausgeschlossen werden.

Aus der Sicht des Käufers kann es sich bei Streitigkeiten anbieten bei einer Nichterfüllung von Pflichten durch den Verkäufer eine Hinterlegung (§§ 373, 378 BGB) des Kaufpreises vorzunehmen. Kommt der Verkäufer seinen Verpflichtungen nicht nach, so kann durch eine rechtmäßige Hinterlegung gleichwohl erreicht werden, dass die Bedingungen für eine Anteilsübertragung erfüllt werden. Solche Schritte sollten aber nicht ohne eingehende vorherige Beratung unternommen werden.

Sicherung der Kaufpreiszahlung

Weiterhin ist eine Sicherung der Kaufpreiszahlung zu verhandeln. Die wichtigste Sicherung des Verkäufers besteht in der Vereinbarung einer aufschiebenden Bedingung. Für gewöhnlich wird vereinbart, dass der übertragene Anteile erst mit vollständiger Zahlung des Kaufpreises auf den Käufer übergeht.

Als Sicherungsmöglichkeiten bieten sich darüber hinaus Bankbürgschaften oder Patronatserklärungen seitens des Käufers an.

Ferner wird im Zusammenhang mit der Kaufpreiszahlung noch die Frage geregelt werden, ob dem Käufer Aufrechnungs- und Zurückbehaltungsrechte zustehen sollen. Solche Rechte können durch den Vertrag ausgeschlossen oder auf anerkannte und rechtskräftig festgestellte Ansprüche reduziert werden.

Grundsätzlich hat ein Gläubiger aus einer „Finanzierungsbestätigung", die ein Schuldner von der Bank erhalten hat, keinen direkten Zahlungsanspruch gegen die Bank. Etwas anderes kann sich ausnahmsweise dann ergeben, wenn die Bestätigung als Bürgschaft oder als abstraktes Schuldversprechen auszulegen ist. Gerade die Verwendung der Bezeichnung Finanzierungsbestätigung spricht aber eher dafür, dass diese Erklärung Rechtswirkungen nur zwischen der Bank und ihrem Kunden entfalten soll (OLG Schleswig, Beschluss vom 10.4.2014 – 5 U 174/13). Bei der Verwendung solcher Erklärungen muss der Käufer also genau auf die Formulierung achten.

V. Beendigung der Gesellschafterstellung

Formulierungsbeispiel Kaufpreisklausel (mit variablem Kaufpreis)

(1) Der Kaufpreis beträgt: EUR 1.000.000,– (in Worten eine Million Euro).

(2) Der Kaufpreis ist innerhalb von sieben Bankgeschäftstagen nach Eingang der Mitteilung des Notars, dass die Wirksamkeitsvoraussetzungen nach § X dieses Vertrages eingetreten sind, auf das Konto des Verkäufers bei der <BANKVERBINDUNG> zu überweisen.

(3) Der Käufer ist nicht berechtigt, eigene Ansprüche gegen die Kaufpreisforderung aufzurechnen, es sei denn diese Ansprüche sind vom Verkäufer anerkannt oder rechtskräftig festgestellt.

(4) Grundlage des Kaufpreises nach Abs. 1 ist, dass die GmbH zum <STICHTAG> eine Nettofinanzverbindlichkeit (Kassenbestand, Bundesbankguthaben, Guthaben bei Kreditinstituten abzüglich Verbindlichkeiten gegenüber Kreditinstituten) in Höhe von EUR XX ausweist. Sollte die tatsächlich ausgewiesene Nettofinanzverbindlichkeit von dem in Satz 1 genannten Wert um mehr als EUR 50.000,– abweichen, so ist der Kaufpreis in Höhe der Abweichung anzupassen. Der Anpassungsbetrag ist von dem Käufer bis zum XXX zu ermitteln und dem Verkäufer unter Beifügung geeigneter Nachweise mitzuteilen. Der Verkäufer ist berechtigt, die Richtigkeit der Angaben durch Einsicht in die Bücher der GmbH prüfen zu lassen. Der Anpassungsbetrag ist zum XXX zur Zahlung fällig, frühestens jedoch zum Zeitpunkt der Fälligkeit des Kaufpreises nach Abs. 2.

(5) Zur Sicherstellung des Kaufpreises hat der Käufer dem Verkäufer bis zum <DATUM> eine selbstschuldnerische, unwiderrufliche und unbefristete Höchstbetragsbürgschaft eines zum Geschäftsbetrieb im Inland zugelassenen Kreditinstituts in Höhe des Kaufpreises nach Abs. 1 zu übergeben. Der Verkäufer hat die Bürgschaftsurkunde unverzüglich nach Erhalt des Kaufpreises an den Käufer zurückzugeben.

(6) Verkäufer und Käufer sind darüber einig, dass der in § X genannte Anteil mit dinglicher Wirkung in dem Zeitpunkt auf den Käufer übergeht, in dem sowohl der Kaufpreis gezahlt ist als auch die Genehmigungen nach den §§ XX dieses Vertrages bedingungs- und auflagenfrei erteilt worden sind.

g) Stichtag

Die Regelung eines Stichtages sollte in keinem Unternehmenskaufvertrag fehlen. An den Übergangsstichtag (in vielen Verträgen auch Übertragungsstichtag genannt) knüpfen die meisten Rechtswirkungen des Unternehmenskaufvertrages an. Der Übergangsstichtag legt den rechtlichen und wirtschaftlichen Übergang des Kaufgegenstandes auf den Käufer fest. In der Regel ist mit dem Übergangsstichtag der Übergang von Besitz und Gefahr, Nutzungen und Lasten sowie Eigentümerhaftung geregelt.

Bei einem Beteiligungserwerb (Share-Deal) sollte darüber hinaus auch vereinbart werden, ob und inwieweit der Verkäufer zwischen Vertragsschluss und Übergangsstichtag Entnahmen tätigen darf. Gewinne fließen bei einer GmbH dem Gesellschafter erst dann zu, wenn die Gesellschafterversammlung eine Ausschüttung beschließt (§ 29 GmbHG). Ab dem Erwerb der Anteile bestimmt aber allein der Erwerber über eine Ausschüttung. Der Veräußerer hat darauf jedenfalls keinen Einfluss mehr. Bezüglich der in der Vergangenheit angefallenen Rücklagen müssen die Parteien eine Einigung finden.

Nach § 16 Abs. 1 GmbHG gilt als Gesellschafter nur, wer in die Gesellschafterliste aufgenommen ist, die sich beim Handelsregister befindet. Erst dann können also die Gesellschafterrechte ausgeübt werden. Daher sollte die Einreichung einer neuen Liste auch im Vertrag geregelt werden.

Soll die Kaufpreiszahlung (und damit die Abtretung des Anteils) erst zu einem späteren Zeitpunkt erfolgen, der Käufer aber sofort Gesellschafterrechte ausüben können, so muss im Kaufvertrag eine entsprechende Vollmacht von dem Verkäufer an den Käufer erteilt werden.

Formulierungsbeispiel Spätere Kaufpreiszahlung und Vollmacht

Der Verkäufer wird den Eingang jeder Zahlung des Kaufpreises unverzüglich schriftlich (auch per Telefax oder E-Mail) dem jeweils zahlenden Käufer bestätigen und den Notar hierüber schriftlich (auch per Telefax) informieren.

Der Verkäufer und die Käufer weisen den Notar an, eine aktuelle Liste der Gesellschafter erst beim Handelsregister einzureichen, wenn ihm nachgewiesen wurde, dass sämtliche Kaufpreise gem.

§ X von den Käufern an den Verkäufer gezahlt wurden. Auf gemeinsames Verlangen der Käufer soll der Notar einen Widerspruch zu der bisherigen Gesellschafterliste einreichen. Er wird daher von den Käufern und dem Verkäufer beauftragt und bevollmächtigt, im Falle eines solchen Verlangens den Widerspruch zu der Gesellschafterliste zum Handelsregister einzureichen und dem Verkäufer und den Käufern die Zuordnung des Widerspruchs schriftlich mitzuteilen. Den Parteien ist bekannt, dass die Käufer ihre Gesellschafterrechte aus den erworbenen Geschäftsanteilen erst dann wirksam ausüben können, wenn sie in die im Handelsregister aufgenommene Gesellschafterliste eingetragen sind.

Der Verkäufer erteilt daher den Käufern unwiderruflich Vollmacht, sämtliche Gesellschafterrechte aus den jeweiligen Geschäftsanteilen in vollem Umfang und uneingeschränkt auszuüben. Die Vollmacht wird jedoch erst mit der vollständigen Zahlung sämtlicher Kaufpreise nach § X wirksam und endet mit entsprechender Eintragung der Käufer in die im Handelsregister aufgenommene Gesellschafterliste.

Die Einreichung einer neuen Liste ist nur bei erfolgter Abtretung möglich. Eine aufschiebend bedingte Abtretung ist noch nicht in neue Gesellschafterliste aufzunehmen. Bei einer aufschiebend bedingten Anteilsübertragung ist es Aufgabe des Geschäftsführers, eine neue Gesellschafterliste nach Eintritt der Bedingungen einzureichen. Diese Verpflichtung trifft grundsätzlich nicht den Notar, der die Anteilsübertragung beurkundet hat. In jedem Fall sollte der Geschäftsführer auf die Richtigkeit der Liste achten.

h) Garantien

Von besonderer Bedeutung bei der Regelung eines Unternehmenskaufvertrages sind regelmäßig die Garantien des Verkäufers. In der Praxis hat es sich bewährt, dass die Garantien und ihre Rechtsfolgen von den Parteien in dem jeweiligen Vertrag abschließend unter Ausschluss des gesetzlichen Gewährleistungsrechts vereinbart werden.

Die Ausgestaltung erfolgt in der Regel durch selbständige vertragliche Garantieversprechen. Diese können sich auf eine Vielzahl von Angaben und Umständen, die für den Kaufentschluss des Käufers entscheidend sind, beziehen. Entscheidend wird dabei jeweils sein, dass die garantierten Umstände einen Einfluss auf die Kaufpreisfindung haben. Einen Standardkatalog gibt es insoweit nicht, da die Interessen der Vertragsparteien sehr unterschiedlich sein dürften.

Der Umfang der Garantien hängt meist davon ab, inwieweit der Käufer den Kaufgegenstand (also das Unternehmen) bereits kennt: Erfolgt der Erwerb der Anteile durch langjährige Geschäftsführer des Unternehmens (sog. Management Buy Out), so wird man in der Regel nur sehr geringe Garantien der Verkäufer verlangen können, da die Erwerber das Unternehmen (dessen Leitung sie verantworten) bestens kennen. Auf der anderen Seite wird ein fremder Dritter, der Anteile eines Unternehmens erwirbt auf erheblich weitergehenden Garantien bestehen.

Vorbereitung im Rahmen von Vertragsverhandlungen

Im Rahmen von Vertragsverhandlungen sollten sich die Parteien auf diesen Punkt genau vorbereiten, um sachgerechte Garantien zu vereinbaren.

Folgende **Mindestgarantien** sollten in jedem Fall in den Vertrag aufgenommen werden:

- Bestehen / Lastenfreiheit des Veräußerungsgegenstandes
  Hier sichert der Verkäufer zu, dass der Geschäftsanteil besteht und nicht mit Rechten Dritten (z.B. durch Verpfändung) belastet ist.

- Wirksamkeit der Kapitalaufbringung / Keine Rückzahlung des Kapitals
  Hier wird zugesichert, dass das Stammkapital bezüglich des übertragenen Anteils wirksam eingezahlt wurde und keine Rückzahlungen an die Gesellschafter erfolgt sind.

- Kein Insolvenzantrag
  Der Verkäufer sichert zu, dass kein Antrag auf Eröffnung eines Insolvenzverfahrens gestellt wurde.

- Keine Beherrschungsverträge mit anderen Unternehmen oder Ähnliches.
  Der Verkäufer garantiert, dass das Unternehmen nicht Partei eine Beherrschungs- und Ergebnisabführungsvertrages oder vergleichbarer Vereinbarungen ist.

Diese Mindestgarantien sind natürlich für eine umfassende Absicherung des Käufers nicht ausreichend. Je nach Umständen des Einzelfalles ist daher zu verhandeln, welche weitergehenden Garantien der Käufer fordern beziehungsweise der Verkäufer geben will.

> **Typische (mögliche) Garantien bzw. Zusicherungen**
>
> ☐ Eigenkapital-/Bilanzgarantien
> (z.B. Bestehen eines bestimmten Eigenkapitals zum Stichtag)
>
> ☐ Einhaltung bestimmter Standards bei der Rechnungslegung/Bilanzierung
> (z.B.)
>
> ☐ Vollständigkeit bestimmter Unterlagen
>
> ☐ Fortbestand bestimmter Rechtsverhältnisse
>
> ☐ Arbeitsrechtliche Garantien (Übergang bestimmter Mitarbeiter/ Beschränkung des Betriebsübergangs auf bestimmte Personen)
>
> ☐ Ordnungsgemäße Entrichtung von Sozialversicherungsbeiträgen und Steuern
>
> ☐ Bestehen immaterieller Wirtschaftsgüter (Marken, Patente etc.)
>
> ☐ Bestehen bestimmter Konzessionen oder Erlaubnisse
>
> ☐ Altlastenfreiheit bei Grundstücken

Bei der Regelung der Rechtsfolgen von Garantieverletzungen geht es um die Frage, was passiert, wenn sich eine Garantiezusage später als unzutreffend erweist.

Hinsichtlich der Rechtsfolgen kann differenzierend hinsichtlich der Garantieverletzungen eine Rechtsfolge geregelt werden. Das Recht zum Rücktritt sollte nur im Ausnahmefall bei der Verletzung besonders schwerwiegender Garantiezusagen gegeben sein.

So ist ein Rücktritt denkbar, wenn sich herausstellt, dass der übertragene Geschäftsanteil mit Rechten Dritter belastet ist (z.B. weil er verpfändet ist). Andererseits wird regelmäßig für die meisten Garantien lediglich ein Schadenersatzanspruch in Betracht kommen. Diese Ansprüche können der Höhe nach begrenzt werden. Ferner kann eine Regelung zur Verjährung erfolgen.

Bei einer Begrenzung der Höhe nach kann die Haftung des Verkäufers auf einen Maximalbetrag beschränkt werden. Daran wird der Verkäufer regelmäßig Interesse haben, der Käufer hingegen nicht.

Bei der Regelung zur Verjährung sollte differenziert werden: Hinsichtlich allgemeiner Garantieverletzungen ist eine vertragliche Verjährungsfrist von zwei Jahren ab dem Übertragungsstichtag im Regelfall angemessen. Davon ausgenommen werden meist Garantien zur rechtzeitigen Zahlung von Steuern und Sozialabgaben. Hier erfolgen entsprechende Prüfungen durch die Behörden (Finanzamt, Sozialversicherung) meist erst Jahre später, sodass die vorgenannte Verjährungsfrist für den Käufer zu kurz bemessen ist. Üblich ist deshalb in der Praxis eine Anknüpfung der Verjährung an die Prüfung der betreffenden Veranlagungszeiträume.

Sonderfall: Nichteinzahlung oder Rückzahlung des Kapitals

Ein besonderes Haftungsrisiko stellt sich für den Käufer hinsichtlich der wirksamen Einzahlung des Stammkapitals in die Gesellschaft.

Stellt sich später heraus, dass das Kapital nicht wirksam eingezahlt worden ist (oder der entsprechende Nachweis nicht mehr geführt werden kann), so haften nach § 16 Abs. 2 GmbHG Erwerber und Veräußerer eines Geschäftsanteils für die Erbringung der Stammeinlage. Deshalb ist es wichtig, dass die wirksame Einzahlung der Stammeinlage im Kaufvertrag zugesichert wird. Der Käufer kann dann zumindest im Innenverhältnis Zahlung von dem Verkäufer verlangen, gegenüber der Gesellschaft bleibt er allerdings zur Zahlung verpflichtet.

i) Überleitung von Verträgen

Die Problematik der Überleitung von Verträgen stellt sich bei einem Share Deal in der Regel nicht, da die Vertragsverhältnisse des übertragenen Unternehmens durch den Gesellschafterwechsel nicht berührt werden.

> **Beispiel Arbeitsverträge**
>
> Arbeitsverträge zwischen der GmbH und ihren Arbeitnehmern werden durch einen Verkauf von Anteilen nicht berührt. Dementsprechend liegt auch kein Betriebsübergang nach § 613a BGB vor. Auf die Vertragsparteien des Arbeitsvertrages hat der Verkauf keinen Einfluss.

Allerdings kann ein Unternehmenskaufvertrag dazu führen, dass ein Vertragspartner der Gesellschaft ein Sonderkündigungsrecht hat. Daher sollte der Käufer im Vorfeld der Übertragung im Rahmen der

V. Beendigung der Gesellschafterstellung

Due Diligence prüfen, ob die Anteilsübertragung solche Sonderkündigungsrechte auslöst (z.B. durch sog. Change of Control-Klauseln).

> **Beispiel Handelsvertretervertrag**
>
> Die A-GmbH ist aufgrund eines Handelsvertretervertrages mit der US-amerikanischen U Corp. berechtigt, deren Produkte in Deutschland exklusiv zu vermarkten. In dem Vertrag ist geregelt, dass die U Corp. den Vertrag kündigen kann, wenn die Mehrheit der Geschäftsanteile an der A-GmbH veräußert wird. Ein Unternehmenskauf würde also dieses Sonderkündigungsrecht begründen.

j) Wettbewerbsverbote

Bei einem Unternehmenskauf hat der Erwerber ein Interesse daran, dass der Verkäufer jedenfalls für eine gewisse Zeit keinen Wettbewerb macht. Bereits aus dem Grundsatz von Treu und Glauben (§ 242 BGB) folgt die Verpflichtung des Verkäufers, einen Wettbewerb gegenüber der veräußerten Gesellschaft jedenfalls insoweit zu unterlassen, als dies für das Überleben des veräußerten Unternehmens erforderlich ist. Der Umfang dieses gesetzlich nicht näher spezifizierten Verbotes ist jedoch sehr unbestimmt.

Daher sollte bei der Gestaltung eines Unternehmenskaufvertrages nur in seltenen Fällen auf ein ausdrückliches Wettbewerbsverbot verzichtet werden.

Die Gestaltung eines Wettbewerbsverbotes unterliegt engen rechtlichen Grenzen. Nach Art. 12 Abs. 1 GG wird die wirtschaftliche und berufliche Entfaltungsfreiheit geschützt. Diese grundrechtliche Vorschrift strahlt über § 138 BGB (Verbot eines gegen die guten Sitten verstoßenden Rechtsgeschäfts) auch in das Zivilrecht aus. Dies bedeutet für die Praxis, dass ein Wettbewerbsverbot nach dem Maßstab des § 138 BGB nur dann wirksam ist, wenn es in persönlicher, zeitlicher und sachlicher Hinsicht beschränkt ist.

In sachlicher Hinsicht ist zu prüfen, ob das Wettbewerbsverbot zur Wahrung durch den Vertragszweck bestimmten schutzwürdigen Interessen des Verkäufers erforderlich ist (Verhältnismäßigkeit). Daher kann sich ein Wettbewerbsverbot lediglich auf den Tätigkeitsbereich des veräußerten Unternehmens beziehen.

In zeitlicher Hinsicht ist ein unbegrenztes Wettbewerbsverbot ohne weiteres sittenwidrig. Verbote sind in der Regel bis zu einer Dauer von 2 Jahren zulässig. Längere Fristen von 3 bis zu 5 Jahren sind nur möglich, wenn hierfür besondere Sachgründe sprechen. In der Praxis sollte sich der Käufer hier in der Regel mit einem Verbot von zwei Jahren zufrieden geben. Wenn nämlich später im Streitfall das Gericht befindet, dass das vertragliche Wettbewerbsverbot zu lang sei, ist das Verbot insgesamt unwirksam.

Eine Karenzentschädigung ist für das Wettbewerbsverbot grundsätzlich nicht zu zahlen. Bei einem Verbot gegenüber einem GmbH-Gesellschafter-Geschäftsführer ist aber im Einzelfall zu prüfen, ob der Kaufpreis (oder die sonstigen Umstände der Vertragsgestaltung) einen ausreichenden Ausgleich für das Wettbewerbsverbot darstellen.

Formulierungsbeispiel Wettbewerbsverbot

§ X Wettbewerbsverbot

Der Verkäufer verpflichtet sich, für die Dauer von zwei (2) Jahren ab dem Übernahmestichtag jegliche Betätigung zu unterlassen, mit der sie unmittelbar oder mittelbar mit den am Übernahmestichtag betriebenen Aktivitäten in Wettbewerb treten würde. Der Verkäufer wird auch kein Unternehmen, das mit der Gesellschaft unmittelbar oder mittelbar in Wettbewerb steht, gründen oder erwerben oder sich an einem solchen Unternehmen unmittelbar oder mittelbar beteiligen. Ausgenommen von diesem Wettbewerbsverbot ist der Erwerb von bis zu fünf (5) % der Aktien an börsennotierten Gesellschaften, sofern jeglicher Einfluss des Verkäufers auf die Leitungsorgane dieser Gesellschaften ausgeschlossen ist.

k) Streitbeilegung und anwendbares Recht

Für die Durchsetzbarkeit möglicher Ansprüche sind die Bestimmung des anwendbaren Rechts sowie das Verfahren der Streitbeilegung von besonderer Bedeutung.

Rechtswahl und Gerichtsstand

Der Vertrag sollte – insbesondere wenn ausländische Parteien beteiligt sind – Regelung zu Rechtswahl und Gerichtssand enthalten.

V. Beendigung der Gesellschafterstellung

Rechtswahl bedeutet, dass die Parteien bestimmen, welchem materiellen Recht der Vertrag unterliegen soll.

Die Wahl eines Gerichtsstandes bedeutet dagegen, dass die Parteien festlegen, wo im Streitfall Ansprüche aus dem Vertrag geltend gemacht werden können. Der Gerichtsstand kann unter Beachtung der §§ 38, 40 ZPO weitgehend frei vereinbart werden, wenn beide Parteien Kaufleute sind. Dabei sollten die Parteien aber darauf achten, dass Rechtswahl und Gerichtsstand kongruent sind. Es erscheint zum Beispiel wenig sinnvoll die Anwendbarkeit englischen Rechts zu vereinbaren und gleichzeitig einen Gerichtsstand in Deutschland zu vereinbaren. Folge wäre dann, dass das deutsche Gericht englisches Recht anwenden müsste.

Alternativ kommt die Vereinbarung eines Schiedsgerichts in Betracht. Ein Schiedsgericht ist ein durch private Vereinbarung errichtetes Gericht, welches den Rechtsstreit anstelle des staatlichen Gerichts entscheidet.

Streitbeilegungsverfahren

Neben der Rechtswahl und dem Gerichtsstand ist es auch möglich, eine Vereinbarung über eine Mediation als Vorstufe einer gerichtlichen Auseinandersetzung zu treffen. Mit einer solchen Mediationsklausel verpflichten sich die Parteien zur Durchführung eines Mediationsverfahrens vor der Einleitung von gerichtlichen Schritten. Eine Mediationsklausel kann Gerichtsstands- und Schiedsgerichtsvereinbarungen ergänzen aber nicht ersetzen, da eine Mediation von jeder Seite zu jeder Zeit beendet werden kann. Daher ist eine sogenannte Eskalationsklausel sinnvoll.

> **Beispiel Konfliktmanagementklausel**
>
> (1) Die Parteien verpflichten sich, bei Streitigkeiten aus oder im Zusammenhang mit diesem Vertrag zunächst zu versuchen, diese soweit Verhandlungen nicht erfolgreich sind, durch ein Mediationsverfahren beizulegen.
>
> (2) Das Mediationsverfahren ist nach der ... <Mediationsordnung> durchzuführen. Jede Partei kann die Durchführung des Mediationsverfahrens beantragen, auch wenn die andere Partei die Durchführung von Verhandlungen verweigert.
>
> (3) Wird das Mediationsverfahren nach den Bestimmung der ... <Mediationsordnung> beendet und konnten die Streitigkeiten

> nicht beigelegt werden, so ist jede Partei berechtigt Ansprüche aus oder im Zusammenhang mit diesem Vertrag vor den ordentlichen Gerichten geltend zu machen. Gerichtsstand ist Hannover.
>
> (4) Eine Klageerhebung vor Beendigung des Mediationsverfahrens ist unzulässig.

l) Schlussbestimmungen

In den Schlussbestimmungen können noch folgende Regelungen getroffen werden:

Sukzessives Ausscheiden des Verkäufers

Der Verkäufer kann noch im Rahmen eines Beratervertrages mit dem Unternehmen verbunden sein. Eine solche Gestaltung ist allerdings nur zu empfehlen, wenn der Verkäufer tatsächlich noch Beratungsleistungen erbringt. Die „Umwandlung" eines Teils des Kaufpreises in eine Beratervergütung ist unzulässig und stellt im Zweifel eine Steuerhinterziehung dar. Ferner führen solche „Gestaltungen" zu Problemen, wenn es zu Konflikten bei der Abwicklung des Kaufvertrages kommt.

Kosten

In dem Vertrag sollte geregelt werden, wer die mit der Durchführung des Vertrages verbundenen Kosten, insbesondere die Kosten einer notariellen Beurkundung, trägt. Eine hierfür übliche Verteilung gibt es grundsätzlich nicht. Hinsichtlich der notariellen Beurkundung trägt in vielen Fällen der Käufer die Kosten oder es erfolgt eine hälftige Teilung. Die Kosten der eigenen Beratung trägt üblicherweise jede Partei selbst.

Die Höhe der Notarkosten bestimmt sich nach dem Notarkostenrecht. Dieses sieht feste Gebühren vor, die nicht verhandelbar sind. Durch Auswahl eines bestimmten Notars können die Parteien die Kosten der Transaktion insoweit also nicht beeinflussen.

Salvatorische Klausel

Die sogenannte salvatorische Klausel rundet den Unternehmenskaufvertrag – wie gewöhnlich fast alle Verträge – ab: Durch diese Bestimmung wird klargestellt, dass die Unwirksamkeit einer Vertragsklausel nicht den gesamten Vertrag unwirksam macht.

V. Beendigung der Gesellschafterstellung

l) Steuerrechtliche Aspekte der Anteilsübertragung

Bei der Übertragung von Geschäftsanteilen sind auch die steuerrechtlichen Auswirkungen für den Käufer, den Verkäufer und die Gesellschaft zu bedenken.

Bei dem **Käufer** stellt der Kauf die Anschaffung eines Wirtschaftsgutes (GmbH-Anteil) dar. Dieses ist in der Bilanz der Käufers mit den Anschaffungskosten (Kaufpreis zzgl. Nebenkosten wie etwa Notarkosten und Kosten der Beratung im Zusammenhang mit dem Erwerb) anzusetzen. Dieses Wirtschaftsgut unterliegt nicht der Abschreibung, da es keiner Abnutzung unterliegt. Eine Abschreibung kommt nur bei einer dauerhaften Wertminderung in Betracht. Eine solche dauerhafte Wertminderung liegt praktisch nur bei einer Insolvenz des Unternehmens vor. Diese Bewertung führt dazu, dass der Erwerb aus steuerlicher Sicht für den Käufer unattraktiv ist.

Auf der anderen Seite hat der **Verkäufer** den Veräußerungsgewinn oder auch Veräußerungsverluste zu ermitteln. Dieser errechnet sich als Differenz zwischen dem Kaufpreis und den historischen Anschaffungskosten des Anteils. Dieser Gewinn (natürlich kann es auch ein Verlust sein) unterliegt grundsätzlich der Besteuerung.

Auf der **Ebene der Gesellschaft** hat die Veräußerung des Anteils zunächst keine Auswirkung auf das Ergebnis oder die Bilanz. Eine Besonderheit ergibt sich, wenn die Gesellschaft zum Zeitpunkt des Anteilsverkaufes Verlustvorträge hat. Dann kann es zu einem sogenannten schädlichen Beteiligungserwerb nach § 8c KStG kommen. Nach dieser Vorschrift kommt es grundsätzlich zum Untergang der Verlustvorträge, wenn Beteiligungsverhältnisse um mehr als 25 % verändert werden. Bei einer Übertragung von 50 % oder mehr der Anteile gehen sämtliche Verlustvorträge unter.

Mit der Regelung eines Sanierungsprivilegs in § 8c Abs. 1a KStG hat der Gesetzgeber versucht, jedenfalls für Fälle der Beteiligung zum Zwecke der Sanierung einen Fortbestand der Verlustvorträge zu gewährleisten.

> **Steuerrechtliche Folgen**
> In jedem Fall sollten sich die Vertragsparteien und die Gesellschaft vor Abschluss eines Anteilskaufvertrages über die steuerrechtlichen Folgen der Transaktion beraten lassen.

2. Einziehung

a) Grundlagen

Unter der Einziehung von Geschäftsanteilen (oder auch „Amortisation") versteht man die „Vernichtung" des Anteils durch Beschluss der Gesellschafterversammlung. Rechtsgrundlage für die Einziehung von Geschäftsanteilen ist § 34 GmbHG. Danach ist die Einziehung nur zulässig, wenn die Satzung dies ausdrücklich zulässt.

Von der Einziehung zu unterscheiden sind die Ausschließung und die Zwangsabtretung. Bei der Zwangsabtretung wird der Geschäftsanteil im Gegensatz zur Einziehung nicht vernichtet, sondern auf die Gesellschaft oder auf einen Dritten übertragen. Auch hierfür ist eine Satzungsgrundlage erforderlich.

Unklar ist dagegen die Rechtslage bei der „Ausschließung". Diese kann grundsätzlich nur durch Ausschließungsklage gegen den betroffenen Gesellschafter betrieben werden. Allerdings kann auch die Satzung eine Ausschließung durch Beschluss vorsehen. Dann muss allerdings geklärt werden, was mit dem Anteil des ausgeschlossenen Gesellschafters geschehen soll. Letztlich muss dann wieder eine Einziehung oder Zwangsabtretung erfolgen.

In fast jeder Satzung findet sich eine Regelung zur Einziehung von Geschäftsanteilen. Danach ist eine Einziehung mit Zustimmung des betroffenen Gesellschafters jederzeit möglich. Gegen den Willen des Gesellschafters ist eine Einziehung nur bei dem Vorliegen von, in der Satzung näher geregelten Voraussetzungen, möglich.

> **Beauftragung eines Anwalts**
>
> Eine Einziehung oder der sonstige zwangsweise Ausschluss eines Gesellschafters stellt in jedem Fall einen komplexen Vorgang dar, den von den Gesellschaftern nicht ohne vorherige Beratung unternommen werden sollte. Bei der Mandatierung sollte auch klargestellt werden, wen der Anwalt im Einzelfall vertritt. Bei gesellschaftsrechtlichen Auseinandersetzungen kann es leicht zu Interessenkonflikten auf Seiten des Anwalts kommen. Diesem ist die Vertretung widerstreitender Interessen verboten.

b) Voraussetzungen

Die Voraussetzungen einer Einziehung sind teilweise in der Satzung geregelt. Hinzu kommen jedoch noch weitere Voraussetzungen, die sich aus dem Gesetz oder Anforderungen der Rechtsprechung ergeben.

> **Voraussetzungen der Einziehung**
> ☐ *Volleinzahlung des Anteils*
> ☐ *Wirksamer Einziehungsbeschluss*
> ☐ *Möglichkeit der Zahlung des Einziehungsentgeltes*

Volleinzahlung des Anteils

Voraussetzung für eine Einziehung ist zunächst, dass das Kapital auf den einzuziehenden Geschäftsanteil voll eingezahlt ist und keine verbotenen Rückzahlungen im Sinne des § 30 Abs. 1 GmbHG erfolgt sind. Enthält also die Bilanz eine Position „ausstehende Einlagen", so ist eine Einziehung derjenigen Anteile, auf die das Stammkapital noch nicht voll geleistet ist, nicht möglich. Die Gesellschaft wäre allerdings nicht gehindert, in so einem Fall die Kaduzierung des Anteils (§ 21 GmbHG) zu betreiben.

Wirksamer Einziehungsbeschluss

Weitere Voraussetzung (und der Praxis der Gerichte der wichtigste Streitpunkt) ist das Vorliegen eines wirksamen Einziehungsbeschlusses.

Ein wirksamer Einziehungsbeschluss setzt zunächst voraus, dass dieser formal den Bestimmungen von Satzung und Gesetz entspricht, etwa bei der Einhaltung der Ladungsfristen etc.

Ferner müsste ein in der Satzung vorgesehener Einziehungsgrund vorliegen. Viele Satzung sehen hier besondere Gründe vor: So ist die Einziehung meist zulässig, wenn über das Vermögen des Gesellschafters das Insolvenzverfahren eröffnet oder wenn sein Anteil gepfändet wird. In manchen Fällen ist auch vorgesehen, dass eine Einziehung zulässig ist, wenn der Gesellschafter verstorben ist. In diesen Fällen ist das Vorliegen des Einziehungsgrundes meist leicht feststellbar.

Unproblematisch ist die Einziehung auch dann, wenn der betroffene Gesellschafter damit einverstanden ist. Ferner ist eine Einziehung auch eigener Geschäftsanteile denkbar.

Schwieriger ist die Einziehung aus „wichtigem Grund". In vielen Satzungen wird der „wichtige" Grund als Voraussetzung für die Einziehung genannt. Der Ausschluss eines Gesellschafters aus einer GmbH ist nur unter sehr engen Voraussetzungen möglich. Die Anforderungen an einen „wichtigen Grund" sind sehr hoch. So kann der nachhaltige Verstoß gegen ein Wettbewerbsverbot oder ein ansonsten schwerwiegendes gesellschaftsschädigendes Verhalten einen wichtigen Grund darstellen.

Ein wichtiger Grund kann auch in einem tiefgreifenden Zerwürfnis zwischen den Gesellschaftern liegen, wenn kein milderes Mittel zur Weiterführung der Gesellschaft zur Verfügung steht. Weitere Voraussetzung ist allerdings, dass das Zerwürfnis weit überwiegend von dem auszuschließenden Gesellschafter verursacht wurde und in der Person der anderen Gesellschafter nicht ebenfalls ein die Ausschließung rechtfertigender Grund vorliegt (BGH, Urteil vom 24.9.2013 – II ZR 216/11).

Weiterhin sollte der Einziehungsbeschluss eine Regelung über die Verwertung des Geschäftsanteils treffen. Dies ist zwar keine rechtlich zwingende Voraussetzung, sollte aber zur Vermeidung von Missverständnissen aufgenommen werden.

Folge der Einziehung ist die Vernichtung des Anteils. Daher führt die Einziehung grundsätzlich dazu, dass nach Einziehung des Anteils das Stammkapital und die Summe der Nennbeträge der Geschäftsanteile auseinanderfallen. In Höhe des Differenzbetrages besteht dann sogenanntes anteilsloses Stammkapital.

Die „Verwertung" des eingezogenen Anteils erfolgt grundsätzlich dadurch, dass die Nennbeträge der Geschäftsanteile der verbleibenden Gesellschafter quotal aufgestockt werden.

Ein Einziehungsbeschluss gegen den Willen eines betroffenen Gesellschafters sollte keinesfalls ohne vorherige Beratung gefasst werden. Das folgende Beispiel ist nicht ohne weiteres auf andere Konstellationen übertragbar. Hier kommt es auf die einzelnen Satzungsregelungen und die wirtschaftlichen Verhältnisse der betroffenen Gesellschaft an.

Formulierung eines Einziehungsbeschluss (im Rahmen eines Protokolls der Gesellschafterversammlung)

Der Geschäftsanteil von Frau X (Geschäftsanteil Nr. 3 gem. Gesellschafterliste vom XX) wird eingezogen. Die Geschäftsanteile der Gesellschafter Y und Z werden wie folgt aufgestockt:

Der Nennwert des Geschäftsanteils (Nr. 1) des Gesellschafters Z wird um EUR 2.045,- auf EUR 4.545,- erhöht.

Der Nennwert des Geschäftsanteils (Nr. 2) der Gesellschafterin Y wird um EUR 9.205,- auf EUR 20.455,- erhöht.

Die Gesellschaft bevollmächtigt die Geschäftsführerin, Frau X gegenüber die Einziehung zu erklären. Ferner wird die Geschäftsführerin bevollmächtigt, das Frau X zustehende Einziehungsentgelt zu ermitteln und nach den Bestimmungen des Gesellschaftsvertrages auszuzahlen. Ferner wird die Geschäftsführerin ermächtigt, mit Frau X über die Höhe der Abfindung eine Vereinbarung nach freiem Ermessen zu treffen.

Die verbliebenen Gesellschafter erklären, der ausscheidenden Gesellschafterin gegenüber anteilig zu haften, wenn der Abfindungsanspruch nicht aus dem ungebundenen Vermögen der Gesellschaft geleistet werden kann und die Gesellschaft nicht aufgelöst wird.

Die Gesellschafterin X wird darauf hingewiesen, dass die Einziehung mit der Mitteilung dieses Beschlusses und nicht erst mit Leistung der Abfindung wirksam wird.

Möglichkeit der Zahlung des Einziehungsentgeltes

Nach dem Einziehungsbeschluss entsteht für den ausgeschlossenen Gesellschafter ein Anspruch auf Zahlung des Einziehungsentgeltes.

Früher nahm die Rechtsprechung an, dass Voraussetzung der Wirksamkeit der Einziehung auch die Zahlung des Einziehungsentgeltes sei, dies ist nun nicht mehr der Fall. Ein Einziehungsbeschluss wird grundsätzlich mit der Mitteilung des Beschlusses und nicht erst mit der Zahlung der Abfindung wirksam (BGH, Urteil vom 24.1.2012 – II ZR 109/11).

Das gilt jedoch nicht, wenn der Einziehungsbeschluss (von Anfang an) nichtig ist, etwa weil die Einziehungsvergütung wegen eines Verstoßes gegen § 30 Abs. 1 GmbHG nicht gezahlt werden kann. Bei einem Einziehungsbeschluss, bei dem das Entgelt wegen Verstoßes gegen § 30 GmbHG nicht gezahlt werden kann, liegt eine Gesamtnichtigkeit des Beschlusses vor. Damit ist auch die Ausschließung des betroffenen Gesellschafters nichtig.

> **Beispiel Möglichkeit der Zahlung eines Einziehungsentgeltes**
>
> An der X-GmbH sind die Gesellschafter A, B und C zu gleichen Anteilen beteiligt. Am 31.08.2001 beschließen die Gesellschafter A und B (gegen den Willen des C) im Rahmen einer ordnungsgemäß einberufenen Gesellschafterversammlung die Einziehung des Anteils des C wegen schwerwiegender Pflichtverletzung.
>
> Die Bilanz der Gesellschaft zu diesem Stichtag sieht wie folgt aus:
>
> | Aktiva | | Passiva | |
> |---|---|---|---|
> | Anlagevermögen | 100 | Stammkapital | 60 |
> | | | Rücklage | 20 |
> | Umlaufvermögen | 100 | Fremdkapital | 120 |
> | | 200 | | 200 |
>
> Aus ungebundenem Vermögen könnte die Gesellschaft bei diesem Bilanzbild eine Abfindung von maximal 20 zahlen. Wenn also der nach dem Gesellschaftsvertrag an C zu zahlende Abfindungsanspruch höher ist, wäre der Beschluss nichtig.
>
> Problematisch daran ist vor allem, dass auf den Zeitpunkt des Einziehungsbeschlusses im Regelfall keine Bilanz vorliegt. Bevor ein entsprechender Beschluss gefasst wird, sollte die Gesellschaft daher (ggf. unter Einbindung von Beratern) einen (überschlägigen) Zwischenabschluss erstellen, um dokumentieren zu können, dass zum Zeitpunkt der Beschlussfassung die Zahlung des Entgeltes möglich war.

Bevor ein Einziehungsbeschluss gefasst werden kann, ist also zu ermitteln, ob die Gesellschaft in der Lage ist, das Abfindungsentgelt aus vorhandenen Rücklagen zu zahlen.

c) Einziehungsentgelt

Damit stellt sich die Frage nach der Höhe des Einziehungsentgeltes. Allgemein hat ein Gesellschafter bei seinem Ausscheiden einen Anspruch auf eine Abfindung in Höhe des Verkehrswertes seiner Beteiligung (§ 738 Abs. 2 BGB analog). Die Höhe der Abfindung kann in der Satzung geregelt und dadurch beschränkt werden.

Eine Einziehung ohne Zahlung einer Abfindung ist aber grundsätzlich nicht möglich. Das gilt auch dann, wenn der Gesellschafter wegen schwerer Pflichtverletzungen aus der Gesellschaft ausgeschlossen wird. Auch in einem solchen Fall kann der Gesellschafter nicht enteignet werden.

Für die Frage nach der Höhe der Abfindung ist vorrangig die Satzung zu prüfen. Hier finden sich oft Regelungen zum Bewertungsverfahren (vgl. dazu 5. Kapitel, S. 95 ff.).

Die konkrete Höhe der Abfindung ist meist nur unter Einschaltung eines entsprechenden Experten (meist eines Wirtschaftsprüfers) möglich. Zusätzlich können sich aber auch rechtliche Fragen im Zusammenhang mit der Auslegung der Satzung stellen (vgl. dazu 5. Kapitel S. 95 ff.).

> **Ermittlung des Abfindungsguthabens**
> Bei der Ermittlung des Abfindungsguthabens sollten Rechtsanwalt und Wirtschaftsprüfer eng zusammenarbeiten.

d) Steuerrechtliche Aspekte der Einziehung

Für die Gesellschaft ist die Einziehung grundsätzlich erfolgsneutral. Kommt es durch die Einziehung zu einer Verschiebung der Anteilsverhältnisse ist zu prüfen, ob es nach § 8c KStG zu einem Untergang von Verlustvorträgen kommt.

Auf der Ebene des Gesellschafters dürften im Regelfall Einkünfte nach § 17 EStG vorliegen, soweit es zu einem Veräußerungsgewinn kommt.

Ein Sonderproblem stellt die Schenkungsteuer dar: Wenn Anteile unterhalb des steuerlichen Wertes vergütet werden, so ist darin eine schenkungsteuerpflichtige Bereicherung der übrigen Gesellschafter zu sehen (§ 7 Abs. 8 ErbStG).

Eine weitere Frage ist die Behandlung der Rechtsverfolgungskosten der Beteiligten, hier kann die GmbH Betriebsausgaben geltend machen, soweit sie sich in einem Verfahren vertreten lässt. Die Kosten der Gesellschafter für ihre Rechtsdurchsetzung sind grundsätzlich von diesen selbst zu tragen.

e) Zwangsabtretung

Neben der Einziehung sehen die meisten Satzungen auch – unter den gleichen Voraussetzungen – die Möglichkeit der Zwangsabtretung vor. Bei einer Zwangsabtretung beschließt die Gesellschafterversammlung, dass der betroffene Gesellschafter verpflichtet ist, seinen Anteil an einen Dritter oder an einen Mitgesellschafter abzutreten.

Der Unterschied zur Einziehung besteht darin, dass bei der Zwangsabtretung das Entgelt nicht von der Gesellschaft, sondern vom Abtretungsempfänger zu zahlen ist. Das setzt natürlich voraus, dass der Dritte zur Zahlung bereit und in der Lage ist. Auf der anderen Seite stellt sich dann nicht die Frage der Kapitalerhaltung.

3. Erwerb eigener Anteile

a) Grundlagen

Ein Erwerb eigener Anteile liegt vor, wenn die Gesellschaft selbst als Erwerber ihrer Geschäftsanteile auftritt. Die Rechtsgrundlage dafür ist § 33 GmbHG.

Der Erwerb eigener Anteile kann bei der GmbH vor allem bei Gesellschafterauseinandersetzungen von Interesse sein.

> **Beispiel Gesellschafterauseinandersetzung**
>
> An der X-GmbH sind die Gesellschafter A, B und C zu je einem Drittel beteiligt. Zwischen A und B einerseits und C andererseits kommt es immer wieder zu Spannungen. C möchte daher aus der Gesellschaft ausscheiden. Man verhandelt über den Kaufpreis für den Anteil des C.
>
> Für C ist es gleichgültig, woher das Geld für den Anteilserwerb kommt. Aus der Sicht von A und B bietet es allerdings einen Vorteil, das Geld aus dem Vermögen der Gesellschaft zu zahlen und nicht aus ihrem privaten Vermögen. Soweit die Gesellschaft Gelder aufwendet, die aus Gewinnen der Vergangenheit resultieren, sind diese steuerlich weniger belastet als bereits an A und B ausgeschüttete Gewinne.
>
> Vor diesem Hintergrund wäre zu prüfen, ob ein Ausscheiden des C so gestaltet werden kann, dass die X-GmbH den Anteil des C als eigenen Anteil erwirbt.

b) Voraussetzungen

Der Erwerb eigener Anteile ist bei einer GmbH nur unter den Voraussetzungen des § 33 GmbHG zulässig. Danach ist der Erwerb eigener Anteile möglich, wenn

- der Anteil voll eingezahlt ist und
- der Kaufpreis aus ungebundenem Vermögen gezahlt werden kann

Volleinzahlung des Anteils

Voraussetzung ist zunächst, dass der Anteil voll eingezahlt ist (§ 33 Abs. 1 GmbHG). Insofern gelten die Ausführungen zur Einziehung des Anteils sinngemäß.

Möglichkeit der Kaufpreiszahlung aus ungebundenem Vermögen

Darüber hinaus muss der Kaufpreis aus sogenannten ungebundenem Vermögen (bilanziell: Rücklagen) geleistet werden können. Die Höhe des ungebundenen Vermögens ist daher nach den Grundsätzen des § 30 GmbHG zu ermitteln. Hier die Wertansätze des Handelsbilanzrechts maßgeblich. Dabei stellt sich die Frage, auf welchen Zeitpunkt es für die Frage, ob hinreichend freies Vermögen vorhanden ist abzustellen ist. Das OLG Rostock vertritt die Auffassung, es sei insoweit auf den Abschluss des schuldrechtlichen Verpflichtungsgeschäftes abzustellen (OLG Rostock, Urteil vom 30.1.2013 – 1 U 75/11). Nach der Gegenauffassung ist auf den jeweiligen Zahlungszeitpunkt abzustellen.

Um rechtliche Unsicherheiten zu vermeiden, sollten die Parteien bei einer solchen Konstruktion eine zeitnahe Zahlung des Kaufpreises vereinbaren.

c) Rechtsfolgen eines Verstoßes

Wird bei dem Erwerb eigener Anteile gegen § 33 GmbHG verstoßen, so ist der Kaufvertrag nach § 33 Abs. 2 S. 3 GmbHG nichtig. Erfolgt dennoch eine Abtretung des Anteils, so bleibt diese Abtretung wirksam. Allerdings besteht dann ein Anspruch auf Rückabwicklung des nichtigen Kaufvertrages nach den Grundsätzen der ungerechtfertigten Bereicherung (§§ 812 ff. BGB).

d) Steuerrechtliche Behandlung

Die steuerrechtliche Behandlung des Erwerbs eigener Anteile ist im Schreiben des Bundesfinanzministeriums vom 27.11.2013 behandelt. Im Kern wird der Anteilserwerb wie eine Kapitalherabsetzung und die Weiterveräußerung wie eine Kapitalerhöhung behandelt.

Eine Vereinigung von mehr als 95 % der Anteile an einer grundbesitzenden Kapitalgesellschaft löst Grunderwerbsteuer aus. Das gilt auch dann, wenn ein Gesellschafter seine Anteile als eigene Anteile an die GmbH verkauft, bei der nur ein weiterer Gesellschafter verbleibt.

4. Kündigung / Austritt / Ausschluss

a) Kündigung

Die Kündigung ist grundsätzlich im GmbHG nicht vorgesehen. Enthält der Gesellschaftsvertrag also keine Klausel zur Kündigung, so ist die Gesellschaft unkündbar.

Wenn die Gesellschafter die Möglichkeit einer Kündigung vorsehen wollen, so muss diese im Gesellschaftsvertrag näher geregelt werden. Dabei ist zum einen die Frist für eine Kündigung festzulegen, zum anderen müssen auch die Rechtsfolgen der Kündigung beschrieben werden. Denkbar ist hier etwa die Möglichkeit der Einziehung des Anteils des Kündigenden oder die Zwangsabtretung.

Manche Gesellschaftsverträge sehen für den Fall der Nichteinigung über das Ausscheiden des Kündigenden auch die automatische Liquidation der Gesellschaft vor.

> **Beratung vor Ausspruch der Kündigung**
> Wegen der nur schwer überschaubaren Folgen sollte sich ein Gesellschafter in jedem Fall vor dem Ausspruch einer Kündigung des Gesellschaftsvertrages beraten lassen.

b) Austritt / Ausschluss

Die Beendigung der Gesellschafterstellung ist im GmbHG nur sehr unzureichend geregelt. Neben der Einziehung (§ 34 GmbHG) kommt nach einhelliger Auffassung der Rechtsprechung auch der „Austritt" aus der Gesellschaft in Betracht. Dafür muss jedoch entweder ein

V. Beendigung der Gesellschafterstellung

wichtiger Grund vorliegen oder der Austritt muss von der Gesellschaft angenommen werden. Die Annahme eines Austritts muss deutlich von der Gesellschaft erklärt werden, es reicht nicht aus, wenn die Gesellschaft in einem Antwortschreiben auf die Austritterklärung erklärt, sie „nehme den Austritt zur Kenntnis".

Spiegelbildlich zum Austritt des Gesellschafters kann die Gesellschaft auch den „Ausschluss" eines Gesellschafters beschließen. Dies geschieht durch Beschluss der Gesellschafterversammlung und anschließende Erhebung einer Ausschlussklage.

Rechtsunsicherheiten in der Praxis
In der Praxis sollte man von der Möglichkeit des „Austritts" oder auch des „Ausschlusses" wegen der Rechtsunsicherheiten keinen Gebrauch machen. Fast immer zeigt der Gesellschaftsvertrag einen anderen Weg zur Beendigung der Gesellschafterstellung auf.

7. Kapitel

Geschäftsführung

I. Grundlagen

Die Geschäftsführung ist das zur Vertretung des Gesellschaft berufene Organ (§ 35 GmbHG). Ihr obliegt die Führung des „Tagesgeschäftes" der Gesellschaft nach den Vorgaben des Gesetzes sowie nach den Weisungen der Gesellschafterversammlung. Die Geschäftsführung kann von einem oder mehreren Geschäftsführern wahrgenommen werden, das Gesetz macht für die Zahl der Geschäftsführe keine Vorgaben.

Die Geschäftsführung ist grundsätzlich weisungsgebunden. Gleichwohl muss sich der Geschäftsführer aber gesetzeswidrigen Weisungen widersetzen, wenn er sich nicht einer persönlichen Haftung aussetzen will. Das Weisungsrecht der Gesellschafterversammlung ist insoweit also durch das Gesetz begrenzt.

Den Geschäftsführer verbinden mit der Gesellschaft zwei grundsätzlich voneinander unabhängige Rechtsverhältnisse:

Gesellschaftsrechtlich wird der Geschäftsführer bestellt. Durch den Bestellungsakt (Beschluss der Gesellschafterversammlung) erhält der Geschäftsführer die Vertretungsbefugnis und übernimmt die Verpflichtung zur ordnungsgemäßen Geschäftsführung.

Vertragsrechtlich ist der Geschäftsführer mit der Gesellschaft (im Regelfall) über einen Dienstvertrag (§§ 611 ff. BGB) verbunden, diesen Vertrag nennt man Anstellungsvertrag. Im Anstellungsvertrag verpflichtet sich der Geschäftsführer zur Arbeitsleistung und erhält im Gegenzug einen Anspruch auf Zahlung einer Vergütung.

Beide Verhältnisse stehen grundsätzlich unabhängig nebeneinander und können auch unterschiedliche rechtliche Schicksale haben. So ist denkbar, dass ein Geschäftsführer bereits bei seiner Bestellung keinen Anstellungsvertrag hat, etwa weil sein Gehalt von einem anderen Konzernunternehmen gezahlt wird. Ebenso ist denkbar, dass ein Geschäftsführer abberufen wird und gleichzeitig sein Anstellungsvertrag fortbesteht (und damit die Verpflichtung der Gesellschaft, die Vergütung zu zahlen).

Im Folgenden wird zunächst die Bestellung des Geschäftsführers erörtert (II). Sodann wird auf die Möglichkeiten der Beendigung der Gesellschafterstellung eingegangen (III). Ein weiterer Abschnitt widmet sich den Einzelheiten des Anstellungsverhältnisses (IV). Zuletzt wird in Grundzügen auf die mit der Übernahme des Geschäftsführeramtes verbundenen Haftungsgefahren eingegangen (V).

II. Bestellung

1. Auswahl des Geschäftsführers

Zum Geschäftsführer kann grundsätzlich jede natürliche Person bestellt werden (§ 6 Abs. 1 GmbHG). Es darf kein Ausschlussgrund für die Ausübung des Amtes vorliegen. Ferner kann das Ermessen der Gesellschafterversammlung durch das Allgemeine Gleichbehandlungsgesetz beschränkt sein.

a) Ausschlussgründe

Die Gründe, die eine Person vom Amt des Geschäftsführers ausschließen sind in § 6 Abs. 2 GmbHG abschließend geregelt.

> **Vom Geschäftsführer ausgeschlossen sind folgende Personen**
>
> - Personen, die unter Betreuung stehen,
>
> - Personen, gegen die für den Geschäftszweig der Gesellschaft ein Berufsverbot aufgrund behördlicher Anordnung oder gerichtlichen Urteils besteht (z.B. Gewerbeuntersagung wegen Unzuverlässigkeit),
>
> - Personen, die wegen eines der folgenden Delikte rechtskräftig verurteilt worden sind:

- Insolvenzverschleppung (§ 15a InsO)
- Bankrottdelikte (§§ 283–283d StGB)
- Falsche gesellschaftsrechtliche Angaben (§§ 82 GmbHG, 399 AktG)
- Unrichtige Darstellung in Jahresabschlüssen (§ 400 AktG, § 331 HGB, § 17 PublG)
- Betrug (§ 263 StGB), Computerbetrug (§ 263a StGB), Subventionsbetrug (§ 264 StGB), Kapitalanlagebetrug (§ 264a StGB), Kreditbetrug (§ 265b StGB), Untreue (§ 266 StGB), Vorenthalten und Veruntreuen von Arbeitsentgelt (§ 266a StGB), wenn die Verurteilung auf eine Freiheitsstrafe von einem Jahr oder mehr lautet.

Zum Geschäftsführer darf also keine Person bestellt werden, die innerhalb der letzten fünf Jahre wegen Insolvenzverschleppung rechtskräftig verurteilt worden ist. Auf die Höhe der Strafe kommt es dabei nicht an. Auf der anderen Seite steht es einer Bestellung nicht entgegen, wenn der Geschäftsführer selbst ein Insolvenzverfahren durchläuft oder ein solches Verfahren in der Vergangenheit durchlaufen hat.

Wird ein Geschäftsführer bestellt, bei dem ein Hinderungsgrund nach § 6 Abs. 2 GmbHG vorliegt, so ist der Bestellungsbeschluss nichtig. Das Registergericht kann die Eintragung in das Handelsregister dann von Amts wegen löschen. Die Gesellschaft ist in diesem Fall führungslos, die Gesellschafter müssen also einen neuen Geschäftsführer bestellen.

b) Allgemeines Gleichbehandlungsgesetz und Frauenquote

Grundsätzlich ist die Gesellschafterversammlung bei der Auswahl der Person des Geschäftsführers frei. Auf die Bestellung des Geschäftsführers ist jedoch das Allgemeine Gleichbehandlungsgesetz (AGG) anwendbar. Wird ein Geschäftsführer einer kommunalen Gesellschaft zum Beispiel wegen seines Alter nicht wiederbestellt, so kann ihm ein Schadensersatzanspruch nach § 15 Abs. 1 AGG zustehen.

Bei GmbH mit mehr als 500 Arbeitnehmern ist zu beachten, dass diese der unternehmerischen Mitbestimmung unterliegen. Im Hinblick auf die Geschäftsführung hat dies nach § 36 GmbHG zur Folge, dass für die Geschäftsführung und für die zwei folgenden Führungsebenen Zielsetzungen für die Beteiligung von Frauen an der Führung des Unternehmens zu beschließen sind. Konkrete Mindestquoten sieht das Gesetz aber auch in diesen Fällen nicht vor. Es kann also auch eine Quote von 0 % beschlossen werden.

2. Bestellungsakt und Vertretungsbefugnis

Die Bestellung erfolgt durch Beschluss der Gesellschafterversammlung. Dabei kann sich ein Gesellschafter auch selbst wählen.

Auf die Eintragung des Geschäftsführers in das Handelsregister kommt es nicht an. Die Eintragung hat lediglich deklaratorische Bedeutung. Maßgeblich ist allein der von den Gesellschaftern gefasste Beschluss.

Bei der Bestellung der Geschäftsführer haben die Gesellschafter auch über den Umfang der Vertretungsbefugnis zu entscheiden. Man unterscheidet Einzelvertretungsbefugnis und Gesamtvertretungsbefugnis. Bei einer Einzelvertretungsbefugnis kann der Geschäftsführer die Gesellschaft allein vertreten. Bei Gesamtvertretungsbefugnis kann die Gesellschaft nur durch zwei Geschäftsführer oder einen Geschäftsführer zusammen mit einem Prokuristen vertreten werden.

Bei mehreren Geschäftsführern kann die Vertretungsbefugnis für jeden Geschäftsführer unterschiedlich geregelt werden, auch dazu kann die Satzung Vorgaben machen. Entfällt einer von zwei Geschäftsführern, so ist der andere im Regelfall alleinvertretungsberechtigt.

Bei mehreren Geschäftsführern kann auch ein „Vorsitzender" oder ein „Sprecher" bestimmt werden. Die Funktion als „Sprecher der Geschäftsführung" kann als solche nicht in das Handelsregister eingetragen werden. Allerdings kann einem Geschäftsführer auch Einzelvertretungsbefugnis für einen bestimmten Bereich (etwa die kaufmännische Geschäftsführung) erteilt werden. Folge ist dann, dass der Geschäftsführer in diesem Bereich einzelvertretungsberechtigt ist.

Es steht der Gesellschafterversammlung grundsätzlich frei, die Kompetenzen des Geschäftsführers durch Beschluss zu beschränken.

Bei mehreren Geschäftsführern kann auch der Erlass einer Geschäftsordnung sinnvoll sein, in der die Grundsätze der Zusammenarbeit der Geschäftsführer untereinander geregelt werden.

3. Wegfall des Geschäftsführers

Ein Geschäftsführer kann wegfallen, wenn er verstirbt oder sein Amt niederlegt. Ferner kann der Wegfall auch durch den nachträglich Eintritt eines Ausschlussgrundes (§ 6 GmbHG) bedingt sein.

In diesem Fall muss die Gesellschafterversammlung versuchen, einen neuen Geschäftsführer zu wählen. Wenn dies nicht gelingt, ist die Gesellschaft führungslos. Jeder Gesellschafter hat dann nach § 29 BGB analog die Möglichkeit, beim Amtsgericht die Bestellung eines Notgeschäftsführers zu beantragen, der dann die Geschäftsführung übernimmt.

Wenn sich der Geschäftsführer einer GmbH in Untersuchungshaft befindet, so begründet dies nicht die Notwendigkeit, einen Notgeschäftsführer nach § 29 BGB analog zu bestellen. Denn dies würde voraussetzen, dass der Geschäftsführer rechtlich nicht mehr vorhanden ist, was nicht der Fall ist, weil der Geschäftsführer in der Untersuchungshaft erreichbar ist.

In der Praxis sind Anträge auf Bestellung eines Notgeschäftsführers sehr selten.

> **Insolvenzantragspflicht (§ 15a Abs. 3 InsO)**
>
> Die Gesellschafter sollten stets bemüht sein, einen geeigneten Geschäftsführer zu bestellen. Gelingt dies nicht, müssen die Gesellschafter sich stets über die wirtschaftliche Lage der Gesellschaft informieren. Im Falle der Führungslosigkeit geht nämlich die Insolvenzantragspflicht nach § 15a Abs. 3 InsO auf die Gesellschafter über.

Kommt es nicht zu einer Einigung auf einen neuen Geschäftsführer und befindet sich die Gesellschaft in einer wirtschaftlichen Krise, so ist in letzter Konsequenz der Insolvenzantrag der einzige Ausweg.

III. Beendigung des Geschäftsführeramtes

Die Bestellung endet, wenn der Geschäftsführer entweder abberufen wird oder sein Amt niederlegt. Ein weiterer Beendigungsgrund ist der Tod des Geschäftsführers.

1. Abberufung

Die Abberufung des Geschäftsführers erfolgt – wie die Bestellung – durch einfachen Beschluss der Gesellschafterversammlung. Dabei gilt der Grundsatz der freien Abberufung (§ 38 Abs. 1 GmbHG). Der Beschluss bedarf also keiner besonderen Begründung. Etwas anderes gilt nur dann, wenn die Satzung ein Sonderrecht zur Geschäftsführung vorsieht, was in der Praxis nur selten vorkommt.

Ein Sonderfall ist die Zwei-Personen-GmbH, an der zwei Gesellschafter zu je 50 % beteiligt sind, die zugleich auch Geschäftsführer sind. Hier ist die Abberufung eines Geschäftsführers grundsätzlich nicht gegen dessen Willen möglich. Etwas anderes gilt nur dann, wenn ein wichtiger Grund für die Abberufung vorliegt. Ein solcher wichtiger Grund kann in dieser Konstellation bereits bei einem Zerwürfnis zwischen den beiden Gesellschaftern vorliegen.

2. Amtsniederlegung

Die Amtsniederlegung durch den Geschäftsführer ist grundsätzlich jederzeit formfrei möglich. Sie erfolgt durch Erklärung gegenüber allen Gesellschaftern und ist – soweit sich aus der Erklärung nichts anderes ergibt sofort wirksam. Eine Ausnahme gilt für die Amtsniederlegung des alleinigen Gesellschafter-Geschäftsführers einer insolvenzbedrohten GmbH, diese ist wegen Rechtsmissbrauches (§ 242 BGB) unwirksam.

Die Eintragung der Geschäftsführerstellung im Handelsregister hat nur deklaratorische Bedeutung. Der das Amt niederlegende Geschäftsführer sollte allerdings dringend darauf achten, dass die Eintragung der Amtsniederlegung in das Handelsregister noch erfolgt. Die Anmeldung bedarf der notariellen Beglaubigung.

IV. Anstellung

Vorgehen bei Amtsniederlegung
Der Geschäftsführer kann daher wie folgt vorgehen: Er erklärt die Amtsniederlegung (aus Beweisgründen schriftlich) gegenüber den Gesellschaftern nicht zu sofort, sondern auf einen zukünftigen Zeitpunkt. Noch vor dem Zeitpunkt der Beendigung des Amtes sucht der Geschäftsführer einen Notar auf und meldet die Amtsniederlegung an.

Wenn der einzige Geschäftsführer sein Amt niederlegt, wird die Gesellschaft führungslos. Dann ist es Aufgabe der Gesellschafter einen neuen Geschäftsführer zu bestellen.

IV. Anstellung

Bei dem Anstellungsverhältnis des Geschäftsführers geht es um die Ausgestaltung des zwischen der Gesellschaft und dem Geschäftsführer bestehenden Dienstvertrages. Ein Anstellungsvertrag ist keine Voraussetzung für die Tätigkeit als Geschäftsführer. So ist es in Unternehmensgruppen nicht unüblich, dass eine Person mehrere Ämter als Geschäftsführer (etwa bei Tochterunternehmen) wahrnimmt, aber nur über einen Anstellungsvertrag verfügt.

1. Anwendbarkeit des Arbeitsrechts

Das Anstellungsverhältnis des Geschäftsführers ist ein Dienstvertrag nach §§ 611 ff. BGB. In der Regel handelt es sich hierbei nicht um einen Arbeitsvertrag. Der Geschäftsführer nimmt die Funktion eines Arbeitgebers für die Gesellschaft wahr und ist somit selbst nicht Arbeitnehmer. Damit gelten für den Geschäftsführer auch grundsätzlich die arbeitsrechtlichen Schutzgesetze (z.B. Kündigungsschutzgesetz etc.) nicht.

Dieser Grundsatz wird aber durch den sogenannten unionsrechtlichen Arbeitnehmerbegriff eingeschränkt. Eine Reihe von EU-Richtlinien stellt auf den Schutz des Arbeitnehmers ab. Der Europäische Gerichtshof hat hierzu ausgeführt, dass unter bestimmten Voraussetzungen auch ein Geschäftsführer ein Arbeitnehmer im Sinne dieser Richtlinien sein könne. Voraussetzung für die Annahme der Arbeitnehmereigenschaft ist, dass eine besondere Weisungsgebundenheit besteht, die über § 37 GmbHG hinausgeht. In der Praxis dürfte dies vor allem auf Geschäftsführer von Tochterunternehmen eines Konzerns zutreffen, die faktisch wie leitende Angestellte in dem Unternehmen tätig sind.

Anwendbarkeit des Arbeitsrechts bei Beförderung zum Geschäftsführer
Die Frage nach der Anwendbarkeit des Arbeitsrechts stellt sich vor allem bei bisherigen Arbeitnehmern, die zum Geschäftsführer befördert werden. Hier sollte sich der betroffene in keinem Fall auf den Schutz arbeitsrechtlicher Vorschriften verlassen, sondern einen angemessenen Anstellungsvertrag (ggf. mit anwaltlicher Unterstützung) aushandeln.

2. Ruhendes Arbeitsverhältnis

Ein weiteres Problem besteht in der Frage, ob das bestehende Arbeitsverhältnis fortbesteht, wenn ein Arbeitnehmer zum Geschäftsführer befördert wird. Grundsätzlich wird angenommen, dass das Arbeitsverhältnis durch den Abschluss des Anstellungsvertrages aufgehoben und damit beendet wird. Etwas anderes kann sich jedoch aus den Umständen des Einzelfalles oder (besser) aus einer ausdrücklichen Vereinbarung der Parteien ergeben.

Ein Aufhebungsvertrag bezüglich eines Arbeitsvertrages bedarf nach § 623 BGB der Schriftform. Der Aufhebungsvertrag muss dabei zwischen Arbeitnehmer und Arbeitgeber geschlossen werden. In einer Unternehmensgruppe wird daher ein Arbeitsverhältnis nicht dadurch aufgehoben, dass ein Arbeitnehmer einen Geschäftsführeranstellungsvertrag mit einem anderen Unternehmen der gleichen Unternehmensgruppe abschließt. Bei Beendigung der Anstellung könnte also das alte Arbeitsverhältnis fortbestehen.

Klarstellung durch die Parteien
In entsprechenden Fällen sollten die Parteien (Gesellschaft und Geschäftsführer) klarstellen, ob das bestehende Arbeitsverhältnis ruhen soll oder ob eine Aufhebung gewollt ist. Für beides kann es im Einzelfall gute Argumente geben.

3. Sozialversicherungspflicht

Weiterhin stellt sich die Frage, ob der Geschäftsführer dem Sozialversicherungsrecht unterliegt. Diese Frage ist unabhängig von der

Frage nach der Anwendbarkeit des Arbeitsrechts zu betrachten. Von besonderer Bedeutung ist hier meist die Frage, ob der Geschäftsführer Pflichtmitglied der gesetzlichen Rentenversicherung ist beziehungsweise (im Falle einer Beförderung) bleibt.

Bei einem Fremdgeschäftsführer ist die Anwendbarkeit des Sozialversicherungsrechts zu bejahen. Bei einem Gesellschafter-Geschäftsführer, der die Mehrheit der Anteile an der Gesellschaft hält, ist dies zu verneinen, da er so einen bestimmenden Einfluss auf die Gesellschaft ausüben kann.

In den Fällen der Minderheitsbeteiligung ist es eine Frage des Einzelfalles. Hier kommt es darauf an, ob der Geschäftsführer die Gesellschaft weitgehend weisungsfrei führen kann. Ein maßgebliches Kriterium ist, ob die Abberufung beziehungsweise Kündigung des Geschäftsführers gegen seinen Willen möglich ist. Ferner muss der Geschäftsführer in der Lage sein, ihm nicht genehme Weisungen in Bezug auf Dauer, Umfang und Ort der Tätigkeit zu verhindern. Auch wenn der Geschäftsführer selbst nicht die Mehrheit der Gesellschaftsanteile hält, kann die Sozialversicherungspflicht nicht bestehen, wenn die GmbH von dem Know-How des Geschäftsführers wirtschaftlich abhängig ist.

Gestaltungspotenzial der Satzung
Bei einem Gesellschafter-Geschäftsführer, der selbst nicht die Mehrheit der Anteile hält, besteht hier ein gewisses Gestaltungspotenzial. Durch eine entsprechende Ausgestaltung der Satzung und des Anstellungsvertrages kann eine sozialversicherungspflichtige Tätigkeit geschaffen oder verhindert werden. In jedem Fall sollte in solchen Zweifelsfällen ein Statusfeststellungsverfahren bei der Deutschen Rentenversicherung durchgeführt werden.

4. Inhalt des Anstellungsvertrages

Umfang und Inhalt des Anstellungsvertrages sind eine Frage des Einzelfalles. Grundsätzlich besteht für einen solchen Vertrag kein Formerfordernis. Aus Gründen der Beweisbarkeit sollte der Anstellungsvertrag aber natürlich schriftlich geschlossen werden. Auch der Allein-Gesellschafter-Geschäftsführer muss aus steuerlichen Gründen einen schriftlichen Anstellungsvertrag haben, da der Vertrag steuerrechtlich nur anzuerkennen ist, wenn er schriftlich abgeschlossen ist.

a) Übersicht / Grundlagen

Inhaltlich sind bei einem Anstellungsvertrag folgende Punkte zu regeln:

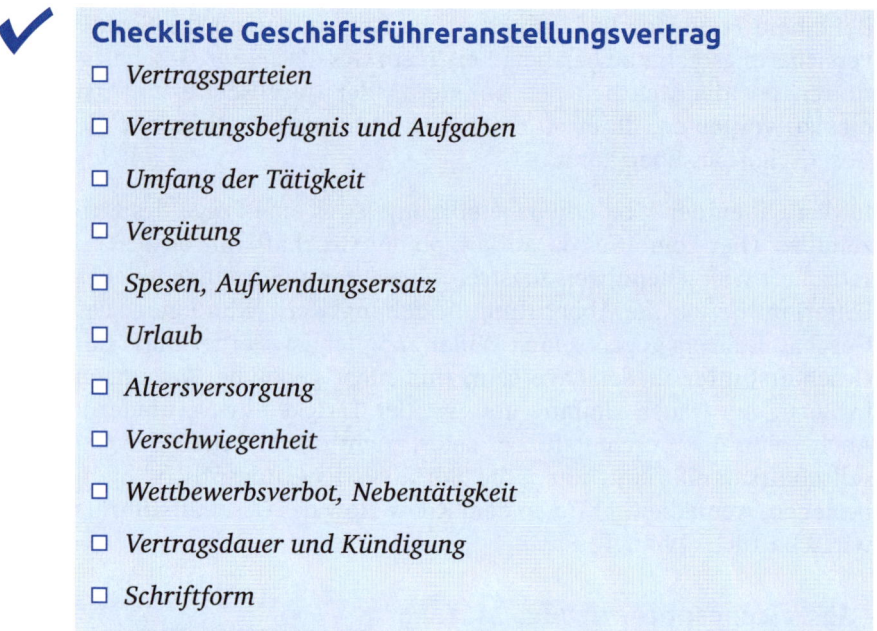

b) Vertragsparteien

Parteien des Anstellungsvertrages sind grundsätzlich der Geschäftsführer und die Gesellschaft. Soll der Geschäftsführer im Rahmen einer Unternehmensgruppe für mehrere Gesellschaften tätig werden, so sollte dies in Anstellungsvertrag geregelt werden.

Die Gesellschaft wird bei dem Abschluss des Vertrages allerdings nicht wie sonst durch die Geschäftsführung, sondern durch die Gesellschafterversammlung vertreten. Somit muss die Gesellschafterversammlung den Vertrag genehmigen oder einen Vertreter ermächtigen, den Vertrag in ihrem Namen zu unterzeichnen.

c) Vertretungsbefugnis und Aufgaben

Die Vertretungsbefugnis bestimmt sich in erster Linie nach dem Gesellschafterbeschluss über die Bestellung des Geschäftsführers.

Üblicherweise wird hier auch gleich der Anstellungsvertrag durch die Gesellschafterversammlung genehmigt. Die Regelung im Vertrag muss dem Beschluss der Gesellschafter entsprechen.

Formulierungsbeispiel Vertretungsbefugnis

§ X Geschäftsführung und Vertretung

(1) Der Geschäftsführer vertritt die Gesellschaft gemeinsam mit einem anderen Geschäftsführer oder einem Prokuristen. Hat die Gesellschaft nur einen Geschäftsführer, repräsentiert er alleine die Gesellschaft. Weisungen der Gesellschafterversammlung sind zu befolgen, soweit Vereinbarungen in diesem Vertrag nicht entgegenstehen.

(2) Der Geschäftsführer hat die ihm obliegenden Pflichten mit der Sorgfalt eines ordentlichen und gewissenhaften Kaufmanns unter Wahrung der Interessen der Gesellschaft wahrzunehmen.

(3) Der Geschäftsführer ist von den Beschränkungen des § 181 BGB befreit.

(4) Der Geschäftsführer übernimmt zusätzlich die Geschäftsführung der XYZ Anlagenbau GmbH, der ABC Systemtechnik GmbH und der DEF GmbH ohne dass hierfür ein gesonderter Vergütungsanspruch entsteht.

Der Anstellungsvertrag kann die Aufgaben des Geschäftsführers näher bestimmen. Zu bedenken ist dabei allerdings, dass eine solche Zuweisung nichts an der Gesamtverantwortung des Geschäftsführers ändert.

Formulierungsbeispiel Aufgaben

§ X Aufgaben des Geschäftsführers

(1) Dem Geschäftsführer obliegt die Leitung und Überwachung des Unternehmens im Ganzen. Er ist für das operative Tagesgeschäft allein verantwortlich.

(2) Der Geschäftsführer nimmt die Rechte und Pflichten des Arbeitgebers im Sinne der arbeits- und sozialrechtlichen Vorschriften wahr.

Der Anstellungsvertrag kann eine Regelung zu bestimmten Geschäften regeln, die der Geschäftsführer nur mit Zustimmung der

Gesellschafterversammlung ausführen darf. Dabei sollte allerdings bedacht werden, dass solche Beschränkungen nur im Innenverhältnis zwischen Gesellschaft und Geschäftsführer gelten. Besser ist daher eine Regelung in der Satzung, auf die dann im Wesentlichen Bezug genommen werden kann.

Formulierungsbeispiel Zustimmungsbedürftige Geschäfte

§ X Zustimmungsbedürftige Geschäfte

Der Geschäftsführer bedarf für Geschäfte und Maßnahmen, die über den gewöhnlichen Betrieb der Gesellschaft hinausgehen, der ausdrücklichen Einwilligung der Gesellschafterversammlung, soweit hierfür nach dem Gesellschaftsvertrag oder der Geschäftsordnung ein Zustimmungsvorbehalt besteht.

Der Geschäftsführer schuldet grundsätzlich seine volle Arbeitskraft. Allerdings können auch hier natürlich abweichende Regelungen (etwa über eine Teilzeittätigkeit) getroffen werden.

Formulierungsbeispiel Umfang der Tätigkeit

§ X Dienstleistung

(1) Der Geschäftsführer hat seine volle Arbeitskraft und seine Kenntnisse und Erfahrungen der Gesellschaft zur Verfügung zu stellen.

(2) An bestimmte Arbeitszeiten ist der Geschäftsführer nicht gebunden. Die Regelarbeitszeit beträgt mindestens 40 Stunden pro Woche.

d) Vergütung

Für die Vergütung des Geschäftsführers gibt es keine gesetzlichen Vorgaben. Daher kann die Vergütung frei ausgehandelt werden. Bei einem Gesellschafter-Geschäftsführer muss die Vergütung „angemessen" sein. Im Falle einer unangemessen hohen Vergütung kann ein Teil vom Finanzamt als verdeckte Gewinnausschüttung behandelt werden (vgl. Kapitel 11, S. 250 ff.). Was angemessen ist, ist eine Frage des Einzelfalles. Maßgeblich ist zum einen, dass die Gesellschaft in der Lage sein muss, die Vergütung zu erwirtschaften.

Zum anderen ist auf vergleichbare Unternehmen (gleiche Branche, gleiche Größe) zu schauen (sog. Fremdvergleich).

Bei der Vergütung sind sämtliche Vergütungsbestandteile zu berücksichtigen. Die Vergütung des Geschäftsführers besteht im Regelfall in einem Festgehalt sowie einem variablen Vergütungsbestandteil (Tantieme). Auch weitere geldwerte Vorteile können eine Vergütung darstellen. Der verbilligte Erwerb einer Beteiligung an einem Unternehmen stellt zum Beispiel bei dem Beschäftigten einen geldwerten Vorteil dar, der als Arbeitslohn zu versteuern ist. Das gilt auch dann, wenn der verbilligte Erwerb im Hinblick auf eine zukünftige Beschäftigung als Geschäftsführer erfolgt.

Weitere Aspekte, die im Zusammenhang mit der Vergütung zu regeln sind, sind die Entgeltfortzahlung im Krankheitsfall und gegebenenfalls die übergangsweise Versorgung von Hinterbliebenen. Auf beides hat der Geschäftsführer ohne Regelung im Vertrag keinen Anspruch.

Formulierungsbeispiel Vergütung

§ X Bezüge des Geschäftsführers

(1) Der Geschäftsführer erhält ein festes Jahresgehalt von XXX EUR brutto. Das Gehalt wird in gleichen monatlichen Teilbeträgen am jeweiligen Monatsletzten ausgezahlt.

(2) Ferner erhält der Geschäftsführer eine Tantieme die am budgetierten Umsatz und EBIT (Earnings before interest and taxes) bemessen wird, maximal jedoch XXX EUR p.a. ... Die Tantieme ist einen Monat nach Feststellung des Jahresabschlusses durch die Gesellschafterversammlung, spätestens jedoch zum 30.9. des Folgejahres, zur Zahlung fällig.

Nachträgliche Änderungen des Jahresabschlusses, insbesondere auf Grund abweichender steuerlicher Veranlagung, sind nicht zu berücksichtigen.

Die Gewinntantieme entfällt, wenn dem Geschäftsführer aus wichtigem Grund gekündigt wird, für das Geschäftsjahr der Kündigung. Scheidet der Geschäftsführer aus sonstigen Gründen während des Geschäftsjahres aus seinem Amt aus, hat er Anspruch auf eine zeitanteilige Tantieme.

(3) Ein Anspruch auf Vergütung von Überstunden, Sonntags-, Feiertags- oder sonstiger Mehrarbeit besteht nicht.

(4) Im Krankheitsfall oder bei sonstiger unverschuldeter Verhinderung bleibt der Gehaltsanspruch (Abs. 1) für die Dauer von 3 Monaten bestehen. Dauert die Verhinderung länger als ununterbrochen 6 Monate an, so wird der Tantiemeanspruch (Abs. 2) entsprechend der 6 Monate überschreitenden Zeit zeitanteilig gekürzt.

(5) Stirbt der Geschäftsführer, so wird seinen Hinterbliebenen (der Witwe oder, wenn nur Kinder vorhanden sind, den Kindern, die minderjährig sind oder in einer Berufsausbildung stehen und vom Geschäftsführer unterhalten worden sind) das feste Gehalt (Abs. 1) für die Dauer von 3 Monaten weitergezahlt. Der Tantiemeanspruch bleibt zeitanteilig bis zum Monatsletzten, der auf das Ableben folgt, bestehen.

Eine nachträgliche Anpassung der Vergütung ist rückwirkend grundsätzlich nur einvernehmlich mit der Zustimmung aller Gesellschafter möglich. Ansonsten bleibt nur die Anpassung der Vergütung ab dem gegenwärtigen Zeitpunkt (ex nunc). Im Hinblick auf die steuerrechtliche Anerkennung sollte bei einem Gesellschafter-Geschäftsführer auf eine nachträgliche Anpassung der Vergütung im Regelfall verzichtet werden.

e) Spesen, Aufwendungsersatz

Grundsätzlich hat der Geschäftsführer aus § 675 BGB einen Anspruch auf Ersatz seiner notwendigen Auslagen. Hier geht es in der Praxis vor allem um die Nutzung eines PKW sowie um Reisekosten. Auch diesen Anspruch kann und sollte der Anstellungsvertrag näher ausgestalten.

Formulierungsbeispiel Spesen, Aufwendungsersatz

§ X Spesen, Aufwendungsersatz

(1) Trägt der Geschäftsführer im Rahmen seiner ordnungsmäßigen Geschäftsführertätigkeit Kosten und Aufwendungen, so werden sie ihm von der Gesellschaft erstattet, sofern der Geschäftsführer die Geschäftsführungs- und Betriebsbedingtheit belegt oder sie offenkundig sind. Die detaillierte Regelung der Spesen und der Aufwendungsersatz erfolgen gemäß jeweils aktueller Reiserichtlinie.

(2) Reisespesen werden bis zu den jeweils steuerlich zulässigen Höchstsätzen ersetzt.

(3) Die Gesellschaft stellt dem Geschäftsführer einen angemessenen PKW mit monatlichen Leasingkosten von maximal EUR 800,00 netto (ohne Einmalzahlung) zur Verfügung, der uneingeschränkt auch für private Zwecke genutzt werden kann. Die Einzelheiten werden in einer gesonderten Nutzungsvereinbarung geregelt. Alle drei Jahre hat der Geschäftsführer Anspruch auf einen neuen PKW. Die Einkommenssteuer für den PKW trägt der Geschäftsführer.

(4) Der Geschäftsführer darf die erste Klasse der Bahn benutzen, bei Flugreisen im Inland die einfache Klasse, bei sonstigen Flügen länger als 4 Stunden Dauer steht es ihm frei Business Class zu fliegen.

f) Urlaub

Für den Geschäftsführer gilt das Bundesurlaubsgesetz mangels Arbeitnehmereigenschaft nicht. Daher sollte der Anstellungsvertrag einen Urlaubsanspruch regeln. Ferner kann auch der Anspruch auf Abgeltung des nicht genommenen Urlaubs geregelt werden.

Auch bei einem Gesellschafter-Geschäftsführer ist eine solche Regelung zu empfehlen, da so die Fremdüblichkeit dokumentiert werden kann. Es wäre kaum anzunehmen, dass ein Fremdgeschäftsführer einem Anstellungsvertrag ohne jede Urlaubsregelung zustimmen würde.

In der Regel ist ein Urlaubsanspruch von 20 bis 30 Arbeitstagen pro Jahr angemessen. Das Bundesurlaubsgesetz sieht hier für Arbeitnehmer einen Mindestanspruch von 20 Arbeitstagen vor.

Formulierungsbeispiel Urlaub
§ X Urlaub

(1) Der Geschäftsführer hat Anspruch auf 30 Arbeitstage (Samstag ist kein Arbeitstag) bezahlten Urlaub im Geschäftsjahr. Der Geschäftsführer hat den Zeitpunkt seines Urlaubs so einzurichten, dass den Bedürfnissen der Geschäftsführung Rechnung getragen wird.

(2) Kann der Geschäftsführer seinen Jahresurlaub nicht nehmen, weil Interessen der Gesellschaft entgegenstehen, so hat er Anspruch auf Abgeltung des Urlaubs unter Zugrundelegung der Höhe des Grundgehalts (§ 7 Abs. 1). Die Abgeltung erfolgt spätestens mit der Gehaltszahlung des Monats April des folgenden Geschäftsjahres.

g) Altersversorgung

Als Ergänzung der Vergütung kann in dem Anstellungsvertrag auch ein Beitrag der Gesellschaft zur Altersversorgung des Geschäftsführers vorgesehen werden. Denkbar ist hier etwa die Dotierung einer entsprechenden Direktversicherung durch die Gesellschaft. Dabei handelt es sich dann um eine Versicherung zugunsten des Geschäftsführers.

Als Bestandteil der Vergütung kann dem Geschäftsführer auch eine Pensionszusage gewährt werden. Dabei sichert die Gesellschaft ihrem Geschäftsführer die Zahlung einer Rente zu. Diese Zahlungen sind dann später aus dem Vermögen der Gesellschaft zu erbringen. Daher sollte die Gesellschaft die entsprechende Verpflichtung durch den Abschluss einer Rückdeckungsversicherung absichern.

Bei Gesellschafter-Geschäftsführern werden solche Pensionszusagen nur unter bestimmten Voraussetzungen steuerlich anerkannt. Problematisch sind diese Zusagen vor allem deshalb, weil die vollständige Absicherung durch Rückdeckungsversicherung in vielen Fällen so teuer ist, dass die Gesellschaften darauf teilweise verzichten. Sollen die Anteile dann später veräußert werden, wird ein Erwerber nicht bereit sein, die Pensionszahlungen zu übernehmen. Dann bleibt dem Gesellschafter-Geschäftsführer oft nur der Verzicht auf die Zusage. Dieser kann aber – je nach Gestaltung – erhebliche steuerliche Nachteile haben.

Schwierigkeiten bei Aufhebung von Pensionszusagen
Wegen der Schwierigkeiten bei der Aufhebung von Pensionszusagen sollte bei der Gestaltung neuer Geschäftsführeranstellungsverträge auf dieses Instrument im Regelfall verzichtet werden. Die angemessene Altersversorgung sollte grundsätzlich jedem Gesellschafter-Geschäftsführer selbst obliegen.

h) Verschwiegenheit

Ein Geschäftsführer ist grundsätzlich verpflichtet, über die Betriebs- und Geschäftsgeheimnisse des Unternehmens Stillschweigen zu bewahren. Nach §§ 17, 18 UWG besteht sogar eine strafrechtlich bewehrte Verpflichtung zur Geheimhaltung von Betriebs- und Geschäftsgeheimnissen. Eine Regelung im Anstellungsvertrag hat eher deklaratorische Wirkung, sie ist aber dennoch zu empfehlen, um die Bedeutung dieser Verpflichtung zu verdeutlichen.

Ferner kann im Anstellungsvertrag ein Herausgabeanspruch der Gesellschaft hinsichtlich von Geschäftsunterlagen geregelt werden.

Formulierungsbeispiel Verschwiegenheit

§ X Treuepflichten, Betriebsgeheimnisse

(1) Der Geschäftsführer ist verpflichtet, Dritten gegenüber Stillschweigen über alle Angelegenheiten der Gesellschaft zu wahren. Diese Pflicht besteht nach Beendigung des Anstellungsverhältnisses fort.

(2) Geschäftliche und betriebliche Unterlagen aller Art, einschließlich persönlicher Aufzeichnungen über dienstliche Angelegenheiten, dürfen nur zu geschäftlichen Zwecken verwandt werden und sind sorgfältig aufzubewahren. Bei Beendigung des Anstellungsverhältnisses sind vorstehende Unterlagen, einschließlich sämtlicher Kopien in elektronischer oder Papierform, der Gesellschaft auszuhändigen. Gegen diesen Herausgabeanspruch steht dem Geschäftsführer kein Zurückbehaltungsrecht zu.

j) Wettbewerbsverbot, Nebentätigkeit

Die Gesellschaft hat naturgemäß ein Interesse daran, dass der Geschäftsführer nicht in Wettbewerb zu ihr tritt. Dabei ist das vertragliche Wettbewerbsverbot von dem nachvertraglichen Wettbewerbsverbot zu unterscheiden.

Wettbewerbsverbot

Schon aus dem Grundsatz von Treu und Glauben folgt, dass der Geschäftsführer während seiner Tätigkeit für die Gesellschaft grundsätzlich nicht für Wettbewerber tätig werden darf.

Regelmäßig rechtfertigt ein Verstoß gegen ein vertragliches Wettbewerbsverbot eine fristlose Kündigung des Dienstverhältnisses. Ferner hat die Gesellschaft einen Anspruch auf Unterlassung der Wettbewerbstätigkeit sowie auf Schadensersatz.

Nachvertragliches Wettbewerbsverbot

Mit dem Geschäftsführer kann ein nachvertragliches Wettbewerbsverbot vereinbart werden. Das bedeutet, dass der Geschäftsführer auch nach seinem Ausscheiden aus den Diensten der Gesellschaft dieser gegenüber keinen Wettbewerb machen darf.

Eine solche vertragliche Regelung schränkt den Geschäftsführer allerdings oft sehr stark in seinem beruflichen Fortkommen ein. Daher stellt die Rechtsprechung an die Wirksamkeit solcher Vereinbarungen die Anforderung, dass diese sachlich und räumlich auf den Gegenstand beziehungsweise den Tätigkeitsbereich des Unternehmens beschränkt sein müssen. Zeitlich werden allgemein zwei Jahre als Obergrenze anzusehen sein.

Die für Arbeitnehmer geltenden Regelungen der §§ 74 ff. HGB finden auf den Geschäftsführer keine Anwendung. Allerdings ist im Einzelfall zu prüfen, ob das Wettbewerbsverbot gegen § 138 BGB (Sittenwidrigkeit, Wucher) verstößt. Bei längeren Verboten sollte daher eine Karenzentschädigung vereinbart werden. Karenzentschädigung bedeutet, dass der Geschäftsführer für die Dauer des nachvertraglichen Wettbewerbsverbotes eine Entschädigung enthält. Diese Entschädigung beträgt regelmäßig mindestens 50 % der Bezüge des Geschäftsführers.

Vereinbarung einer Karenzentschädigung
Bei der Gestaltung eines nachvertraglichen Wettbewerbsverbotes ist manchmal nur schwer erkennbar, ob dieses auch ohne Vereinbarung einer Karenzentschädigung wirksam ist. Im Zweifel sollte daher eine solche Entschädigung vereinbart werden.

Die Gesellschaft kann ein nachvertragliches Wettbewerbsverbot aus dem Anstellungsvertrag des Geschäftsführers nicht mehr durchsetzen, wenn der Geschäftsführer sein Amt berechtigt aus wichtigem Grund niedergelegt hat.

Nebentätigkeitsverbot

Eine Nebentätigkeit ohne Wettbewerbsbezug kann dem Geschäftsführer allerdings nicht untersagt werden, wenn diese seine Geschäftsführertätigkeit nicht beeinträchtigt.

> **Formulierungsbeispiel Wettbewerbsverbot**
> § X Nebentätigkeit, Wettbewerb
>
> (1) Nebentätigkeiten bedürfen der Einwilligung der Gesellschafterversammlung, die diese Einwilligung nur aus sachlichen Gründen verweigern darf. Die Tätigkeiten des Geschäftsführers für die FGH Maschinenbau GmbH sowie die Beteiligung an dieser Gesellschaft sind der Gesellschaft bekannt und werden von dieser genehmigt. Der Geschäftsführer versichert, dass diese Nebentätigkeiten die Tätigkeiten für die Gesellschaft nicht beeinträchtigen.
>
> (2) Der Geschäftsführer verpflichtet sich, für die Dauer dieses Vertrags und der darauf folgenden zwei Jahre nach dessen Beendigung ohne Zustimmung der Gesellschaft in keiner Weise für ein Konkurrenzunternehmen der Gesellschaft oder ein mit diesem verbundenen Unternehmen tätig zu werden oder sich mittelbar oder unmittelbar an einem solchen zu beteiligen sowie Geschäfte für eigene oder fremde Rechnung auf dem Arbeitsgebiet der Gesellschaft zu machen.
>
> (3) Es gilt nicht für Beteiligungen an Unternehmen in Gestalt von Wertpapieren, die an Börsen gehandelt und die zum Zwecke der Kapitalanlage erworben werden. Dies gilt für Beteiligungen bis maximal 5 %.
>
> (4) Nach Beendigung des Vertrags zahlt die Gesellschaft im Hinblick auf das nachvertragliche Wettbewerbsverbot, an den Geschäftsführer eine Entschädigung in Höhe von 100 % des durchschnittlichen festen Jahresgehalts pro Jahr für die Dauer des Wettbewerbsverbots. Die Parteien können das Wettbewerbsverbot auch einvernehmlich aufheben.
>
> (5) Im Übrigen gelten die §§ 74 ff. HGB entsprechend.

k) Vertragsdauer und Kündigung

Grundsätzlich kennt das Dienstvertragsrecht keinen Kündigungsschutz und nur sehr kurze Kündigungsfristen. Nach § 621 Nr. 3 BGB ist bei einem Dienstvertrag eine Kündigung spätestens am 15. eines Monats zum Monatsende möglich. Das entspricht regelmäßig nicht der Interessenlage der Parteien bei einem Geschäftsführeranstellungsvertrag.

Im Hinblick auf den fehlenden Kündigungsschutz ist es für den Geschäftsführer oft geboten, eine bestimmte (Mindest-)Vertragslaufzeit zu vereinbaren, während der dann nur fristlos (also bei Vorliegen eines wichtigen Grundes) gekündigt werden kann. Auf der anderen Seite kann es für die Gesellschaft geboten sein, im Vertrag die Möglichkeit einer Freistellung des Geschäftsführers bei Kündigung zu vereinbaren.

Formulierungsbeispiel Dauer und Kündigung

§ X Dauer, Kündigung

(1) Jede Partei kann diesen Vertrag ordentlich unter Einhaltung einer Kündigungsfrist von sechs Monaten zum Monatsende kündigen, erstmals jedoch zum XXX. Nach dem XXX verlängert sich die ordentliche Kündigungsfrist für beide Parteien auf sechs Monate zum Quartalsende.

(2) Der Vertrag ist jederzeit aus wichtigem Grund fristlos kündbar.

(3) Die Kündigung ist schriftlich einzureichen. Der Geschäftsführer hat sein Kündigungsschreiben an den Gesellschafter mit der höchsten Kapitalbeteiligung zu richten.

(4) Die Abberufung als Geschäftsführer ist jederzeit zulässig.

(5) Sobald von einer der beiden Parteien die Kündigung ausgesprochen wurde, auch wenn mehr als die nötige Kündigungsfrist eingehalten wurde, kann die Gesellschaft den Geschäftsführer unter Weiterzahlung seiner Vergütung und Weitergewährung anderer Leistungen nach diesem Vertrag von der Arbeit freistellen.

l) Schriftform, Schlussbestimmungen

Eine Schriftformklausel bestimmt, dass Vertragsänderungen wirksam nur schriftlich vereinbart werden können. Das ist aus Gründen der Beweisbarkeit grundsätzlich zu empfehlen. Bei Gesellschafter-Geschäftsführern ist dann allerdings strikt darauf zu achten, dass auch in diesen Fällen Vertragsänderungen schriftlich dokumentiert werden.

> **Formulierungsbeispiel Schriftformklausel**
> Die vertraglichen Vereinbarungen der Partner ergeben sich erschöpfend aus diesem Vertrag. Vertragsänderungen bedürfen der Schriftform sowie der ausdrücklichen Zustimmung der Gesellschafterversammlung. Eine Befreiung von der Schriftform durch mündliche Vereinbarung ist unwirksam.

Die Schlussbestimmungen enthalten meist eine salvatorische Klausel sowie gegebenenfalls eine Regelung zur Streitbeilegung.

5. Kündigung

Bei einer Kündigung unterscheidet man die ordentliche (fristgerechte) Kündigung und die außerordentliche Kündigung aus wichtigem Grund.

a) Ordentliche Kündigung

Die ordentliche Kündigung ist im Regelfall mit der im Anstellungsvertrag vorgesehenen Frist möglich. Dabei kann im Falle einer Befristung das Recht zur ordentlichen Kündigung auch ausgeschlossen werden.

Findet sich im Anstellungsvertrag keine Regelung richtet sich die Kündigungsfrist nach § 621 BGB. Danach kann der Vertrag im Regelfall jeden Monat bis zum 15. des Monats zum Monatsende gekündigt werden. Damit wäre die Kündigung im Regelfall mit einer sehr kurzen Frist möglich. Bei Fremdgeschäftsführern ist in der Rechtsprechung umstritten, ob § 622 BGB entsprechend anwendbar ist. Danach verlängert sich bei Arbeitsverhältnissen die Kündigungsfrist für die Kündigung durch den Arbeitgeber mit der Dauer der Betriebszugehörigkeit.

Im Ergebnis sollte eine für beide Seiten angemessene Kündigungsfrist im Anstellungsvertrag geregelt werden.

b) Kündigung aus wichtigem Grund

Nach § 626 BGB ist die außerordentliche Kündigung des Anstellungsvertrages möglich, wenn ein wichtiger Grund vorliegt. Dies ist regelmäßig dann der Fall, wenn eine Partei ihre Pflicht schwerwiegend verletzt. Nach § 626 Abs. 2 BGB ist die Kündigung aus wichtigem

Grund spätestens innerhalb von zwei Wochen ab Bekanntwerden des Grundes zu erklären.

c) Kündigungsschutzklage

Für die Klage eines Geschäftsführers gegen die Rechtswirksamkeit seiner Kündigung sind grundsätzlich die ordentlichen Gerichte (also das Landgericht) zuständig. Wenn allerdings nach der Erhebung der Klage eine Abberufung oder eine Amtsniederlegung erfolgt, so werden ab diesem Zeitpunkt die Arbeitsgerichte zuständig. Die Zuständigkeitsfrage ist für zwei Aspekte von wesentlicher Bedeutung:

- In einem Verfahren vor dem Landgericht gilt, dass die unterlegene Partei die Kosten des Rechtsstreits trägt. Beim Arbeitsgericht trägt jede Partei ihre Kosten (insbesondere die Anwaltskosten) unabhängig vom Ausgang des Verfahrens in erster Instanz selbst.

- In einem Verfahren vor dem Landgericht besteht Anwaltszwang (§ 78 ZPO). Vor dem Arbeitsgericht kann sich eine Partei auch selbst vertreten.

Anwendbarkeit der Klagefrist nach § 4 KSchG

Ein Geschäftsführer, der sich gegen seine Kündigung wehren will, sollte unverzüglich nach Erhalt der Kündigung anwaltlichen Rat einholen. Es ist umstritten, ob die Klagefrist nach § 4 KSchG auf Geschäftsführeranstellungsverträge anzuwenden ist. Der sicherste Weg besteht aber in jedem Fall darin die Klage innerhalb von drei Wochen ab Zugang der Kündigung zu erheben.

d) Abfindung

Grundsätzlich steht einem Geschäftsführer bei Beendigung des Anstellungsvertrages kein Anspruch auf Zahlung einer Abfindung zu. Allenfalls in Ausnahmefällen wird eine solche Abfindung gezahlt. Bei Unternehmensverkäufen wird gelegentlich dem Gesellschafter-Geschäftsführer ein „Exit-Bonus" gezahlt.

Ein solcher Bonus für die Beendigung des Anstellungsvertrages, ist als Arbeitslohn oder Einkommen aus selbständiger Tätigkeit voll steuerpflichtig. Es handelt sich nicht im einen Veräußerungserlös im Sinne des § 17 EStG. Für den Verkäufer ist die Gestaltung daher regelmäßig steuerrechtlich nicht attraktiv.

V. Haftung

Ein Geschäftsführer ist bei seiner Tätigkeit einer ganzen Reihe von Haftungsgefahren ausgesetzt. Dabei ist zunächst zwischen der strafrechtlichen Haftung und der zivilrechtlichen Haftung zu unterscheiden.

Im Strafrecht verfolgt der Staat (in Gestalt der Staatsanwaltschaft) seinen Strafanspruch. Es werden Sanktionen (im Wesentlichen Geld- oder Haftstrafen) für den Fall erteilt, dass eine Strafnorm verletzt wurde.

Im Zivilrecht verlangt die Gesellschaft oder ein Dritter Schadensersatz für eine Pflichtverletzung durch den Geschäftsführer. Dabei kann auch die Verletzung strafrechtlicher Normen unter bestimmten Voraussetzungen (§ 823 Abs. 2 BGB) einen zivilrechtlichen Schadensersatzanspruch nach sich ziehen.

Bei der zivilrechtlichen Haftung des Geschäftsführers werden also zwei grundsätzliche Konstellationen unterschieden:

- Haftung gegenüber der Gesellschaft
- Haftung gegenüber Dritten (Gläubigern der Gesellschaft)

Im Folgenden werden anhand von Beispielen einige typische Aspekte der Geschäftsführerhaftung gegenüber der Gesellschaft (1.) und gegenüber Dritten (2.) dargestellt. Ferner werden einige für die Geschäftsführertätigkeit besonders praktisch relevante strafrechtliche Haftungsrisiken erläutert (3.).

Gegenüber Haftungsrisiken kann sich der Geschäftsführer in gewissem Umfang durch Abschluss einer Haftpflichtversicherung absichern (4.). Ferner ist auch auf den Sonderfall des faktischen Geschäftsführers einzugehen (5.)

1. Haftung gegenüber der Gesellschaft

Bei der Haftung des Geschäftsführers gegenüber der Gesellschaft geht es um Ansprüche der Gesellschaft gegen den Geschäftsführer. Die wichtigste Anspruchsgrundlage in diesem Zusammenhang ist § 43 Abs. 2 GmbHG, der einen Anspruch der Gesellschaft bei Verletzung der allgemeinen Sorgfaltspflicht regelt.

Neben der allgemeinen Sorgfaltspflicht als Anknüpfungspunkt für eine Haftung gibt es noch weitere Anspruchsgrundlagen. Hier sind vor allem die Schädigung der Gesellschaft durch eine verspätete Stellung eines Insolvenzantrages sowie die Haftung für masseschmälernde Zahlungen (§ 64 GmbHG) zu nennen. In der Praxis werden die meisten dieser Ansprüche nach Eröffnung eines Insolvenzverfahrens durch den Insolvenzverwalter geltend gemacht.

a) Allgemeine Sorgfaltspflicht (§ 43 GmbHG)

Die Grundnorm für die Haftung des Geschäftsführers gegenüber der Gesellschaft ist § 43 GmbHG. Danach hat der Geschäftsführer die Gesellschaft mit der „Sorgfalt eines ordentlichen Geschäftsmannes" zu leiten (§ 43 Abs. 1 GmbHG). Nach § 43 Abs. 2 GmbHG haftet der Geschäftsführer auf Schadensersatz, wenn er diese Verpflichtung verletzt.

> **§ 43 GmbHG**
>
> (1) Die Geschäftsführer haben in den Angelegenheiten der Gesellschaft die Sorgfalt eines ordentlichen Geschäftsmannes anzuwenden.
>
> (2) Geschäftsführer, welche ihre Obliegenheiten verletzen, haften der Gesellschaft solidarisch für den entstandenen Schaden.
>
> (3) ...
>
> (4) Die Ansprüche auf Grund der vorstehenden Bestimmungen verjähren in fünf Jahren.

Ein Anspruch nach § 43 Abs. 2 GmbHG hat damit mehrere Voraussetzungen.

Prüfungsschema § 43 Abs. 2 GmbHG

1. *Vorliegen einer Pflichtverletzung*
2. *Schaden, der auf dieser Pflichtverletzung beruht*
3. *Verschulden*

Die einzelnen Voraussetzungen sind unabhängig voneinander zu prüfen. Daraus folgt vor allem, dass nicht jede Pflichtverletzung eines Geschäftsführers zu einem Schadensersatzanspruch führt. Weitere Voraussetzung ist eben auch das Vorliegen eines auf gerade dieser Pflichtverletzung beruhenden Schadens.

Pflichtverletzung

Die Pflicht des Geschäftsführers bezieht sich darauf, die Geschäfte des Unternehmens mit der „Sorgfalt eines ordentlichen Geschäftsmannes" zu führen. Was das bedeutet, definiert das GmbHG nicht weiter.

In der Auslegung bedeutet das, dass der Geschäftsführer die Geschäfte der Gesellschaft im Einklang mit dem Gesetz, der Satzung und den Beschlüssen der Gesellschafterversammlung zu führen hat. Verstößt er gegen einen dieser Aspekte, so liegt eine Pflichtverletzung vor.

Fraglich ist, ob der Geschäftsführer aktiv Vorsorge dafür treffen muss, dass gesetzeswidrige Handlungen im Unternehmen unterbunden werden. Dies kann durch die Errichtung eines sogenannten Compliance-Systems geschehen. Eine gesetzliche Verpflichtung zur Einrichtung eines Compliance-Systems besteht bei der GmbH zwar nicht, allerdings wird man bei größeren Gesellschaften in dem Unterlassen des Aufbaus eines solchen Systems unter Umständen ein Pflichtenverstoß sehen können.

Ein Geschäftsführer haftet für gesetzeswidriges Verhalten auch dann, wenn dieses im Interesse der Gesellschaft lag.

> **Geschäftsführerhaftung: Der Zweck heiligt die Mittel nicht.**
> Ein Geschäftsführer hatte im Rahmen eines Prozesses im Interesse der GmbH falsch vortragen lassen und Urkunden gefälscht, um einen berechtigten Anspruch eines Dritten abzuwehren. Als die Gesellschaft den Prozess dennoch verlor, verlangte sie von dem Geschäftsführer Schadensersatz in Höhe der angefallenen Prozesskosten (OLG Karlsruhe, Urteil vom 31.7.2013 – 7 U 184/13). Dieser Anspruch besteht, weil das Verhalten des Geschäftsführers gesetzeswidrig war. Auch der Umstand, dass der Geschäftsführer „im Interesse der Gesellschaft" handelte, ändert daran nichts. Die Entscheidung zeigt, dass der Geschäftsführer bei seiner Amtsführung an Recht und Gesetz gebunden ist.

Handelt der Geschäftsführer im Einklang mit Gesetz, Satzung und Organbeschlüssen, so kann dennoch eine Pflichtverletzung vorliegen. Dann gilt allerdings der Grundsatz, dass dem Geschäftsführer ein weites unternehmerisches Ermessen bei seinen Entscheidungen zugestanden werden muss. Eine Pflichtverletzung liegt insbesondere nicht allein darin, dass sich eine Entscheidung im Nachhinein als wirtschaftlich nachteilig herausstellt. Vielmehr können sich unternehmerische Entscheidungen immer als falsch erweisen. Wichtig ist nur, dass der Geschäftsführer sich bei seiner Entscheidung von Kriterien hat leiten lassen, die im Interesse des Unternehmens waren und er seine Entscheidungen auf einer hinreichenden Tatsachengrundlage getroffen hat.

Unternehmerische Entscheidung

Geschäftsführer G leitet die XY-Software GmbH. Er entscheidet sich für die teure Entwicklung einer neuen Abrechnungssoftware für Arztpraxen. Einen Gesellschafterbeschluss gibt es darüber nicht. Als sich später das Produkt als Flop herausstellt, machen die Gesellschafter Schadensersatz in Höhe der vergeblich aufgewendeten Entwicklungskosten geltend.

In diesem Fall liegt kein Verstoß gegen Gesetz, Satzung oder Organbeschlüsse vor. Eine Pflichtverletzung könnte nur dann gegeben sein, wenn die Entscheidung des G, die Software entwickeln zu lassen unternehmerisch nicht vertretbar gewesen wäre. Für die Beantwortung dieser Frage kommt es entscheidend darauf an, auf welcher Tatsachengrundlage G seine Entscheidung gefällt hat. Es kommt also darauf an, ob es entsprechende Marktstudien oder Ähnliches gab.

Das Beispiel zeigt, dass es für Geschäftsführer bei wichtigen Entscheidungen unter dem Gesichtspunkt der Haftungsvermeidung geboten ist, die Grundlagen für ihre Entscheidungen zu dokumentieren. So können zum Beispiel bei der Entwicklung neuer Produkte Marktstudien durchgeführt werden. Bei Investitionsentscheidungen können Wirtschaftlichkeitsuntersuchungen durchgeführt und dokumentiert werden. Selbstverständlich muss der Aufwand für solche Dokumentationen in einem sinnvollen Verhältnis zum Wert der Entscheidungen stehen.

In einem Prozess wegen (angeblicher) Verletzung von Geschäftsleiterpflichten durch den Geschäftsführer muss die Gesellschaft Indizien vortragen, aus denen sich eine mögliche Pflichtwidrigkeit der Handlungen des Geschäftsführers ergibt. Erst wenn hier hinreichende Tatsachen vorliegen, greift die Beweislastumkehr nach § 93 Abs. 2 AktG analog, so dass dann der Geschäftsführer darlegen muss, warum er seine Pflichten ordnungsgemäß erfüllt hat (vgl. für die AG, OLG Nürnberg, Beschluss vom 28.10.2014 – 12 U 567/13).

Kausaler Schaden

Wird eine Pflichtverletzung festgestellt, so ist ein Anspruch nur gegeben, wenn der Gesellschaft aus der Verletzung der Pflicht ein Schaden entstanden ist. Zu fragen ist also stets, worin dieser Schaden besteht.

> **Kausalität und Schaden**
>
> Gibt zum Beispiel ein Geschäftsführer eine falsche Umsatzsteuererklärung ab und wird somit die Umsatzsteuer zu niedrig festgesetzt, so liegt darin eine Pflichtverletzung gegenüber der Gesellschaft. Wenn dann im Rahmen der Betriebsprüfung herauskommt, dass Umsatzsteuer nachzuzahlen ist, kann die Gesellschaft gleichwohl keinen Schaden in Höhe der Steuernachzahlung verlangen, weil gegen die Gesellschaft letztlich nur die Steuer festgesetzt wird, die ohnehin bei richtiger Erklärung zu zahlen gewesen wäre. Ein Schaden kann der Gesellschaft allenfalls in Höhe der Zinsen und Verspätungszuschläge sowie gegebenenfalls in Höhe zusätzlicher Kosten für anwaltliche und steuerliche Beratung entstanden sein.

Verschulden

Ein Verschulden des Geschäftsführers ist gegeben, wenn er bei der Pflichtverletzung vorsätzlich oder fahrlässig gehandelt hat. Unter Fahrlässigkeit versteht man das Außerachtlassen der im Verkehr erforderlichen Sorgfalt. Diese Voraussetzung wird in den meisten Fällen angesichts der Pflichtenstellung des Geschäftsführers gegeben sein.

Nach § 254 BGB ist der Anspruch aber zu mindern, wenn die Gesellschaft ein Mitverschulden trifft. Dies ist aber nur in Ausnahmefällen anzunehmen. Insbesondere wird die Haftung nicht nach § 254 BGB dadurch gemindert, dass ein anderes Organ (z.B. Aufsichtsrat oder Beirat) für die Pflichtverletzung mitverantwortlich ist (z.B. durch unzureichende Überwachung).

b) Haftung bei Insolvenzverschleppung

In der Praxis von besonders großer Bedeutung ist die Haftung wegen Insolvenzverschleppung. Dabei wird im Regelfall durch den

Insolvenzverwalter der Anspruch auf Ersatz des Schadens geltend gemacht, der durch eine verspätete Stellung des Insolvenzantrages entstanden ist.

Anspruchsvoraussetzungen

Der Geschäftsführer ist nach § 15a InsO zur Stellung eines Insolvenzantrages verpflichtet, wenn ein Insolvenzgrund, also Zahlungsunfähigkeit (§ 17 InsO) oder Überschuldung (§ 19 InsO) vorliegt. Verletzt der Geschäftsführer diese Antragspflicht, so ist er der Gesellschaft zum Ersatz des daraus entstandenen Schadens verpflichtet.

Der Geschäftsführer einer GmbH muss dafür sorgen, dass sein Unternehmen so organisiert ist, dass er jederzeit die Übersicht über die wirtschaftliche und finanzielle Situation der Gesellschaft hat. Der Geschäftsführer kann sich grundsätzlich damit entlasten, dass er einen fachkundigen Berater mit der Prüfung der Insolvenzgründe beauftragt hat. Allerdings muss er dann alle Informationen zur Verfügung stellen und auf eine unverzügliche Vorlage des Prüfungsergebnisses hinwirken.

Verletzt der Geschäftsführer die Verpflichtung zur Aufbewahrung von Belegen und zur Buchführung, so gilt zu Gunsten eines Gläubigers eine Zahlungseinstellung als nach den Grundsätzen der Beweisvereitelung bewiesen.

> **i** **Pflichten bei wirtschaftlicher Krise**
>
> Spätestens wenn sich Zahlungsschwierigkeiten einstellen oder wenn die Bilanz einen nicht durch Eigenkapital gedeckten Fehlbetrag aufweist, sollte der Geschäftsführer dringend anwaltlichen Rat zu der Frage einholen, ob eine Insolvenzantragspflicht besteht. Der Steuerberater ist zu einer solchen Beratung nicht befugt, da es sich um Rechtsberatung handelt.

c) Haftung für Schmälerung der Insolvenzmasse (§ 64 GmbHG)

Eine der für den Geschäftsführer im Insolvenzverfahren gefährlichsten Anspruchsgrundlagen des Insolvenzverwalters ist § 64 GmbHG.

V. Haftung

§ 64 GmbHG

Die Geschäftsführer sind der Gesellschaft zum Ersatz von Zahlungen verpflichtet, die nach Eintritt der Zahlungsunfähigkeit der Gesellschaft oder nach Feststellung ihrer Überschuldung geleistet werden. Dies gilt nicht von Zahlungen, die auch nach diesem Zeitpunkt mit der Sorgfalt eines ordentlichen Geschäftsmanns vereinbar sind. Die gleiche Verpflichtung trifft die Geschäftsführer für Zahlungen an Gesellschafter, soweit diese zur Zahlungsunfähigkeit der Gesellschaft führen mussten, es sei denn, dies war auch bei Beachtung der in Satz 2 bezeichneten Sorgfalt nicht erkennbar. Auf den Ersatzanspruch finden die Bestimmungen in § 43 Abs. 3 und 4 entsprechende Anwendung.

Nach § 64 GmbHG haftet der Geschäftsführer grundsätzlich für alle Zahlungen, die er nach Eintritt der Zahlungsunfähigkeit oder Überschuldung geleistet hat. Eine Ausnahme gilt dann, wenn die Zahlung mit der Sorgfalt eines ordentlichen Geschäftsmannes vereinbar war. Das für den Geschäftsführer Gefährliche an diesem Anspruch ist, dass dieser kein Verschulden voraussetzt. Es handelt sich systematisch nicht um einen Schadensersatzanspruch, sondern um einen Anspruch, der im Interesse der Gläubiger die Insolvenzmasse erhalten soll.

Die Haftung nach § 64 GmbHG besteht nicht, wenn die Zahlung aufgrund einer Vollstreckungsmaßnahme (Pfändung) des Finanzamtes erfolgte. Ebenso besteht keine Haftung bei Zahlung von Umsatz- und Lohnsteuer sowie Arbeitnehmeranteilen zur Sozialversicherung.

Gegen den Anspruch kann der Geschäftsführer grundsätzlich nicht mit rückständigen Gehaltszahlungen aufrechnen, die ihm von der Gesellschaft noch zustehen. Der Aufrechnung steht § 96 Abs. 1 Nr. 3 InsO entgegen, weil die Aufrechnungslage durch anfechtbare Rechtshandlung entstanden ist.

Eine Haftung des Geschäftsführers aus § 64 GmbHG ist nicht gegeben, soweit durch eine Zahlung keine Schmälerung der Insolvenzmasse eintritt, weil diese Schmälerung durch einen unmittelbar mit der Zahlung zusammenhängenden Wertzufluss ausgeglichen wird. Voraussetzung ist nicht, dass der zugeflossene Wert bei Eröffnung des Insolvenzverfahrens noch vorhanden ist. Im konkreten Fall ging es um die Rückzahlung eines revolvierenden Darlehens. Hier lehnt der BGH die Haftung wegen der Darlehensrückzahlung ab, weil das Darlehen kurz darauf wieder gewährt worden war (BGH, Urteil vom 18.11.2014 – II ZR 231/13).

d) Inanspruchnahme von Rechtsrat

Die vorstehenden Ausführungen haben gezeigt, dass der Geschäftsführer in vielen Situationen gehalten ist, Rechtsrat im Zusammenhang mit unternehmerischen Entscheidungen einzuholen. In einem späteren Haftungsverfahren kann der Einwand, man habe sich rechtlich beraten lassen, ein erhebliches Gewicht haben.

Bei der Einholung eines solchen Rechtsrats sind jedoch gewisse Standards zu beachten.

Standards für die Einholung von Rechtsrat

1. Der Geschäftsführer muss den Beratungsbedarf identifizieren beziehungsweise (bei größeren Unternehmen) dafür sorgen, dass rechtlicher Beratungsbedarf identifiziert wird.

2. Der Beratungsauftrag muss an einen qualifizierten und unabhängigen Berater erteilt werden. Die Qualifikation wird der Auftraggeber nur anhand formaler Titel (z.B. Fachanwalt) feststellen können. Unabhängigkeit bedeutet, dass darauf zu achten ist, dass der Berater kein Interesse an einem bestimmten Ausgang der Prüfung hat. So sollte zum Beispiel der mit der Abschlussprüfung betraute Wirtschaftsprüfer oder der „Hausanwalt" nicht damit beauftragt werden, die Überschuldung des Unternehmens im Rahmen der Insolvenzantragspflicht zu prüfen.

3. Der Berater muss vollständig, wahrheitsgemäß und umfassend über den zu prüfenden Sachverhalt informiert werden, eventuelle Nachfragen des Beraters müssen umfassend beantwortet werden.

4. Der Auftrag und die, für die Erledigung zur Verfügung stehende, Zeit sollten schriftlich fixiert werden.

5. Das Ergebnis der Beratung ist im Regelfall schriftlich mitzuteilen.

6. Der Geschäftsführer muss das Beratungsergebnis einer Plausibilitätskontrolle unterziehen. Er hat dabei insbesondere auf Begründungsschwächen und Widersprüche in der Argumentation zu achten. Verbleibende Zweifel sind durch Rückfragen oder – im Extremfall – das Einholen einer zweiten Meinung auszuräumen. Auch diese Prüfung sollte der Geschäftsführer grundsätzlich schriftlich dokumentieren.

Wenn die vorstehenden Standards eingehalten werden, kann sich der Geschäftsleiter später auch auf das Vertrauen auf einen Rechtsrat berufen. Auf der anderen Seite zeigen die vorstehenden Ausführungen auch, dass sich der Geschäftsführer in einer schwierigen Situation in keinem Fall mit „Gefälligkeitsgutachten" behelfen kann.

f) Vertragliche Haftungsbeschränkung

Die Haftung des Geschäftsführers kann durch vertragliche Vereinbarung beschränkt werden. Hier bieten sich vor allem entsprechende Regelungen im Anstellungsvertrag an. Die Haftungsbeschränkung kann dabei bei mehreren Parametern ansetzen:

1. Modifizierung des Verschuldensmaßstabes: Haftung nur für Vorsatz und grobe Fahrlässigkeit.
2. Vereinbarung von Ausschluss- und Verjährungsfristen
3. Einführung einer summenmäßigen Haftungsbeschränkung
4. Regelungen über die Verteilung der Beweislast

Welche Vereinbarung in einem Anstellungsvertrag angemessen ist, ist eine Frage des Einzelfalles. Nachstehend findet sich eine sehr stark zu Gunsten des Geschäftsführers formuliert Klausel aus einem Anstellungsvertrag.

> **Formulierungsbeispiel Haftungsbeschränkung**
>
> Der Geschäftsführer haftet gegenüber der Gesellschaft lediglich bei vorsätzlicher oder grob fahrlässiger Verletzung seiner Pflichten. Alle Ansprüche aus dem Anstellungsverhältnis und dem Organschaftsverhältnis verfallen, wenn sie nicht binnen drei Monaten nach Fälligkeit gegenüber der anderen Vertragspartei schriftlich geltend gemacht werden. Lehnt die andere Vertragspartei den Anspruch ab oder erklärt sie sich nicht innerhalb von drei Wochen nach Geltendmachung des Anspruchs, verfällt dieser, wenn er nicht innerhalb von drei Monaten nach der Ablehnung oder dem Fristablauf gerichtlich geltend gemacht wird. Dies gilt nicht bei einer Haftung wegen Vorsatz.
>
> Die Gesellschaft stellt den Geschäftsführer von der Haftung gegenüber Dritten frei, es sei denn der Geschäftsführer hätte vorsätzlich oder grob fahrlässig gehandelt Die Haftung wegen Ansprüchen der Gesellschaft, auf die diese nicht wirksam verzichten kann (z.B. § 43 Abs. 3 GmbHG) bleibt davon unberührt.

> Die Bestimmungen nach Abs. 2 und 3 gelten entsprechend, wenn der Geschäftsführer für andere Gesellschaften der XX-Gruppe tätig wird.

2. Haftung gegenüber Dritten

Von einer Haftung gegenüber Dritten spricht man, wenn der Geschäftsführer von einem Dritten in Anspruch genommen wird. Nach § 31 BGB (analog) wird das Verschulden des Geschäftsführers der Gesellschaft zugerechnet. Der Geschäftsführer haftet also grundsätzlich gerade nicht persönlich. Die persönliche Haftung ist also die Ausnahme.

Für die Haftung des Geschäftsführers gegenüber Dritten sind die folgenden Anspruchsgrundlagen von besonderer praktischer Bedeutung:

Wichtige Anspruchsgrundlagen für die Haftung des Geschäftsführers gegenüber Dritten

- ☐ Vertragshaftung
- ☐ Steuerhaftung (§§ 34, 69 AO)
- ☐ Haftung gegenüber Sozialversicherung
- ☐ Deliktische Haftung

a) Vertragshaftung

Wenn der Geschäftsführer für die Gesellschaft Verträge abschließt, so handelt er als deren Vertreter (§ 35 GmbHG). Vertragliche Ansprüche gleich welcher Art treffen daher grundsätzlich allein die Gesellschaft und nicht den Geschäftsführer.

Von diesem Grundsatz gibt es zwei praktisch relevante Ausnahmen:

Der Geschäftsführer haftet persönlich analog § 179 BGB, wenn er bei Abschluss eines Vertrages nicht deutlich macht, dass er für die Gesellschaft und nicht für sich selbst handeln will. Das ist etwa der Fall, wenn der Geschäftsführer ohne den Zusatz der Firma mit Rechtsformzusatz einen Vertrag unterschreibt und sich auch nicht aus den sonstigen Umständen ergibt, dass er für die Gesellschaft handeln will.

Ein weiterer Fall ist die Inanspruchnahme persönlichen Vertrauens: Wenn der Geschäftsführer einem Lieferanten zusagt, er werde persönlich dafür sorgen, dass seine Rechnungen beglichen werden, so kann daraus unter Umständen ein Anspruch gegen den Geschäftsführer persönlich hergeleitet werden.

Darüber hinaus besteht ein Anspruch aus Vertrag gegen den Geschäftsführer natürlich auch dann, wenn dieser selbst ausdrücklich vertragliche Pflichten (zum Beispiel im Rahmen einer Bürgschaft für Verbindlichkeiten der Gesellschaft) übernimmt.

b) Haftung für Steuern

Für Steueransprüche gegen die Gesellschaft (insbesondere Umsatzsteuer, Körperschaftsteuer, Gewerbesteuer) haftet grundsätzlich ebenfalls nur das Gesellschaftsvermögen. Für die Finanzbehörden besteht aber die Möglichkeit, den Geschäftsführer nach § 69 der Abgabenordnung (AO) in Verbindung mit § 34 AO persönlich in Anspruch zu nehmen.

> **§ 69 AO**
>
> Die in den §§ 34 und 35 bezeichneten Personen haften, soweit Ansprüche aus dem Steuerschuldverhältnis (§ 37) infolge vorsätzlicher oder grob fahrlässiger Verletzung der ihnen auferlegten Pflichten nicht oder nicht rechtzeitig festgesetzt oder erfüllt oder soweit infolgedessen Steuervergütungen oder Steuererstattungen ohne rechtlichen Grund gezahlt werden. Die Haftung umfasst auch die infolge der Pflichtverletzung zu zahlenden Säumniszuschläge.

Eine Inanspruchnahme nach § 69 AO setzt voraus, dass seitens der Gesellschaft steuerliche Pflichten verletzt werden. Das ist etwa der Fall, wenn Umsatzsteuervoranmeldungen nicht, nicht fristgemäß oder falsch abgegeben werden. Pflicht des Geschäftsführers ist es in diesem Zusammenhang, dafür zu sorgen, dass die entsprechenden Pflichten ordnungsgemäß erfüllt werden.

Werden entsprechende Pflichten verletzt, so ist eine Inanspruchnahme nach § 69 AO aber nur insoweit möglich als es kausal durch die Pflichtverletzung zu einem Steuerausfall gekommen ist. Das muss die Finanzverwaltung im Zweifel nachweisen.

Inanspruchnahme eines Geschäftsführers nach § 69 AO
Einem Geschäftsführer, der nach § 69 AO in Anspruch genommen werden soll, ist dringend zu raten, anwaltliche Beratung in Anspruch zu nehmen. Viele Bescheide enthalten in der Praxis Begründungsschwächen, die Ansatzpunkte für eine Verteidigung gegen die Inanspruchnahme bieten.

c) Haftung gegenüber der Sozialversicherung

Der Geschäftsführer haftet unter bestimmten Voraussetzungen auch persönlich, wenn Beiträge zur Sozialversicherung für Arbeitnehmer nicht korrekt abgeführt werden. Rechtlicher Ansatzpunkt dafür ist § 266a StGB. Danach machen Geschäftsführer sich strafbar, wenn sie Sozialabgaben nicht ordnungsgemäß abführen.

Hier sind in der Praxis zwei Fälle zu beobachten:

 Sozialversicherungsrechtliche Prüfung von Verträgen
Zunächst hat der Geschäftsführer dafür zu sorgen, dass alle Arbeitsverhältnisse im Unternehmen sozialversicherungsrechtlich zutreffend erfasst werden. Das ist etwa problematisch bei Werkverträgen oder bei Verträgen mit freien Mitarbeitern. In Zweifelsfällen muss der Geschäftsführer ein Statusfeststellungsverfahren durchführen lassen.

Zu einer Haftung kommt es dann, wenn Beschäftigungsverhältnisse rechtlich unzutreffend als nicht sozialversicherungspflichtige Werkverträge eingestuft werden und sich später die Sozialversicherungspflicht herausstellt. Ein solcher Irrtum über die korrekte rechtliche Einordnung ist als Verbotsirrtum nach § 17 StGB zu qualifizieren. Er ist strafrechtlich nur dann beachtlich, wenn er „unvermeidbar" war. An diese Unvermeidbarkeit werden sehr hohe Anforderungen gestellt.

Der zweite Fall der Haftung gegenüber Sozialversicherungsträgern betrifft in der Praxis meist die Insolvenz der Gesellschaft. Hier muss der Geschäftsführer bis zu Stellung des Insolvenzantrages für eine fristgerechte Zahlung der Arbeitnehmerbeiträge zur Sozialversicherung sorgen. Kommt es infolge der Insolvenz zu einem Zahlungsausfall bei der Sozialversicherung, wird diese versuchen, den Anspruch gegen den Geschäftsführer aus § 823 Abs. 2 BGB i.V.m. § 266a StGB

V. Haftung

geltend zu machen. Ein Anspruch besteht dann, wenn der Geschäftsführer die Zahlung von Arbeitnehmerbeiträgen nicht veranlasst, obwohl die Möglichkeit dazu besteht.

Das Nichtabführen von Sozialversicherungsbeiträgen bei Insolvenzreife und Auszahlung der Nettolöhne stellt eine vorsätzliche unerlaubte Handlung dar. Eine Zahlungsunfähigkeit i.S.d. § 17 Abs. 2 InsO begründet keine Unmöglichkeit des Abführens von Sozialversicherungsbeiträgen. An eine solche Unmöglichkeit sind sehr strenge Anforderungen zu stellen (vgl. z.B. OLG Sachsen-Anhalt, Urteil vom 31.3.2010 – 5 U 115/09).

> **Sozialversicherungsbeiträge in der Krise**
>
> Wenn der Geschäftsführer feststellt, dass eine vollständige Zahlung der Löhne und Gehälter einschließlich aller Sozialversicherungsbeiträge nicht möglich ist, sollte er die Nettovergütungen der Arbeitnehmer kürzen und ein vollständige Zahlung jedenfalls der Arbeitnehmerbeiträge zur Sozialversicherung veranlassen.
>
> Durch entsprechende Schreiben an die Krankenkasse sollte veranlasst werden, dass Zahlung vorrangig auf Arbeitnehmerbeiträge zu verrechnen sind.

Ein solches Vorgehen führt in der Praxis im Zweifel dazu, dass die Krankenkasse die Vollstreckung einleitet oder Insolvenzantrag stellt. Der Geschäftsführer entzieht sich aber der persönlichen Haftung. Grundsätzlich sollte in solchen Fällen aber im Zweifel ein eigener Insolvenzantrag gestellt werden.

In den meisten Fällen wird gegen die Vorschrift des § 266a StGB von dem Geschäftsführer vorsätzlich verstoßen, da er die Zahlungspflicht kennt. Für eine solche Forderung aus einer vorsätzlich begangenen unerlaubten Handlung kann dem Geschäftsführer in einer möglichen späteren persönlichen Insolvenz keine Restschuldbefreiung erteilt werden.

Auch hinsichtlich der Sozialversicherungsbeiträge sind die Geschäftsführer grundsätzlich „allzuständig". Auf eine interne Geschäftsverteilung (zum Beispiel im Rahmen einer Geschäftsordnung) kommt es nicht an. Der Geschäftsführer kann sich also nicht damit verteidigen, dass er für die kaufmännischen Belange des Unternehmens nicht zuständig gewesen sei.

d) Deliktische Haftung

Unter deliktischer Haftung versteht man alle außervertraglichen Anspruchsgrundlagen im Zusammenhang mit unerlaubten Handlungen. Anspruchsgrundlagen sind im BGB in den §§ 823 ff. BGB geregelt. Daneben gibt es das Sonderdeliktsrecht, wie zum Beispiel das Wettbewerbsrecht oder das Urheberrecht. Grundsätzlich kommt eine deliktische Haftung nur dann in Betracht, wenn der Geschäftsführer den Voraussetzungen einer Deliktsnorm selbst verwirklicht.

Hier sind naturgemäß sehr viele Fälle denkbar. Im Folgenden werden anhand von Beispielen aus der Rechtsprechung einige Haftungskonstellationen anhand von Anspruchsgrundlagen dargestellt.

Haftung nach § 823 Abs. 1 BGB

Bei der Haftung wegen der Verletzung von absolut geschützten Rechtsgütern kommt meist die Verletzung von Verkehrssicherungspflichten in Betracht. In solchen Fällen haftet der Geschäftsführer grundsätzlich nicht persönlich, da nicht er sondern die GmbH originäre Trägerin der Verkehrssicherungspflicht ist. Folglich haftet der Geschäftsführer bei der sogenannten Produzentenhaftung grundsätzlich nicht persönlich (BGH, Urteil vom 10.2.2015 – VI ZR 343/13). Der Geschäftsführer haftet also nicht persönlich für fehlerhafte Produkte.

Verletzung von Schutzgesetzen (§ 823 Abs. 2 BGB)

Nach § 823 Abs. 2 BGB haftet der Schädiger für die Verletzung eines Schutzgesetze. Im Zusammenhang mit der Geschäftsführerhaftung kommen hier vor allem die Normen des Strafrechts als Schutzgesetze in Betracht. Solche können sich aus dem StGB, aber auch aus anderen Vorschriften ergeben. Auch hier gilt aber, dass ein Anspruch nur besteht, soweit aus der Verletzung der Vorschrift ein Schaden entstanden ist.

Im Falle der Insolvenz eines Unternehmens prüfen die Gläubiger, ob ihnen Ansprüche gegen die Geschäftsführer persönlich zustehen. Ein solcher Anspruch kann zum Beispiel aus § 823 Abs. 2 BGB in Verbindung mit § 15a InsO hergeleitet werden.

In einem Prozess um Geschäftsführerhaftung trifft den beklagten Geschäftsführer eine sekundäre Darlegungslast auch bei strafrechtlichen Vorwürfen. Dies gilt jedenfalls dann, wenn dem Kläger die Darlegung wesentlicher Tatsachen nicht möglich oder nicht zumutbar ist. Wenn also der geschädigte Gläubiger Indizien für das Vorliegen einer Straftat vorträgt, reicht es nicht aus, wenn der Beklagte die Vorwürfe einfach zurückweist, er muss vielmehr zu dem Geschehensablauf detailliert vortragen. Dabei spielt es keine Rolle, dass der Gläubiger grundsätzlich keinen Auskunftsanspruch hat. Der Grundsatz, dass man sich im Verfahren nicht selbst belasten muss, gilt für das Strafrecht, nicht jedoch für zivilrechtliche Verfahren. Auch der strafrechtliche Grundsatz „in dubio pro reo (= „Im Zweifel für den Angeklagten") gilt in solchen zivilrechtlichen Verfahren nicht.

Eine Haftung nach § 823 Abs. 2 BGB i.V.m. §§ 1, 32 KWG ist gegeben, wenn die Gesellschaft unerlaubte Bankgeschäfte betreibt. Das Betreiben unerlaubter Bankgeschäfte (§ 32 KWG) führt grundsätzlich zur persönlichen Schadensersatzpflicht der Organe. Atypisch stille Gesellschaftsverträge erfüllen den Tatbestand des Einlagengeschäfts, wenn das Auseinandersetzungsguthaben nach Ende der Beteiligung ratenweise ausgezahlt wird (Modell der „Göttinger Gruppe"). Die Geschäftsführer haften persönlich, wenn die nach Bankerlaubnis nicht vorhanden ist und somit ein Verstoß gegen § 32 KWG vorliegt.

Vorsätzliche sittenwidrige Schädigung (§ 826 BGB)

Die persönliche Haftung des Geschäftsführers einer GmbH nach § 826 BGB kommt nur in seltenen Ausnahmefällen in Betracht. Die einfache Verletzung einer vertraglichen Verpflichtung reicht insoweit nicht aus. Es müssen besondere Umstände hinzukommen, die das Verhalten nach den Maßstäben der allgemeinen Moral im Geschäftsleben als verwerflich erscheinen lassen. Dafür ist etwa die unzureichende Kapitalausstattung der Gesellschaft nicht ausreichend.

Verstöße gegen das UWG

Ein Geschäftsführer einer GmbH haftet nicht in jedem Fall persönlich, wenn die Gesellschaft wegen eines Verstoßes gegen das Gesetz gegen den unlauteren Wettbewerb (UWG) in Anspruch genommen wird. Allein die Organstellung reicht für eine Haftung nicht aus. Ein Anspruch gegen den Geschäftsführer besteht nur dann, wenn dieser selbst den Wettbewerbsverstoß begangen hat oder diesen trotz Kenntnis nicht verhindert hat.

Unlautere Werbemaßnahmen

Geschäftsführer G ist bei der A-GmbH für den Vertrieb zuständig. In einem wettbewerbsrechtlichen Verfahren wird die A-GmbH auf Unterlassung und auf Zahlung von Schadensersatz wegen unerlaubter Werbemaßnahmen (Verstoß gegen das UWG) von einem Wettbewerber in Anspruch genommen. Diesen Anspruch kann der Wettbewerber nicht nur gegen die A-GmbH, sondern auch gegen G persönlich richten. Für einen solchen Anspruch müsste der Wettbewerber nur darlegen können, dass die betreffenden Werbemaßnahmen von G mit veranlasst wurden.

Verstöße gegen das Urhebergesetz

Ein Geschäftsführer einer GmbH kann unter dem Gesichtspunkt der sogenannten Störerhaftung für Verstöße gegen der Urhebergesetz (UrhG) für seine Gesellschaft haften. Allerdings kommt ein Anspruch auf Schadensersatz nur im Ausnahmefall in Betracht, wenn der Geschäftsführer selbst Täter oder Teilnehmer der Urheberrechtsverletzung ist.

3. Strafrechtliche Haftung

Im Rahmen seiner Tätigkeit kann der Geschäftsführer gegen eine ganze Reihe von Strafgesetzen innerhalb und außerhalb des StGB verstoßen. Die wichtigsten Strafnormen im Zusammenhang mit der Tätigkeit eines Geschäftsführers sind:

- Insolvenzverschleppung (§ 15a InsO)
- Bankrott (§ 283 StGB) und weitere Insolvenzdelikte (§§ 283a bis 283d StGB)
- Falsche gesellschaftsrechtliche Angabe (§ 82 GmbHG)
- Bilanzfälschung (§ 331 HGB)
- Betrug (§§ 263 ff. StGB)
- Untreue (§ 266 StGB)

Auch hier sind sehr viele Fallkonstellationen denkbar.

So macht sich der Geschäftsführer wegen Betruges strafbar, wenn der Waren bestellt, obwohl er weiß, dass die Gesellschaft wirtschaftlich nicht in der Lage sein wird, diese auch zu bezahlen.

Verhalten bei Einleitung eines Strafverfahrens

In jedem Fall ist dem Geschäftsführer, der von einem Strafverfahren betroffen ist, zu raten, unverzüglich anwaltliche Hilfe in Anspruch zu nehmen. Im Regelfall wird ein Verteidiger dann zunächst Akteneinsicht vornehmen. Erst danach wird gegenüber der Staatsanwaltschaft eine Stellungnahme zu den Vorwürfen abgegeben.

In manchen Fällen wird die Gesellschaft gegen ihre Geschäftsführer verhängte Bußgelder übernehmen. Ebenso können von der Gesellschaft auch die Kosten für die Strafverteidigung übernommen werden. Ein Anspruch des Geschäftsführers besteht darauf allerdings nicht.

Für die Entscheidung über die Übernahme der Geldbuße und sonstiger Kosten ist grundsätzlich die Gesellschafterversammlung nach § 46 Nr. 8 GmbHG zuständig. Ist der Geschäftsführer zugleich Gesellschafter der GmbH, so ist bei der Entscheidung auch der Grundsatz der Kapitalerhaltung (§ 30 GmbHG) und das Verbot des existenzvernichtenden Eingriffs (§ 826 BGB) zu beachten.

Übernimmt die Gesellschaft Geldbußen, die gegen den Geschäftsführer im Zusammenhang mit seiner beruflichen Tätigkeit verhängt werden, so stellt die steuerrechtlich ein Arbeitsentgelt dar.

Interessenkonflikte im Strafverfahren

Im Strafverfahren kann es zu Interessenkonflikten zwischen dem Unternehmen (und seinen Gesellschaftern) und dem Geschäftsführer kommen. Daher sollte sich der Geschäftsführer im Zweifel von einem, vom Unternehmen unabhängigen, Anwalt beraten lassen.

4. D & O Versicherung

Die Haftungsrisiken der Organe können durch den Abschluss einer D & O Versicherung (Directors and Officers Liability Insurance) abgedeckt werden. Dabei handelt es sich um eine Vermögensschadenhaftpflichtversicherung, die die das Unternehmen als Versicherungsnehmer zugunsten ihrer Organmitglieder (und gegebenenfalls weiterer Personen wie zum Beispiel leitenden Angestellten) abschließt.

Ein Versicherungsschutz besteht nicht, wenn der Geschäftsführer einen Schaden vorsätzlich verursacht.

a) Anspruch auf Abschluss der Versicherung

Grundsätzlich haben Geschäftsführer keinen gesetzlichen Anspruch auf Abschluss einer D & O Versicherung.

Ein Anspruch auf Abschluss einer solchen Versicherung sollte im Anstellungsvertrag des Geschäftsführers geregelt werden. Der Geschäftsführer hat gegen den Versicherer einen Anspruch Abwehr von Schadensersatzansprüchen und auf Freistellung von berechtigten Ansprüchen. Zu unterscheiden ist insoweit zwischen dem Haftungsverhältnis (Rechtsanspruch des Geschädigten gegen die versicherte Person) und dem Deckungsverhältnis (Rechtsverhältnis zwischen der versicherten Person und dem Versicherer).

Formulierungsbeispiel

Die Gesellschaft verpflichtet sich, zugunsten des Geschäftsführers eine Vermögensschadenhaftpflichtversicherung für Organe juristischer Personen (D & O Versicherung) über eine Versicherungssumme von EUR XXX abzuschließen, durch welche insbesondere die Haftung des Geschäftsführers für in Ausübung seiner Tätigkeit fahrlässig verursachte Schäden gedeckt wird. Die Versicherung wird den Strafrechtsschutz einschließen. Die Versicherungspolice wird eine Selbstbeteiligung von maximal EUR XXX vorsehen. Die Prämien trägt die Gesellschaft.

b) Inhalt des Versicherungsvertrages

Die D & O Versicherungen arbeiten im Regelfall hinsichtlich des Versicherungsschutzes nach dem Claims Made Prinzip. Das bedeutet, dass es für das Bestehen des Versicherungsschutzes nicht auf des Zeitpunkt der Pflichtverletzung ankommt, sondern darauf, wann der Anspruch geltend gemacht wird. Dies ist insbesondere dann problematisch, wenn der Geschäftsführer bereits aus dem Unternehmen ausgeschieden ist, hier kann es in machen Fällen zu Deckungslücken kommen. Die Rechtsprechung hat das Claims Made Prinzip grundsätzlich anerkannt. Allerdings müssen die Versicherungsbedingungen einen angemessenen Ausgleich für die potentiellen Nachteile für den Versicherten vorsehen. Dies kann durch Regelung zur Rückwärtsversicherung oder Nachmeldeklauseln geschehen.

Eine weitere Problematik der D & O Versicherung besteht in der Möglichkeit für den Versicherer, eine Anfechtung des Versicherungsvertrages nach § 123 BGB wegen arglistiger Täuschung zu erklären. Der Versicherungsnehmer und die versicherten Personen (also die Geschäftsführer) sind verpflichtet, bei Abschluss des Versicherungsvertrages wahrheitsgemäße Angaben über „Gefahrumstände" (§ 19 VVG) zu machen. Kommt es hier zu falschen Angaben durch einen der Mitversicherten, so ist der Vertrag insgesamt (also auch gegenüber den anderen versicherten Personen) anfechtbar. Die Wirksamkeit des Vertrages hängt also davon ab, dass alle Personen bei Abschluss des Vertrages wahrheitsgemäße Angaben machen. In diesem Zusammenhang werden von den Versicherern teilweise bei Abschluss des Vertrages Erklärungen abgegeben, dass auf das Anfechtungsrecht verzichtet werde. Ein solcher Anfechtungsverzicht ist allerdings nach Auffassung der Rechtsprechung unwirksam (BGH, Beschluss vom 21.9.2011 – IV ZR 38/09).

5. Faktischer Geschäftsführer

Neben dem Geschäftsführer kann auch der „faktische" Geschäftsführer Adressat gesellschaftsrechtlicher (und auch strafrechtlich relevanter) Pflichten sein. Der sogenannte faktische Geschäftsführer einer GmbH kann Täter einer Insolvenzverschleppung nach § 15a Abs. 4 InsO sein. Der faktische Geschäftsführer ist formal nicht als solcher bestellt, verfügt aber über einen wesentlichen Einfluss auf die Geschäftsführung. Hinzukommen muss aber in jedem Fall die Ausübung von typischen Befugnissen eines Geschäftsführers im Außenverhältnis. Auch das Vorliegen einer Bankvollmacht ist in diesem Zusammenhang ein wesentliches Indiz.

Die Haftung des faktischen Geschäftsführers ist restriktiv zu handhaben. Eine Haftung kommt nicht in Betracht, wenn der Handelnde nicht in einem für eine Geschäftsführung „üblichen" Maße nach außen in Erscheinung tritt. Für die Beendigung der faktischen Geschäftsführung reicht es auf der anderen Seite nicht, wenn der Geschäftsführer längere Zeit nicht mehr tätig wird. Erforderlich ist vielmehr, dass sich der Betroffene von der Geschäftsführung aktiv und deutlich erkennbar lossagt.

8. Kapitel

Finanzierung der Gesellschaft

I. Grundlagen

Einer der Kernbestandteile des deutschen GmbH-Rechts ist das Recht der Finanzierung. Die GmbH beruht auf dem Grundsatz, dass sie durch eine ordnungsgemäße Kapitalaufbringung finanziert wird. Ferner besagt der Grundsatz der Kapitalerhaltung, dass eingezahltes Kapital nicht ohne weiteres an die Gesellschafter zurückgezahlt werden darf.

Gleichzeitig ist die Finanzierung der Gesellschaft natürlich auch aus betriebswirtschaftlicher Sicht von entscheidender Bedeutung. Betriebswirtschaftlich unterscheidet man das Eigenkapital und das Fremdkapital. Beide Kapitalien werden in der Bilanz auf der Passivseite dargestellt. Unter Eigenkapital versteht man das von den Gesellschaftern der Gesellschaft für die Geschäftstätigkeit zur Verfügung gestellt Kapital. Fremdkapital wird grundsätzlich von Dritten zur Verfügung gestellt (wie Banken, Lieferanten etc.).

Die Finanzierung einer GmbH wirft nun eine ganze Reihe von Rechtsfragen auf. Diese Rechtsfragen haben zum einen mit der Aufbringung des Kapitals durch die Gesellschafter im Rahmen der Gründung oder bei Kapitalerhöhungen zu tun (II.). Weitere Fragen stellen sich im Zusammenhang mit der Erhaltung des einmal aufgebrachten Kapitals (III.).

Besonderheiten ergeben sich, wenn die Gesellschaft ihrem Unternehmen statt Eigenkapital aufzubringen ein Darlehen gewähren (IV.). Besondere rechtliche relevante Finanzierungsfragen sind auch die Mitarbeiterbeteiligung (V.) und die Stille Gesellschaft (VI.).

II. Kapitalaufbringung

Die Aufbringung des Stammkapitals erfolgt durch Einlage von Vermögenswerten durch den Gesellschafter in das Vermögen der Gesellschaft. Das Gesetz unterscheidet dabei die Bareinlage (1.) und die Sacheinlage (2.). Zwei Sonderkonstellationen in diesem Zusammenhang sind die verdeckte Sacheinlage (3.) und das sogenannte Hin- und Herzahlen (4.).

1. Bareinlage

Eine Bareinlage wird dadurch erbracht, dass der Gesellschafter den Einlagebetrag an die Gesellschaft in bar oder (üblicherweise) durch Überweisung der Gesellschaft zur Verfügung stellt. Insofern ist der Vorgang an sich einfach. Dennoch können auch hier einige Punkte problematisch sein.

a) Nachweis der Einlageleistung

Die Darlegungs- und Beweislast für die Erbringung der Einlage trägt der Gesellschafter. Eine eidesstattliche Versicherung des Geschäftsführers allein ist grundsätzlich zur Beweisführung nicht ausreichend. Bei der Insolvenz einer GmbH macht der Insolvenzverwalter oft einen Anspruch auf Einzahlung der Stammeinlage gegen die Gesellschafter geltend. In einem solchen Verfahren trägt grundsätzlich der Gesellschafter die volle Beweislast dafür, dass die Einlage erbracht worden ist. Das gilt selbst dann, wenn die Leistung der Einlage bereits sehr lange zurückliegt. Als Beweis reicht es regelmäßig nicht aus, auf die Jahresabschlüsse der Vergangenheit zu verweisen. Es reicht also nicht aus, dass die Jahresabschlüsse der Gesellschaft in der Vergangenheit keine ausstehenden Einlagen ausgewiesen haben.

> **Zahlungsbelege**
>
> Im Ergebnis kann der Gesellschafter den Nachweis der Einlageleistung nur durch entsprechende Zahlungsbelege erbringen. Die Kontoauszüge über die Einzahlung von Bareinagen sollten daher immer unbefristet, auch unabhängig von steuerlichen oder handelsrechtlichen Aufbewahrungsfristen, aufbewahrt werden.

Diese hohen Beweisanforderungen gelten auch für den Fall des sogenannten Hin- und Herzahlens. Wenn der Insolvenzverwalter darlegen kann, dass die eingezahlte Einlage zeitnah wieder an den

Gesellschafter zurückgezahlt wurde, so trifft den Gesellschafter auch weiterhin die Beweislast für die Erbringung der Einlage.

b) Einzahlung auf debitorisches Konto

Insbesondere in Fällen, bei denen eine Kapitalerhöhung zum Zwecke der Sanierung der Gesellschaft erfolgt, ist das Konto der Gesellschaft oft überzogen (sog. debitorisches Konto). In solchen Fällen sollten die Gesellschafter eine Einzahlung des Kapitalerhöhungsbetrages auf ein solches „überzogenes" Konto vermeiden. Der Geschäftsführer sollte ein Konto bei einer anderen Bank errichten, auf das dann der Erhöhungsbetrag gezahlt wird.

Hintergrund für dieses Vorgehen ist, dass der Einlagebetrag zur freien Verfügung der Gesellschaft geleistet werden muss. Bei einem debitorischen Konto erfolgt aber aufgrund der Kontokorrentabrede mit der Bank eine sofortige Verrechnung mit deren Forderungen. Der Geldbetrag fließt also nicht an die Gesellschaft, sondern an die Bank.

Die Einzahlung auf ein debitorisches Konto soll zwar ausreichend sein, wenn die Gesellschaft im Rahmen eines bestehenden Kontokorrentvertrages über den Betrag frei verfügen kann. Die Rechtslage ist aber insoweit noch ungeklärt, sodass Risiken vermieden werden sollten.

c) Teilweise Einzahlung der Einlage

Bei der Kapitalerhöhung einer GmbH ist mindestens ein Viertel des Betrages, um den das Stammkapital erhöht wird, einzuzahlen. Das gilt auch dann, wenn das bestehende Kapital der Gesellschaft bei Fassung des Erhöhungsbeschlusses voll eingezahlt war und auch nach der Kapitalerhöhung mehr als ein Viertel des Gesamtkapitals eingezahlt ist.

> **Teileinzahlung**
> Die GmbH hat ein voll eingezahltes Stammkapital von EUR 50.000,–. Dieses wird um weitere EUR 50.000,– auf EUR 100.000,– erhöht. Bei Kapitalerhöhung sind mindestens EUR 12.500,– einzuzahlen (ein Viertel des Erhöhungsbetrages von EUR 50.000).

d) Sanierungspflicht in der Krise

Aus der gesellschaftsrechtlichen Treuepflicht kann die Pflicht entstehen, Sanierungsmaßnahmen bei einer Krise der Gesellschaft zuzustimmen oder diesen jedenfalls nicht entgegenzutreten. Eine solche Pflicht kann auch für die Gesellschafter einer GmbH bestehen. Allerdings setzt diese Pflicht voraus, dass die Gesellschaft ein schlüssiges Sanierungskonzept vorlegt. Eine Kapitalherabsetzung verbunden mit einer anschließenden Kapitalerhöhung ist für sich genommen kein Sanierungskonzept.

Der Insolvenzverwalter hat keinen Anspruch auf Durchführung einer vor der Eröffnung des Insolvenzverfahrens beschlossenen Kapitalerhöhung, wenn diese noch nicht in das Handelsregister eingetragen ist. Der Gesellschafter ist in diesem Fall nicht gehindert, den Beschluss wieder aufzuheben beziehungsweise den Geschäftsführer anzuweisen, die Handelsregisteranmeldung zurückzunehmen. Folglich hat der Insolvenzverwalter gegen den Gesellschafter in diesem Fall auch keinen Anspruch auf Einzahlung des Erhöhungsbetrages (OLG Zweibrücken, Urteil vom 12.12.2013 – 4 U 39/13).

e) Haftung des Erwerbers

Werden Einlagen nicht oder nicht ordnungsgemäß geleistet, so haftet auch der Erwerber eines Geschäftsanteils für die Leistung der Einlage (§ 24 GmbHG). Dieser Anspruch der Gesellschaft gegen den Gesellschafter ist nicht abdingbar. Deshalb sollte sich der Erwerber bei Übertragung des Anteils zusichern lassen, dass die Einzahlungen ordnungsgemäß geleistet sind und keine verbotenen Rückzahlungen des Kapitals erfolgt sind.

Ein Restrisiko bleibt dennoch bestehen:

Verunglückte Gründung

A, B und C gründen eine GmbH mit Sitz in Hannover. Das Stammkapital beträgt EUR 25.000,–. Davon erbringen A EUR 20.000,–, B EUR 2.500,– und C EUR 2.500,–. Die Satzung wird notariell beurkundet und die Gesellschaft in das Handelsregister eingetragen. C leistet seine Einlage ordnungsgemäß. A und B leisten ihre Einlage nicht. Später geht die GmbH in die Insolvenz. A und B sind ebenfalls insolvent.

> In diesem Fall kann der Insolvenzverwalter von C nach § 24 GmbHG im Rahmen der sog. Ausfallhaftung die Einzahlung der nicht geleisteten Einlagen in Höhe von EUR 22.500,– fordern. Dass C im Innenverhältnis Ausgleichsansprüche gegen A und B hat, ist für ihn wertlos, weil diese Ansprüche nicht realisierbar sein dürften.

2. Sacheinlagen

Im Gegensatz zur Bareinlage erbringt der Gesellschafter seine Einlage bei der Sacheinlage nicht durch die Übertragung von Geldmitteln an die Gesellschaft. Geregelt ist die Sacheinlage in § 9c Abs. 1 S. 2 GmbHG. Bei diesem Vorgang werden Sachen (§ 90 BGB) oder Rechte übertragen. Eingebracht werden kann jedes bilanzierungsfähige Wirtschaftsgut. Somit kann auch ein Betrieb oder Teilbetrieb im Rahmen einer Sacheinlage eingebracht werden.

Der einzubringende Gegenstand ist im Gesellschaftsvertrag zu bezeichnen. Das Registergericht darf die Eintragung nur ablehnen, wenn Sacheinlagen nicht unerheblich überbewertet worden sind. Es ist also auf eine Plausibilitätskontrolle beschränkt.

Als Sacheinlagen kommen unter anderem folgende Vermögensgegenstände in Betracht:

- Unternehmensanteile
- Betriebsstätten und Teilbetriebe
- Immobilien
- Maschinen
- Betriebs- und Geschäftsausstattung
- Forderungen
- Vorräte
- Immaterielle Vermögensgegenstände (Patente, Marken, Domains usw.).

Die wirksame Sacheinlage setzt voraus, dass der eingebrachte Gegenstand werthaltig ist. Das bedeutet, dass der Wert des einbrachten Vermögensgegenstand mindestens dem Wert der Einlageleistung entsprechen muss. Der Vermögensgegenstand darf allerdings jederzeit (auch erheblich) mehr wert sein.

In der Praxis sollten bei der Handelsregisteranmeldung Wertnachweise beigefügt werden, um Verzögerungen zu vermeiden. Bei Gütern sind dies Sachverständigengutachten (z.B. DEKRA-Gutachten bei KfZ). Bei Geschäftsanteilen werden Werthaltigkeitsbescheinigungen des Wirtschaftsprüfers oder Steuerberaters beigefügt.

3. Verdeckte Sacheinlage

Eine verdeckte Sacheinlage liegt vor, wenn zwar formal eine Bareinlage von dem Gesellschafter zu leisten ist, sich die Einlage bei wirtschaftlicher Betrachtung ganz oder teilweise als Sacheinlage darstellt (Legaldefinition in § 19 Abs. 4 S. 1 GmbHG).

Verdeckte Sacheinlage

Gesellschafter A verpflichtet sich im Gesellschaftsvertrag der A-GmbH zur Übernahme einer Bareinlage in Höhe von EUR 30.000,–. Er zahlt diesen Betrag auch auf das Konto der Gesellschaft ein. Zwei Tage später erwirbt aber die Gesellschaft von dessen KfZ zum Preis von EUR 30.000,–.

Hier liegt eine verdeckte Sacheinlage nach § 19 Abs. 4 GmbHG vor. Rechtlich ist zwar eine Bareinlage erfolgt, wirtschaftlich gesehen hat die Gesellschaft jedoch kein Geld sondern ein KfZ erhalten.

Folge einer verdeckten Sacheinlage ist, dass die Einlageverpflichtung nicht erfüllt wird. Allerdings wird der Wert der eingebrachten Sache auf die Zahlungsverpflichtung angerechnet. Maßgeblich ist dabei der Wert zum Zeitpunkt der Handelsregisteranmeldung oder der Überlassung der Sache (der spätere der beiden Zeitpunkte). Die Beweislast für den Wert trägt der Gesellschafter.

Wird eine verdeckte Sacheinlage erkannt, so muss das Registergericht die Eintragung ablehnen. Ferner muss der Notar seine Mitwirkung verweigern. Der Geschäftsführer kann sich durch die Mitwirkung an einer verdeckten Sacheinlage nach § 82 Abs. 1 Nr. 1 GmbHG strafbar machen.

Eine verdeckte Sacheinlage liegt nicht vor, wenn der Gesellschafter gegenüber der Gesellschaft eine Dienstleistung erbringt und diese zu angemessenen Preisen bezahlt wird. Besondere praktische Bedeutung hat diese Problematik bei der Gründung von GmbH im Rahmen von Joint-Ventures, weil hier oft wesentliche Geschäftsbeziehungen zwischen der Joint-Venture GmbH und ihren Gesellschaftern bestehen, die über das Gesellschaftsverhältnis hinausgehen.

> **Dienstleistungen von Gesellschaftern**
>
> Die A-GmbH und die B-GmbH sind Verlage. Zur Vermarktung einer neuen Zeitschrift gründen die Gesellschaften die C-GmbH, an der sie jeweils zu 50 % beteiligt sind. Um die Zeitschrift zu vermarkten erbringt die A-GmbH für die C-GmbH umfangreiche Marketingleistungen (wie z.B. Produktentwicklung, Marktforschung, Werbung etc.). Diese Leistungen werden zu Preisen abgerechnet, die auch zwischen fremden Dritten vereinbart würden.
>
> In diesem Fall liegt keine verdeckte Sacheinlage vor. Allerdings ist darauf zu achten, dass die erbrachten Leistungen nachvollziehbar dokumentiert werden.

Die spätere Heilung einer verdeckten Sacheinlage ist schwierig. Die Heilung wird nach der Eintragung in das Handelsregister teilweise als unzulässig angesehen.

4. Hin- und Herzahlen

Neben der verdeckten Sacheinlage gibt es den Fall des „Hin- und Herzahlens" (§ 19 Abs. 5 GmbHG). Dabei handelt es sich um eine eigene Fallgruppe neben der verdeckten Sacheinlage.

> **Hin- und Herzahlen**
>
> Gesellschafter A verpflichtet sich im Gesellschaftsvertrag der A-GmbH zur Übernahme einer Bareinlage in Höhe von EUR 30.000,–. Er zahlt diesen Betrag auch auf das Konto der Gesellschaft ein. Zwei Tage später zahlt die Gesellschaft das Geld an A als Darlehen zurück.
>
> Hier ist bei wirtschaftlicher Betrachtung der Gesellschaft kein Geld zugeflossen, sondern ein Darlehensrückzahlungsanspruch entstanden. Entgegen § 8 Abs. 2 S. 1 GmbHG ist das Geld nicht zur endgültigen freien Verfügung des Geschäftsführers an die Gesellschaft geleistet worden. Diesen Vorgang bezeichnet man als „Hin- und Herzahlen". Eine Regelung findet sich in § 19 Abs. 5 GmbHG.

Eine Erfüllung der Einlageverpflichtung liegt (nur) dann vor, wenn folgende Voraussetzungen erfüllt sind:

- Es muss ein vollwertiger Rückgewähranspruch vorliegen, der Darlehensrückzahlungsanspruch muss also werthaltig sein.
- Der Anspruch muss jederzeit fällig sein.
- Es muss bei der Registeranmeldung eine Offenlegung der Leistung oder Vereinbarung in der Anmeldung erfolgen (§ 8 GmbHG).

Problematisch wird der Vorgang des „Hin- und Herzahlens", wenn später ein Wertverlust hinsichtlich der Forderung eintritt. Dann muss der Geschäftsführer den Anspruch geltend machen. Ansonsten liegt eine Pflichtverletzung (§ 43 GmbHG) vor, die einen Schadensersatzanspruch der Gesellschaft gegen den Geschäftsführer auslöst.

> **Hin- und Herzahlen in der Praxis**
>
> Auf ein solches Hin- und Herzahlen sollte in der Praxis verzichtet werden. Gelder, die der Gesellschaft als Einlage zur Verfügung gestellt wurden, sollten mindestens sechs Monate bei dieser verbleiben und in dieser Zeit nicht an den Gesellschafter erstattet werden.

5. Zuzahlungen in die Kapitalrücklage

Neben einer Erhöhung des Stammkapitals können die Gesellschafter der GmbH Kapital durch Einzahlungen in die Kapitalrücklagen zuführen. Eine Solche Zuzahlung ist ohne Änderung des Gesellschaftsvertrages jederzeit möglich. Solche Zuzahlungen bedürfen eines Gesellschafterbeschlusses.

> **Gesellschafterbeschluss über Einzahlung in die Kapitalrücklage**
>
> Der Gesellschafter leistet eine Bareinlage in Höhe von EUR 25.000,00. Dieser Betrag soll der freien Kapitalrücklage zugeführt werden. Die Zahlung ist bis zum ... auf das Geschäftskonto der Gesellschaft zu leisten.

Wenn die Gesellschafter allerdings nicht entsprechend ihren Kapitalanteilen einzahlen, ist § 7 Abs. 8 ErbStG zu bedenken. Nach dieser

Bestimmung führt eine disquotale Zuzahlung zu einer steuerpflichtigen Bereicherung der Mitgesellschafter.

Ferner ist zu bedenken, dass das in die Kapitalrücklage eingezahlte Kapital nicht ohne Weiteres steuerfrei wieder entnommen werden kann. Nach der Verwendungsreihenfolge des § 27 KStG sind grundsätzlich erst Gewinne zu entnehmen. Im Ergebnis ist deshalb eine Zuzahlung in die Kapitalrücklage nur dann zu empfehlen, wenn die Gelder auch dauerhaft in der Gesellschaft verbleiben sollen. Wenn eine – auch mittelfristige – Rückführung an die Gesellschafter geplant ist, dürfte im Regelfall ein Gesellschafterdarlehen vorzugswürdig sein.

6. Genehmigtes Kapital

§ 55a GmbHG sieht die Möglichkeit eines genehmigten Kapitals vor. Darunter versteht man eine Ermächtigung an die Geschäftsführer, das Stammkapital in einem Zeitraum von maximal fünf Jahren durch Ausgabe neuer Geschäftsanteile gegen Einlagen zu erhöhen.

Das Instrument des genehmigten Kapitals ist aus Aktienrecht bekannt und dient dort dazu, der Gesellschaft die Ausgabe neuer Aktien zu ermöglichen, wenn die Lage am Kapitalmarkt dafür günstig erscheint. Im GmbH-Recht hat das genehmigte Kapital dagegen kaum eine nennenswerte praktische Bedeutung.

III. Kapitalerhaltung

1. Grundlagen

Der Grundsatz der Kapitalerhaltung verlangt, dass das Stammkapital einer Gesellschaft nicht an die Gesellschaft zurückgezahlt werden darf. Für die GmbH ist dieses Prinzip in den §§ 30 ff. GmbHG geregelt. Diese Vorschriften stellen einen Kernbestandteil des GmbHG dar.

Eine Rückzahlung von Kapital liegt grundsätzlich nicht vor, wenn der Gesellschafter an die Gesellschaft eine Leistung erbringt (z.B. durch seine Tätigkeit als Geschäftsführer). Wird jedoch ein unangemessen hohes Gehalt gezahlt, so liegt in Höhe des unangemessenen Teils unter Umständen eine Rückzahlung von Kapital vor.

Ebenfalls keine Rückzahlung von Kapital liegt vor, wenn die Gesellschaft das von den Gesellschaftern eingebrachte Vermögen für Zwecke der Gesellschaft verwendet. Eine GmbH, die mit einem Stammkapital von EUR 25.000,– durch Bargründung gegründet wird, darf dieses Geld also durchaus verwenden und für Zwecke des Unternehmens ausgeben. Das Geld darf nur grundsätzlich nicht an die Gesellschafter zurückgezahlt werden.

Eine Rückzahlung kann dabei in der Praxis auf sehr verschiedene Weise erfolgen, so dass es hier sehr viel Rechtsprechung gibt.

Die Grundsätze der Kapitalerhaltung sind auch zu beachten bei:

- Erwerb eigener Anteile (§ 33 GmbHG)
- Einziehung (§ 34 GmbHG)
- Cash Pooling

Die Frage, ob der Grundsatz der Kapitalerhaltung beachtet wird, bestimmt sich nach dem Bilanzbild der Gesellschaft zum Zeitpunkt der Rückzahlung von Kapital.

Beispiel für eine Bilanz

Aktiva		Passiva	
Anlagevermögen	100	Stammkapital	50
		Rücklage	30
Umlaufvermögen	100	Fremdkapital	120
	200		200

In dem vorstehenden Beispiel hat die Gesellschaft ein ungebundenes Vermögen von 30, da dies der Betrag ist, um den das Eigenkapital der Gesellschaft das Stammkapital übersteigt.

2. Erwerb eigener Anteile und Einziehung

Ein Erwerb eigener Anteile und die Einziehung von Geschäftsanteilen ist nur zulässig, wenn der Kaufpreis für die eigenen Anteile oder die Einziehungsvergütung aus ungebundenem Vermögen der Gesellschaft bezahlt werden kann.

Das bedeutet, dass eine Einziehung oder der Erwerb eigener Anteile nicht möglich ist, wenn die Gesellschaft eine Unterbilanz ausweist.

Das ist der Fall, wenn in der Bilanz das gesamte Eigenkapital geringer ist als das im Handelsregister eingetragene Stammkapital.

Beispiel für eine Unterbilanz

Aktiva		Passiva	
Anlagevermögen	50	Stammkapital	50
		Unterbilanz	–20
Umlaufvermögen	50	Fremdkapital	70
	100		100

In dem vorstehenden Beispiel liegt eine Unterbilanz vor. Die Gesellschaft hat ein Vermögen von 100 und Verbindlichkeiten (Fremdkapital) von 70. Das Eigenkapital beträgt damit 30. Das Stammkapital (im Handelsregister eingetragen) beträgt aber 50. Eine Einziehung oder der Erwerb von eigenen Anteilen wäre damit unzulässig, wenn von der Gesellschaft eine Vergütung gezahlt werden soll.

Vorliegen einer Unterbilanz
Ein Problem besteht darin, dass Einziehungen oder Erwerbe von eigenen Anteilen praktisch selten zeitnah zum Jahresabschluss erfolgen. Daher muss in entsprechenden Fällen durch Einschaltung des Steuerberater geklärt werden, ob gerade eine Unterbilanz vorliegt. In Zweifelsfällen ist zum Zwecke der Dokumentation eine Zwischenbilanz zu erstellen.

3. Cash Pooling

Viele Unternehmensgruppen betreiben ein sogenanntes Cash Pooling. Dabei werden die Geldmittel der Gruppe bei einem Unternehmen (meist bei der Muttergesellschaft) zusammengeführt („gepoolt"). Betriebswirtschaftlich ist dies sinnvoll, weil so der Liquiditätsbedarf in der Gruppe ausgeglichen werden kann. So können sowohl bei der Anlage von Mitteln als auch bei der Aufnahme von Krediten bessere Konditionen erzielt werden.

Rechtlich ist eine solche Vereinbarung unter dem Gesichtspunkt der Kapitalerhaltung problematisch. Die Rechtsprechung hatte im Jahre 2003 entschieden, dass die Forderung an das Mutterunternehmen grundsätzlich nicht mit dem Geld vergleichbar sei. Man sprach daher von der Abkehr von der bilanziellen Betrachtungsweise (vgl. BGH, Urteil vom 24.11.2003 – II ZR 171/01).

Mit einer Änderung des § 30 Abs. 1 GmbHG zum 1.11.2008 hat der Gesetzgeber diese Rechtsprechung ausdrücklich korrigiert. Ziel war es dabei, das Cash Pooling in Unternehmensgruppen zuzulassen. Das Kapitalerhaltungsgebot findet daher ausdrücklich keine Anwendung auf Leistungen bei Bestehen eines Beherrschungs- oder Gewinnabführungsvertrages („Organschaftsvertrag"). Ferner liegt eine verbotene Einlagenrückgewähr nicht vor bei einer Deckung durch einen vollwertigen Rückgewähranspruch. In einer Unternehmensgruppe muss die Tochtergesellschaft, die Geldmittel einem Cash Pool zuführt daher die Vollwertigkeit des Darlehensanspruches bei Ausreichung des Darlehens prüfen. Dieser Verpflichtung kann durch die Einrichtung eines Frühwarnsystems genügt werden.

> **i** **Einbeziehung des Unternehmens**
>
> Im Ergebnis kann der Geschäftsführer einer GmbH der Einbeziehung des Unternehmens nur zustimmen, wenn zu der betreffenden Gesellschaft ein Beherrschungs- und Ergebnisabführungsvertrag besteht oder wenn sich der Geschäftsführer regelmäßig über die Bonität der, den Cash Pool führenden Gesellschaft informieren kann.

Problematisch sind Cash Pools daher in der Praxis regelmäßig bei GmbH, die in internationale Unternehmensgruppen mit Sitz im Ausland eingebunden sind. Dementsprechend wird der Cash Pool bei solchen Gruppen meist im Ausland geführt. Mit der ausländischen Muttergesellschaft besteht im Regelfall kein Beherrschungs- und Ergebnisabführungsvertrag, da dieser steuerrechtlich nicht anerkannt wird. Gleichzeitig ist es für den Geschäftsführer der deutschen Tochter-GmbH fast unmöglich, die Bonität der ausländischen Muttergesellschaft zu beurteilen.

Diese Problematik wird noch dadurch verschärft, dass die meisten Rechtsordnungen das Prinzip der Kapitalerhaltung so, wie es im deutschen Gesellschaftsrecht geregelt ist, nicht kennen. Daher besteht oft geringes Verständnis für dieses Problem. Zur Vermeidung eigener Haftung ist der Geschäftsführer aber gehalten, auch in solchen Konstellationen die Aufnahme der Gesellschaft in einen Cash Pool kritisch zu prüfen.

IV. Gesellschafterdarlehen

1. Grundlagen

Ein Gesellschafterdarlehen liegt vor, wenn ein Gesellschafter der GmbH, an der er beteiligt ist, ein Darlehen gewährt. Dabei handelt es sich grundsätzlich zivilrechtlich um einen Darlehensvertrag wie er auch mit einem anderen Gläubiger (z.B. mit einer Bank) abgeschlossen werden könnte.

Die Besonderheit des Vertrages liegt aber darin, dass der Gesellschafter „seiner" Gesellschaft nicht wie ein Fremder begegnet. Es fehlt daher an dem typischen Interessengegensatz von Darlehensgeber und Darlehensnehmer.

Bis zum Jahr 2008 regelte das GmbHG in den §§ 32a, 32b GmbHG die Finanzierungsverantwortung des Gesellschafters. Der Grundgedanke dieser (in den Details sehr komplexen) Regelung war, dass ein „ordentlicher Kaufmann" verpflichtet sei, seiner Gesellschaft unter bestimmten Voraussetzungen Eigenkapital und kein Fremdkapital zuzuführen. Wenn also ein Gesellschafter ein Darlehen gewährt hatte, wo er eigentlich als ordentlicher Kaufmann Eigenkapital gewähren sollte, so wurde das Darlehen im Ergebnis wie Eigenkapital behandelt. Man sprach daher vom eigenkapitalersetzenden Darlehen.

Zum 1.11.2008 sind die §§ 32a, 32b GmbHG außer Kraft getreten. Damit entfällt gleichzeitig die gesamte Rechtsprechung zum Eigenkapitalersatz. Es bleibt damit immer bei der zivilrechtlichen Einordnung: Ein Darlehen bleibt als Darlehen Fremdkapital, Eigenkapital bleibt Eigenkapital.

Lediglich in bestimmter Hinsicht bleibt es bei Besonderheiten, die bei Gesellschafterdarlehen zu beachten sind. Diese Besonderheiten beziehen sich vor allem auf das Insolvenzrecht (2.) und das Steuerrecht (3.). Ferner hat die sogenannte Rangrücktrittsvereinbarung bei Gesellschafterdarlehen eine besondere praktische Bedeutung (4.)

2. Gesellschafterdarlehen in der Insolvenz

a) Grundlagen

Ansprüche aus einem Gesellschafterdarlehen sind nach § 39 Abs. 1 Nr. 5 InsO im Insolvenzverfahren gegenüber den Ansprüchen anderer Gläubiger nachrangig, wenn der Gesellschafter mit mehr als 10 % an der Gesellschaft beteiligt ist. Das bedeutet, dass im Falle der Insolvenz Ansprüche aus Gesellschafterdarlehen nur dann befriedigt werden, wenn die Insolvenzmasse dazu ausreicht, um sämtliche Verfahrenskosten und die Ansprüche sämtlicher (anderen) Gläubiger zu befriedigen. Das ist in der Praxis nur sehr selten der Fall, sodass ein Gesellschafter immer damit rechnen muss, dass sein Anspruch auf Rückzahlung des Darlehens im Falle der Insolvenz vollständig wertlos ist.

Darüber hinaus sind Zahlungen auf Ansprüche aus Gesellschafterdarlehen, die innerhalb eines Jahres vor der Stellung des Insolvenzantrages geleistet werden, sind nach § 135 InsO anfechtbar.

Insolvenzanfechtung bei Gesellschafterdarlehen

G ist alleiniger Gesellschafter der X-GmbH. Er hat der Gesellschaft im Jahre 2001 ein Darlehen über EUR 100.000,– gewährt. Am 1.8.2005 leistet die X-GmbH auf dieses Darlehen eine Rückzahlung von EUR 50.000,–. Am 1.7.2006 stellt die X-GmbH einen Insolvenzantrag.

In diesem Fall kann der Insolvenzverwalter nach § 135 Abs. 1 Nr. 1 InsO von G Zahlung von EUR 50.000,– verlangen, weil die Rückzahlung innerhalb eines Jahres vor Stellung des Insolvenzantrages geleistet wurde. Auf die Frage, ob zum Zeitpunkt der Zahlung die Insolvenz bereits absehbar war, kommt es nicht an.

Das Gleiche gilt für Zahlungen auf, von den Gesellschaftern gesicherte, Forderungen. Unerheblich ist dabei, ob sich die Gesellschaft zum Zeitpunkt der Zahlung bereits in einer insolvenzrechtlichen Krise befand, darauf kommt es nach diesem Anfechtungstatbestand nicht an.

Grundsätzlich ist die Rückzahlung eines Gesellschafterdarlehens nach § 135 Abs. 1 Nr. 2 InsO für ein Jahr vor Stellung des Insolvenzantrages anfechtbar. Ist jedoch für das Darlehen eine Sicherheit bestellt, so kann die Rückzahlung 10 Jahre lang angefochten werden, weil § 135 Abs. 1 Nr. 1 InsO die Anfechtbarkeit der Sicherheitenbestellung regelt. Diese Regelung gilt im Falle des Gesellschafterdarlehens dann auch für die Rückzahlung (BGH, Urteil vom 18.7.2013 – IX ZR 219/11). Diese Entscheidung des BGH wird zu Recht kritisiert. Sie führt im Ergebnis dazu, dass gesicherte Gesellschafterdarlehen gegenüber ungesicherten Darlehen erheblich benachteiligt werden. Dieses Ergebnis erscheint überraschend. Bei Darlehen innerhalb einer Unternehmensgruppe sollte wegen dieser Entscheidung grundsätzlich auf Besicherung verzichtet werden. Es stellt sich dann aber die Frage, ob ein solches Darlehen in steuerrechtlicher Hinsicht dem Fremdvergleich standhält.

b) Insolvenzanfechtung bei Abtretung der Forderung

Tritt der Gesellschafter seine Forderung innerhalb eines Jahres vor Antragstellung an einen Dritten ab und werden dann an diesen Dritten Rückzahlungen geleistet, so sind diese ebenfalls anfechtbar. Der Gesellschafter kann sich der Anfechtung also nicht durch eine „rechtzeitige" Abtretung der Forderung entziehen.

Das Gleiche gilt auch für Forderungen von Unternehmen, die mit dem Gesellschafter horizontal und vertikal verbunden sind. Das kann zum Beispiel für Zahlungen innerhalb einer Unternehmensgruppe große praktische Bedeutung haben.

c) Gleichgestellte Forderung

Die Anfechtung nach § 135 InsO betrifft nicht nur Gesellschafterdarlehen im „klassischen" Sinne, sondern auch Forderungen, die einem Gesellschafterdarlehen „gleichgestellt" sind. Gleichgestellt in diesem Sinne sind alle Forderung von Gesellschaftern, die die Gesellschafter „ihrer" Gesellschaft stunden.

> **Gestundete Lizenzzahlungen**
>
> Dipl.-Ingenieur I ist zu 50 % an der X-GmbH beteiligt. Gleichzeitig hält I wertvolle Patente, die für den Betrieb der X-GmbH von großer Bedeutung sind. Für die Bereitstellung der Patente erhält I im Rahmen eines Lizenzvertrages eine Lizenzgebühr von EUR 10.000,– pro Monat. Weil die Geschäfte zeitweise schlecht laufen, wird die Vergütung fünf Monate lang in der Zeit von Januar bis Mai 2001 nicht gezahlt. Im Juni 2001 zahlt die Gesellschaft die rückständigen Gebühren nach. Im Januar 2002 stellt die Gesellschaft einen Insolvenzantrag.
>
> Auch hier hat der Insolvenzverwalter gegen I einen Anspruch auf Zahlung von EUR 50.000,–. I hat zwar kein „klassisches" Darlehen gewährt. Durch die faktische Stundung ist sein Anspruch aber einem Gesellschafterdarlehen gleichgestellt. Einer ausdrücklichen Stundungsvereinbarung bedarf es nicht.

Ist ein Arbeitnehmer zugleich Gesellschafter einer GmbH mit einem Anteil von mehr als 10 %, so kann eine Lohnforderung im Insolvenzfall eine nachrangige Forderung sein, weil es sich um eine einem Gesellschafterdarlehen gleichgestellte Forderung handelt. Das gilt jedenfalls dann, wenn der Arbeitnehmer seine Lohnforderung nicht durchsetzt. Dann wird in dem Verzicht auf die Durchsetzung der Forderung eine Stundung gesehen. Folge ist, dass die Forderung im Insolvenzfall erst nach Begleichung aller Insolvenzforderungen berücksichtigt wird (§ 39 Nr. 5 InsO).

3. Steuerrechtliche Aspekte

Steuerrechtlich stellen Zinszahlungen der Gesellschaft grundsätzlich Aufwendungen dar. Bei dem Darlehensgeber führen diese Zahlungen dann spiegelbildlich zu steuerpflichtigen Einnahmen. Anzuerkennen ist ein Darlehen für steuerliche Zwecke allerdings nur dann, wenn es dem sogenannten Fremdvergleich entspricht. Das bedeutet, dass das Darlehen so ausgestaltet sein muss, dass auch ein fremder Dritter (z.B. eine Bank) ein Darlehen zu diesen Bedingungen gegeben hätte. Das bezieht sich zum einen darauf, dass ein angemessener Zinssatz gezahlt wird und zum anderen darauf, dass dem Darlehensgeber übliche Sicherheiten gestellt werden.

> **ℹ Abschluss eines Darlehensvertrags mit der Gesellschaft**
> Vor dem Abschluss eines Darlehensvertrags mit der Gesellschaft sollten Gesellschafter und Gesellschaft in jedem Fall steuerliche und anwaltliche Beratung in Anspruch nehmen, um hier eine „fremdübliche" Ausgestaltung des Darlehensvertrages zu gewährleisten. Dazu gehört auch, dass ein solcher Vertrag schriftlich abgeschlossen werden sollte.

Weitere Voraussetzung für die steuerliche Anerkennung eines Gesellschafterdarlehens ist die tatsächliche Durchführung. Das bedeutet, dass der Vertrag sowie schriftlich niedergelegt auch „gelebt" werden muss. Insbesondere muss die Gesellschaft die vereinbarten Zinszahlungen leisten.

Grundsätzlich ist der Zinsertrag beim Darlehensgeber nach § 32d Abs. 1 EStG mit der Abgeltungssteuer von 25 % zu besteuern. Das gilt nach § 32d Abs. 2 EStG nicht, wenn der Darlehensgeber eine nahestehende Person ist. Dabei reicht es nach Ansicht des Bundesfinanzhofes nicht aus, dass es sich um eine „nahestehende Person"

IV. Gesellschafterdarlehen

im Sinne des § 15 AO handelt. Der Bundesfinanzhof fordert vielmehr einen beherrschenden Einfluss auf den Darlehensgeber. Dies kann bei verwandtschaftlichen Beziehungen im Regelfall nicht angenommen werden.

Finanzierung durch Gesellschafterdarlehen

Frau F ist alleinige Gesellschafterin der X-GmbH. Ihr Ehemann M gewährt der Gesellschaft ein Darlehen über EUR 100.000,– zu einem (als fremdüblich unterstellten) Zinssatz von 4 % p.a. Durch den Zinsaufwand mindert sich das körperschaftsteuerpflichtige Einkommen der X-GmbH um EUR 4.000,–. Gleichzeitig erzielt M Einkünfte von EUR 4.000,–, die der Abgeltungssteuer unterliegen.

Ob diese Konstruktion steuerlich „interessant" ist, hängt davon ab, wie die Einkommensverhältnisse der Eheleute M und F insgesamt aussehen. Ein Steuervorteil ergibt sich dann, wenn das gemeinsame zu versteuernde Einkommen den Spitzensteuersatz erreicht (also als „Daumenwert" mehr als EUR 120.000,– p.a.) beträgt.

Damit kann die Finanzierung des Unternehmens durch Darlehen von Angehörigen eine steuerrechtlich interessante Gestaltung darstellen.

4. Rangrücktritt

Im Krisenfall werden Gesellschafterdarlehen oft mit einer Rangrücktrittsvereinbarung versehen, um eine insolvenzrechtliche Überschuldung zu vermeiden. Gleichwohl kann eine solche Vereinbarung auch bereits bei Abschluss eines Darlehensvertrages geschlossen werden. Auch ein Darlehen eines Dritten kann mit einem Rangrücktritt versehen werden.

Eine Rangrücktrittsvereinbarung stellt einen Vertrag über eine Änderung des Schuldverhältnisses dar. Da diese Änderung auch zu Gunsten der Gläubiger wirkt, kann eine solche Vereinbarung nicht mehr durch eine Vereinbarung zwischen Schuldner und Gläubiger der Forderung aufgehoben werden. Werden auf eine solche Forderung nach Eintritt der Insolvenzreife Zahlungen geleistet, so erfolgt die Zahlung ohne Rechtsgrund. Damit kann der Schuldner diese nach den Bestimmungen des Bereicherungsrecht (§§ 812 ff. BGB) zurückfordern. Im Falle der Insolvenz kann der Insolvenzverwalter die Zahlungen nach § 134 InsO als unentgeltliche Leistungen anfechten (BGH, Urteil vom 5.3.2015 – IX ZR 133/14).

Dieser Rangrücktritt sollte so ausgestaltet sein, dass ertragsteuerlich weiterhin eine Verbindlichkeit besteht (vgl. dazu BFH, Urteil vom 15.4.2015 – I R 44/14).

Formulierungsvorschlag Rangrücktrittsvereinbarung

Rangrücktrittsvereinbarung

zwischen Herrn/Frau (...)

– nachfolgend „Darlehensgeber"

und

der (...) GmbH

– nachfolgend „Darlehensnehmer"

Präambel

Der Darlehensgeber ist Gesellschafter der Gesellschaft mit Sitz in (...), eingetragen im Handelsregister des Amtsgerichts (...) unter der HRB-Nr.: (...).

Mit Darlehensvertrag vom (...) hat der Darlehensgeber der Gesellschaft ein Darlehen i.H.v. EUR (...), verzinslich mit (...) Prozent Zinsen p.a. gewährt. Der Darlehensvertrag ist dieser Vereinbarung als Anlage beigefügt.

Die Vereinbarung des Rangrücktritts dient dem Zweck, eine insolvenzrechtliche Überschuldung zu vermeiden, indem das vorgenannte Darlehen in einem Überschuldungsstatus nicht mehr zu passivieren ist.

§ 1 Rangrücktritt

Der Darlehensgeber tritt hiermit mit sämtlichen Ansprüchen aus den § 1 genannten Darlehen gemäß § 19 Abs. 2 S. 2 InsO im Rang hinter sämtliche gegenwärtigen und zukünftigen Forderungen anderer Gläubiger in der Weise zurück, dass Tilgung, Verzinsung und Kosten des Darlehens nur nachrangig nach allen anderen Gläubigern im Rang des § 39 Abs. 1 Nr. 1 bis 5 InsO, also im Rang des § 39 Abs. 2 InsO aus sonstigen freien Vermögen, künftigen Jahresüberschüssen oder aus einem Liquidationsüberschuss verlangt werden können.

IV. Gesellschafterdarlehen

Der vorstehende Rangrücktritt erfasst ausdrücklich auch die aus den mit Rangrücktritt versehenen Forderungen resultierenden Zinsen, sonstigen Nebenforderungen und Kosten.

Mit Forderungen anderer Gläubiger, hinsichtlich derer ein Abs. 1. entsprechender Rangrücktritt erklärt wurde, besteht Gleichrang. Der Rangrücktritt erfolgt jedoch im Range vor die Einlagerückgewähransprüchen der Gesellschafter im Sinne des § 199 S. 2 InsO

Im einem Insolvenzverfahren über das Vermögen der Schuldnerin darf die Gläubigerin ihre nachrangigen Forderungen nur entsprechend der vereinbarten Rangstelle anmelden und Befriedigung erst verlangen, wenn die Forderungen aller vorrangigen Gläubiger vollständig beglichen sind.

§ 2 Zahlungsverbot

Darlehensrückzahlungen und Zinszahlungen dürfen nicht erfolgen, wenn der Darlehensnehmer zahlungsunfähig oder überschuldet ist oder durch die Zahlung eine Zahlungsunfähigkeit oder Überschuldung eintreten würde.

§ 3 Wirkung zugunsten Dritter

Diese Rangrücktrittsvereinbarung stellt einen Vertrag zugunsten der Gläubigergemeinschaft im Sinne des § 328 BGB dar. Eine Aufhebung oder Änderung dieser Vereinbarung ist nur mit Zustimmung sämtlicher Gläubiger des Darlehensnehmers zulässig, solange der Darlehensnehmer zahlungsunfähig oder überschuldet ist oder eine Zahlungsunfähigkeit droht.

§ 4 Kein Verzicht

Der Darlehensgeber erklärt hierdurch weder eine Stundung noch einen Verzicht auf Rückzahlung des Darlehens.

§ 5 Gerichtstand, Salvatorische Klausel

Ort, Datum, Unterschriften

Für ein mit einem Rangrücktritt versehenes Darlehen kann darf dem Darlehensgeber keine Sicherheit aus dem Vermögen der Gesellschaft gewährt werden. Wird der Rangrücktritt erst nachträglich vereinbart, sind daher eventuell bestehende Sicherheiten aufzuheben.

> **Erforderlichkeit eines schlüssigen Sanierungskonzepts**
> Im Ergebnis sollten sich alle Beteiligten einer Rangrücktrittsvereinbarung vor deren Abschluss eingehend über die Folgen beraten lassen. In keinem Fall sollten sich Gesellschaft und Gesellschafter damit begnügen eine solche Vereinbarung bei Gelegenheit des Jahresabschlusses zur Vermeidung einer Überschuldung durch den Steuerberater der Gesellschaft erstellen zu lassen. Vielmehr ist die Erstellung und schriftliche Dokumentation eines schlüssigen Sanierungskonzeptes erforderlich.

V. Mitarbeiterbeteiligungen

Die Finanzierung des Unternehmens kann auch unter Einbeziehung von Modellen der Mitarbeiterbeteiligung erfolgen. Hier stehen allerdings meist eher personalpolitische Erwägungen (wie z.B. die Bindung der Arbeitnehmer an das Unternehmen) im Vordergrund. Neben einer Beteiligung des Mitarbeiters am Stammkapital der Gesellschaft kommen auch Finanzierungsformen ohne direkte Kapitalbeteiligung in Betracht. Zu denken ist hier an Stille Gesellschaft, Mitarbeiterdarlehen und Genussrechte.

Dabei ist zunächst zu entscheiden, ob der Mitarbeiter direkt am Unternehmen beteiligt werden soll. Eine Beteiligung ist dann entweder als unmittelbare Beteiligung am Stammkapital des Unternehmens oder über eine sogenannte Mitarbeitergesellschaft möglich. Ferner können auch Anwartschaftsrechte auf solche Beteiligungen eingeräumt werden. Die Möglichkeit, dem Mitarbeiter seine Beteiligung im Falle des Ausscheidens wieder zu entziehen, kann wirksam sowohl in der Satzung als auch schuldrechtlich (durch einen gesonderten Vertrag) vereinbart werden.

> **Eignung von Mitarbeitern für eine Beteiligung**
> Grundsätzlich sollte immer kritisch geprüft werden, ob eine Beteiligung am Unternehmen wirklich gewollt ist. Sinnvoll ist eine direkte Beteiligung dann, wenn perspektivisch eine Übernahme des Unternehmens geplant ist und der Mitarbeiter dauerhaft in der Gesellschafterstellung verbleiben soll. Als „Incentives" sind Beteiligungen an einer GmbH (anders als Belegschaftsaktien bei einer AG) regelmäßig nicht geeignet. In solchen Fällen sollte eher über eine erfolgsbezogene Komponente der Vergütung im Arbeitsvertrag nachgedacht werden.

VI. Stille Gesellschaft

Die Stille Gesellschaft ist geregelt in den §§ 230 ff. HGB. Nach § 230 Abs. 1 HGB leistet ein stiller Gesellschafter eine Einlage in das Vermögen des Kaufmannes und beteiligt sich dadurch an dessen Handelsgewerbe.

Der Inhaber des Handelsgewerbes ist im Falle einer GmbH die Gesellschaft als juristische Person. Die Ausgestaltung einer Stillen Gesellschaft ist in sehr verschiedenen Formen möglich: So kann der stille Gesellschafter eine feste Mindestverzinsung seiner Einlage erhalten oder nicht. Ferner ist zu entscheiden, ob der stille Gesellschafter auch an den Verlusten der Gesellschaft (sog. atypische Stille Gesellschaft) beteiligt sein soll.

Sehr umstritten ist die Frage, ob es sich bei einer Stillen Gesellschaft um einen Teilgewinnabführungsvertrag handelt, auf den § 294 AktG analog anzuwenden ist. Diese Anwendung würde dazu führen, dass der Vertrag notariell zu beurkunden und in das Handelsregister einzutragen ist. Das würde zu einer Publizität führen, die bei einer „Stillen" Gesellschaft gerade nicht gewollt ist.

Die Abgrenzung der Stillen Gesellschaft zu anderen Finanzierungsformen kann im Einzelfall schwierig sein. Auf Elemente der Stillen Gesellschaft wird im Rahmen des zum Beispiel Crowd Investing zurückgegriffen. Dabei werden Start-up-Unternehmen über Einlagen von einer Vielzahl von Investoren finanziert. Rechtlich ist diese Finanzierung als Darlehensvertrag mit Elementen der Stillen Gesellschaft ausgestaltet. Die Zulässigkeit solcher Finanzierungsmodelle sollte in jedem Falle zuvor mit der Bundesanstalt für Finanzdienstleistungsaufsicht (BAFin) abgeklärt werden.

9. Kapitel

Liquidation

I. Grundlagen

Die GmbH besteht grundsätzlich unbefristet. Befristete Gesellschaftsverträge sind in der Praxis selten. Sie kann auch nicht einfach „vom Markt genommen" werden. Vielmehr „endet" eine GmbH nur mit ihrer Auflösung.

In § 60 GmbHG sind zunächst die Gründe für die Auflösung einer Gesellschaft genannt:

- Zeitablauf
- Gesellschafterbeschluss
- Gerichtliches Urteil oder Entscheidung einer Verwaltungsbehörde
- Eröffnung des Insolvenzverfahrens
- Ablehnung der Eröffnung des Insolvenzverfahrens mangels Masse
- Löschung wegen fehlerhaftem Gesellschaftsvertrag (§ 399 FamFG)
- Vermögenslosigkeit (§ 394 FamFG)

Dem Zeitablauf kommt keine nennenswerte praktische Bedeutung zu. Auch eine Auflösung durch Urteil ist sehr selten. Gleiches gilt für den fehlerhaften Gesellschaftsvertrag.

In der Praxis bleiben daher als Gründe für die Beendigung einer GmbH die Liquidation, die Löschung wegen Vermögenslosigkeit oder die Insolvenz übrig. Ein Insolvenzverfahren ist einzuleiten, wenn die Gesellschaft in eine wirtschaftliche Krise gerät und ihren Verbindlichkeiten nicht mehr im vollen Umfang nachkommen kann (vgl. dazu 10. Kapitel, S. 233 ff.).

Wenn aber die Gesellschafter beschließen, die Gesellschaft „aus eigenem Antrieb" zu beenden, so ist dafür grundsätzlich das Liquidationsverfahren zur Abwicklung vorgesehen (III.). In seltenen Einzelfällen kann eine Liquidation vermieden werden, wenn eine Löschung wegen Vermögenslosigkeit in Betracht kommt (II.).

II. Löschung wegen Vermögenslosigkeit

Im Falle der Vermögenslosigkeit kann beim Registergericht nach § 394 FamFG die Löschung der Gesellschaft beantragt werden.

Die Löschung kann durch formlosen Antrag bei dem Registergericht erreicht werden.

Formulierungsbeispiel Löschungsantrag

In der Registersache

<u>XXX UG (haftungsbeschränkt)</u>

HRB XXX

regen wir namens und in Vollmacht der alleinigen Gesellschafterin, Frau XXX, die

Löschung der Gesellschaft wegen Vermögenslosigkeit

von Amts wegen gem. § 394 FamFG

an.

Der Antrag der Gesellschaft auf Eröffnung des Insolvenzverfahrens ist gemäß Beschluss des Amtsgerichts XXX vom XXX (Az. ...) mangels Masse zurückgewiesen worden. Die Gesellschaft verfügt über keinerlei Vermögenswerte. Die Gesellschaft ist daher von Amts wegen aus dem Register zu löschen.

Für eventuelle Rückfragen stehen wir gern zur Verfügung.

XXX

Rechtsanwalt

Zu beachten ist dabei, dass diese Vorgehensweise nur dann in Betracht kommt, wenn die Gesellschaft nachweislich über kein Vermögen und keine Verbindlichkeiten mehr verfügt. Abzustimmen ist das Vorgehen auch mit dem für die Gesellschaft zuständigen Finanzamt. Hier muss geklärt werden, ob noch Steueransprüche gegen die Gesellschaft bestehen.

III. Liquidationsverfahren

Das Liquidationsverfahren ist das für die Beendigung der Gesellschaft außerhalb der Insolvenz im Gesetz vorgesehene Verfahren. Die Liquidation kann von den Gesellschaftern jederzeit beschlossen werden, wenn sie die Gesellschaft nicht weiter betreiben wollen.

> **Entscheidung für eine Liquidation**
> A und B sind Gesellschafter der X-GmbH, die eine Werbeagentur betreibt. Beide haben das Rentenalter erreicht und finden für ihr Unternehmen keine Nachfolger. Daher beschließen sie, die Gesellschaft zu liquidieren.

Die Liquidation ist in den § 60 ff. GmbHG geregelt. Grundsätzlich müssen im Rahmen des Liquidationsverfahrens alle Verbindlichkeiten der Gesellschaft beglichen werden.

Ist eine Gesellschaft rechtskräftig zur Löschung der Firma verurteilt, so kann der Gläubiger bei dem zuständigen Registergericht mit dem rechtskräftigen Urteil die Löschung der Firma erreichen. Er muss nicht noch zusätzlich einen satzungsändernden Gesellschafterbeschluss zur Durchsetzung erreichen.

1. Ablauf der Liquidation

Das Liquidationsverfahren läuft in mehreren Schritten ab:

1. Auflösung der Gesellschaft

2. Auseinandersetzung

3. Beendigung der GmbH und Löschung aus dem Handelsregister

a) Auflösung der Gesellschaft

Die Liquidation beginnt in der Regel mit einem Beschluss der Gesellschafter. Dieser Bedarf einer Mehrheit von 75 % der Stimmen. In manchen Fällen sieht auch die Satzung einen Eintritt in die Liquidation bei Ausscheiden eines Gesellschafters vor. In diesen Fällen kommt es automatisch zur Einleitung des Liquidationsverfahrens, wenn die Gesellschafter nicht eine Fortsetzung der Gesellschaft beschließen.

Mit dem Eintritt in die Liquidation ist die Gesellschaft aufgelöst. Gleichzeitig ändert sich der Zweck der Gesellschaft: Die „werbende" Gesellschaft endet. Der Unternehmenszweck ist von jetzt an auf die Abwicklung gerichtet.

Folgende Aspekte müssen in dem Beschluss geregelt werden:

- Zeitpunkt des Beginns der Liquidation
- Benennung des Liquidators
- Vertretungsbefugnis
- Regelung über die Verwahrung der Unterlagen der Gesellschaft nach Abschluss der Liquidation

Formulierungsbeispiel Liquidationsbeschluss

Niederschrift über die Gesellschafterversammlung der

XXX Immobiliengesellschaft mbH

vom XXX

Ich, der unterzeichnete alleinige Gesellschafter der XXX Immobiliengesellschaft mbH, halte hiermit unter Verzicht auf alle Formen und Fristen der Einberufung und Ankündigung eine außerordentliche Gesellschafterversammlung ab und beschließe einstimmig:

Die Gesellschaft wird mit Wirkung zum Ablauf des XXX aufgelöst.

Herr XXX ist nicht mehr Geschäftsführer.

Herr XXX wird zum alleinigen Liquidator bestellt.

Herr XXX vertritt die Gesellschaft allein, solange er alleiniger Liquidator ist. Ansonsten vertritt er die Gesellschaft gemeinsam mit einem anderen Liquidator.

Die Bücher und Schriften der Gesellschaft werden nach Beendigung der Liquidation in den Geschäftsräumen der XXX Steuerberatungsgesellschaft verwahrt. Die vorgenannte Gesellschaft ist zur Verwahrung der Bücher und Schriften der Gesellschaft bereit.

III. Liquidationsverfahren

> Hiermit ist die Gesellschafterversammlung beendet.
>
> Hannover, den XXX
>
> (XXX)

Zeitpunkt der Liquidation

Der Zeitpunkt des Beginns der Liquidation ist im Beschluss festzulegen. Nach § 71 GmbHG ist auf diesen Zeitpunkt eine Liquidationseröffnungsbilanz zu erstellen. Ferner sind ab diesem Zeitpunkt im Jahresturnus Abschlüsse zu erstellen. In vielen Fällen wird daher der Beginn der Liquidation auf den Ablauf eines Kalenderjahres gelegt.

Benennung der Liquidatoren

Nach § 66 Abs. 1 GmbHG sind die Geschäftsführer die gekorenen Liquidatoren. Sie führen die Liquidation durch, wenn nicht die Gesellschafterversammlung andere Liquidatoren wählt.

Vertretungsbefugnis der Liquidatoren

Die Regelungen des Gesellschaftsvertrages einer GmbH über die Vertretung der Gesellschaft gelten nicht automatisch auch für die Liquidatoren. Hier kann die Vertretungsbefugnis durch einfachen Gesellschafterbeschluss grundsätzlich auch mit einfacher Mehrheit geregelt werden. Etwas anderes gilt nur dann, wenn der Gesellschaftsvertrag ausdrücklich eine Regelung zur Vertretungsbefugnis der Liquidatoren enthält.

Verwahrung der Bücher nach Abschluss

In dem Beschluss ist auch festzulegen, wo die Bücher der Gesellschaft nach dem Abschluss des Liquidationsverfahrens aufbewahrt werden. Hier gibt es keine besonderen gesetzlichen Anforderungen. Es bietet sich oft an, die Unterlagen entweder bei einem der Gesellschafter oder bei dem Steuerberater der Gesellschaft verwahren zu lassen.

b) Auseinandersetzung

Als nächster Schritt nach dem Eintritt in die Liquidation folgt die „eigentliche" Auseinandersetzung.

Die Liquidatoren müssen die Gläubiger der Gesellschaft auffordern, sich wegen ihrer Ansprüche bei der Gesellschaft zu melden. Dies geschieht durch entsprechende Mitteilung im elektronischen Bundesanzeiger (§ 65 Abs. 2 GmbHG). Eine solche Aufforderung ist auch dann zu erstellen, wenn die Gesellschaft keine (bekannten) Gläubiger hat. Dies geschieht in der Praxis stets im Zusammenhang mit dem Beschluss über die Liquidation.

Die Liquidatoren haben nach § 70 GmbHG die Aufgabe, die laufenden Geschäfte der Gesellschaft zu beenden, die Forderungen einzuziehen, die Verbindlichkeiten zu erfüllen und die Vermögenswerte der Gesellschaft in Geld umzusetzen.

Ferner müssen die Liquidatoren alle laufenden Verträge der Gesellschaft beenden. So sind zum Beispiel Arbeitsverträge, Mietverträge, Handelsvertreterverträge zu kündigen. Dabei gilt, dass allein der Umstand der Liquidation keinen wichtigen Grund zur Kündigung eines Vertrages darstellt. Bestehende Kündigungsfristen sind daher grundsätzlich zu beachten.

So ist bei einem Mietvertrag etwa die vereinbarte Kündigungsfrist einzuhalten, wenn keine Aufhebungsvereinbarung getroffen werden kann. Für Arbeitsverträge gelten ebenfalls die vertraglichen Vereinbarung beziehungsweise die in § 622 BGB vorgesehenen Fristen. Auf der anderen Seite haben Arbeitnehmer bei einer Einstellung des Betriebes grundsätzlich keinen Anspruch auf Zahlung einer Abfindung.

Wenn die Gesellschafter selbst noch Ansprüche aus Gesellschafterdarlehen haben, so kann es geboten sein, auf diese Ansprüche (gegebenenfalls auch teilweise) zu verzichten, wenn die Gesellschaft anderenfalls nicht allen Verbindlichkeiten nachkommen könnte. Stellt sich während der Liquidation heraus, dass eine vollständige Bedienung aller Verbindlichkeiten nicht möglich ist, sind die Liquidatoren verpflichtet, Insolvenzantrag zu stellen.

Der Liquidator einer Gesellschaft haftet für die Erfüllung steuerrechtlicher Pflichten der Gesellschaft. Das gilt auch dann, wenn der Liquidator einen Steuerberater beauftragt, da er verpflichtet ist, sich selbst mit den steuerrechtlichen Pflichten vertraut zu machen. Werden steuerliche Pflichten verletzt, so kann der Liquidator persönlich nach § 69 AO in Haftung genommen werden.

c) Beendigung und Löschung der GmbH

Wenn alle Vermögenswerte veräußert und alle Verbindlichkeiten beglichen sind, kann das restliche Geld an die Gesellschafter im Verhältnis ihrer Anteile ausgekehrt werden. Dies darf frühestens nach Ablauf eines Jahres ab der Aufforderung an die Gläubiger nach § 65 Abs. 2 GmbHG geschehen.

Ist die Gesellschaft dann vollständig abgewickelt kann sie nach § 74 Abs. 1 GmbHG aus dem Handelsregister gelöscht werden.

2. Steuerrechtliche Behandlung des Abwicklungserlöses

Die steuerrechtliche Behandlung einer Liquidation ist in § 11 KStG geregelt. Danach ist der im Rahmen der Abwicklung erzielte Gewinn zu versteuern. Dieser ist zu ermitteln, indem man das Vermögen am Beginn der Liquidation dem Vermögen am Ende der Liquidation gegenüberstellt.

Daher muss sowohl zum Beginn als auch zum Ende der Liquidation eine Bilanz erstellt werden. Das ist unproblematisch, wenn der Beginn der Liquidation ohnehin auf dem Ende eines Wirtschaftsjahres (im Regelfall des Kalenderjahres) liegt. Wird aber ein anderer (z.B. unterjähriger) Zeitpunkt für die Liquidation gewählt, so ist auf diesen Zeitpunkt die Bilanz zu erstellen.

Am Ende der Liquidation erfolgt die Auszahlung der Restbeträge an die Gesellschafter. Diese Auszahlung ist steuerlich als Ausschüttung zu behandeln. Der Zufluss ist daher aufzuteilen in Kapitalerträge und Kapitalrückzahlungen.

> **Beispiel steuerrechtliche Behandlung des Abwicklungserlöses**
>
> Die X-GmbH wird im Jahre 2001 mit einem Stammkapital von EUR 50.000,- durch Bargründung ohne Aufgeld gegründet. In den Jahren 2002 bis 2008 erzielt sie nach Steuern nicht ausgeschüttete Gewinne in Höhe von insgesamt EUR 450.000,-. Im Jahre 2009 erfolgt die Liquidation. Weitere Kosten fallen hier nicht an. Im Jahre 2010 erfolgt eine Auskehrung von EUR 500.000,- an die Gesellschafter.
>
> Bei dieser Zahlung handelt sich zu EUR 450.000,- um Erträge und zu EUR 50.000,- um die Rückzahlung von Kapital. Bei den Gesellschaftern sind also grundsätzlich EUR 450.000,- zu versteuern.

Für die steuerrechtliche Behandlung des Erlöses ist zunächst maßgeblich, welche Rechtsform der Anteilseigner hat:

1. Ist der Gesellschafter seinerseits wieder körperschaftsteuerpflichtig (z.B. eine GmbH oder eine AG), so bleibt der Liquidationsgewinn grundsätzlich nach § 8b Abs. 2 KStG steuerfrei. Der Gesellschafter muss allerdings 5 % des Betrages als nicht abzugsfähige Betriebsausgabe ansetzen

2. Hält der Veräußerer eine Beteiligung von mehr als 1 % im Privatvermögen (eine sog. „wesentliche" Beteiligung im Sinne des § 17 EStG), so unterliegt der Veräußerungsgewinn dem Teileinkünfteverfahren. Das bedeutet, dass 60 % des Veräußerungsgewinns steuerpflichtig sind.

Teileinkünfteverfahren

Unterstellt man im vorstehenden Beispiel, an der X-GmbH seien Herr A und die Y-GmbH zu je 50 % beteiligt, so ergibt sich folgendes Bild:

Jeder Gesellschafter erhält EUR 250.000,–. Davon sind (unter Abzug von je EUR 25.000,– Kapitalrückzahlung) bei jedem Gesellschafter EUR 225.000,– zu versteuern.

Bei A unterliegt dieser Betrag dem Teileinkünfteverfahren. Er muss also EUR 135.000,– (60 % von EUR 225.000,–) versteuern. Unterstellt man vereinfachend eine Steuerbelastung von 50 %, so muss A ca. EUR 67.500,– Steuern zahlen.

Bei der Y-GmbH bleibt der Ertrag von EUR 225.000,– grundsätzlich steuerfrei. Hier sind EUR 11.250,– (5 % von EUR 225.000,–) als nicht abzugsfähige Betriebsausgabe anzusetzen. Nur diesen Betrag hat die Y-GmbH zu versteuern. Unterstellt man vereinfachend einen Steuersatz von 30 %, so muss die EUR 3.375,– zahlen.

3. Fortsetzung der Gesellschaft

In manchen Fällen wollen die Gesellschafter das Unternehmen nach Eintritt in die Liquidation doch noch fortsetzen. Dies ist möglich. Dazu müssen die Gesellschafter einen sogenannten Fortsetzungsbeschluss fassen.

III. Liquidationsverfahren

Formulierungsbeispiel Fortsetzungsbeschluss

Niederschrift über die Gesellschafterversammlung der

XXX Immobiliengesellschaft mbH

vom XXX

Ich, der unterzeichnete alleinige Gesellschafter der XXX Immobiliengesellschaft mbH, halte hiermit unter Verzicht auf alle Formen und Fristen der Einberufung und Ankündigung eine außerordentliche Gesellschafterversammlung ab und beschließe einstimmig:

Die Liquidation ist beendet.

Die Gesellschaft wird als werbende Gesellschaft fortgesetzt.

Herr XXX ist nicht mehr Liquidator.

Herr YYY wird zum alleinigen Geschäftsführer bestellt.

Herr YYY vertritt die Gesellschaft allein, solange er alleiniger Geschäftsführer ist. Ansonsten vertritt er die Gesellschaft gemeinsam mit einem anderen Geschäftsführer.

Hiermit ist die Gesellschafterversammlung beendet.

Hannover, den XXX

(XXX)

Auch in der Liquidation einer GmbH kommen die von der Rechtsprechung entwickelten Grundsätze der wirtschaftlichen Neugründung zur Anwendung. Das bedeutet, dass Gesellschafter einer sich in einer Liquidation befindlichen Gesellschaft, die eine Fortsetzung der Gesellschaft nach Einstellung des Geschäftsbetriebes beschließen, die wirtschaftliche Neugründung gegenüber dem Registergericht offenlegen und die Einzahlung des Stammkapitals bewirken müssen, wenn dieses nicht mehr vorhanden ist.

Vermeidung von Haftungsrisiken

Im Falle eines Fortsetzungsbeschlusses sollten die Gesellschafter zu Vermeidung von Haftungsrisiken in jedem Fall anwaltliche Beratung in Anspruch nehmen.

10. Kapitel

Insolvenz

I. Grundlagen

Das Insolvenzrecht regelt den möglichen Marktaustritt von Unternehmen in einer Marktwirtschaft. Grundlage des Insolvenzrechts ist die Insolvenzordnung (InsO). Danach beginnt das Insolvenzverfahren mit der Stellung eines Antrages durch den Schuldner (also die GmbH selbst) oder durch einen Gläubiger (in der Praxis meist den Sozialversicherungsträger oder das Finanzamt).

Für die GmbH bestimmt § 15a GmbHG, dass der Geschäftsführer im Falle der Zahlungsunfähigkeit oder Überschuldung verpflichtet ist, einen Insolvenzantrag zu stellen. Dementsprechend muss der Geschäftsführer das Insolvenzrisiko seiner Gesellschaft stets prüfen und überwachen. Tut er dies nicht, droht ihm die Strafbarkeit und auch die persönliche Haftung.

Überwachung des Insolvenzrisikos
Der Geschäftsführer sollte sich klarmachen, dass sich bei den Begriffen der Zahlungsunfähigkeit (§ 17 InsO) und der Überschuldung (§ 19 InsO) einer GmbH um Rechtsbegriffe handelt. Wenn es also zu Zahlungsschwierigkeiten kommt oder auch wenn der Jahresabschluss einen nicht durch Eigenkapital gedeckten Fehlbetrag ausweist, ist fachkundige anwaltliche Beratung dringend geboten.

In der folgenden Darstellung werden zunächst die Insolvenzgründe erläutert (II.). Dann werden Fragen rund um die Stellung eines

Insolvenzantrages erörtert (III.). Der Ablauf eines Insolvenzverfahrens wird in Grundzügen dargestellt (IV.). Weiterhin werden die Voraussetzungen eines Insolvenzplanes (V.) und Sonderthemen (VI.) erörtert.

II. Insolvenzgrund

Als Insolvenzgründe kennt die Insolvenzordnung:

- Zahlungsunfähigkeit (§ 17 InsO)

- Überschuldung (§ 19 InsO)

- Drohende Zahlungsfähigkeit (§ 18 InsO)

Bei Vorliegen von Zahlungsunfähigkeit oder Überschuldung ist der Geschäftsführer der GmbH nach § 15a InsO zur Antragstellung verpflichtet. Die drohende Zahlungsunfähigkeit begründet dagegen nur ein Antragsrecht.

1. Zahlungsunfähigkeit

Zahlungsunfähigkeit liegt vor, wenn die GmbH nicht nur vorübergehend nicht mehr in der Lage ist, ihre laufenden finanziellen Verpflichtungen zu erfüllen. Dabei ist ausreichend, dass die Gesellschaft in etwa 10 % ihrer fälligen Verpflichtungen für einen Zeitraum von mehr als drei Wochen nicht erfüllen kann.

Um festzustellen, ob Zahlungsunfähigkeit vorliegt, sind also tagesaktuell die verfügbaren Mittel (vor allem Kontoguthaben) den fälligen Verbindlichkeiten gegenüber zu stellen. Somit kann die Gesellschaft also im insolvenzrechtlichen Sinne zahlungsunfähig sein, obwohl tatsächlich noch Zahlungen geleistet werden und Gelder auf dem Konto der Gesellschaft vorhanden sind.

In der Krisensituation sollte der Geschäftsführer einen Liquiditätsplan erstellen. Es obliegt dem Geschäftsführer, sich ständig über die Liquidität des Unternehmens zu informieren und die Zahlungsfähigkeit sicher zu stellen. Bei Engpässen müssen geeignete Maßnahmen getroffen werden. In Betracht kommt dabei vor allem die Aufnahme von Darlehen (z.B. auch als Gesellschafterdarlehen) oder die Vereinbarung von Stundungen.

Eine Stundungsvereinbarung schiebt die Fälligkeit einer Verbindlichkeit hinaus. Grundsätzlich bedarf die Vereinbarung einer Stundung keiner besonderen Form. Allerdings sollte der Geschäftsführer aus Gründen der Beweisbarkeit schriftliche Vereinbarung treffen. Dabei ist es ausreichend, wenn der Gläubiger eine mündlich getroffene Vereinbarung schriftlich bestätigt.

> **Kein Vertrauen auf das „Prinzip Hoffnung"**
> Kommt es bei einer GmbH zu Liquiditätsproblemen, so muss der Geschäftsführer sich diesen Themen aktiv stellen. Ein Vertrauen auf das „Prinzip Hoffnung" und ein „Vertrösten" von Gläubigern kann zu erheblichen Haftungskonsequenzen führen.

2. Überschuldung

Der Überschuldungsbegriff ist in § 19 InsO definiert. Zu unterscheiden ist die Überschuldung nach § 19 InsO von der Unterkapitalisierung und der bilanziellen Überschuldung. Die Insolvenzordnung hat insoweit einen eigenen Begriff der Überschuldung.

Die Unterkapitalisierung kennt das Gesellschafts- und Insolvenzrecht so nicht. Es handelt sich um eine betriebswirtschaftliche Begrifflichkeit, die beschreibt, dass es kaufmännisch erforderlich ist, ein Unternehmen mit ausreichend Eigenkapital auszustatten. Eine solche Verpflichtung besteht gesellschaftsrechtlich jedoch nicht, soweit die Rechtsprechung in der Vergangenheit auf den Begriff der Unterkapitalisierung Bezug genommen hat, ist dies spätestens seit 1.11.2008 mit dem Inkrafttreten des Gesetzes zur Modernisierung des GmbH-Recht (MoMiG) obsolet.

Eine bilanzielle Überschuldung liegt vor, wenn in der Bilanz zu einem bestimmten Stichtag ein „nicht durch Eigenkapital gedeckter Fehlbetrag" auftaucht. Entscheidend ist hier, dass beide Bewertungen nach handelsrechtlichen Grundsätzen erfolgen.

> **Zusammenhang handels- und insolvenzrechtliche Verschuldung**
> Aus einer handelsrechtlichen Überschuldung kann nicht ohne weiteres abgeleitet werden, dass das Unternehmen auch insolvenzrechtlich überschuldet ist. Gleichwohl handelt es sich hier um ein gravierendes Indiz. Spätestens bei dem Ausweis eines nicht durch Eigenkapital gedeckten Fehlbetrages sollte der Geschäftsführer eine Beratung zur Frage der Insolvenzantragspflicht in Anspruch nehmen.

Die insolvenzrechtliche Überschuldungsprüfung nach § 19 InsO erfolgt zweistufig:

- Bestehen einer positiven Fortbestehensprognose
- Vorliegen einer Überschuldung

a) Fortbestehensprognose

In einem ersten Schritt wird eine Fortbestehensprognose erstellt. Dabei handelt es sich um eine Prognose der Zahlungsfähigkeit für die kommenden 24 Monate. Es muss also eine Liquiditätsplanung für diesen Zeitraum erstellt werden. Dabei sind die erwarteten Einnahmen und Ausgaben gegenüber zu stellen. Einnahmen können aus Erträgen kommen, darüber hinaus sind aber auch nicht ertragswirksame Einnahmen, wie z.B. Zuschüsse der Gesellschafter denkbar. Damit wird deutlich, dass eine Liquiditätsplanung nicht einer Ertragsplanung entspricht. Natürlich ist in den meisten Fällen eine Ertragsplanung Grundlage für die Prognose der zu erwirtschaftenden Liquidität.

Ist diese Fortbestehensprognose positiv, scheidet eine insolvenzrechtliche Überschuldung aus. Auf eine mögliche bilanzielle Überschuldung kommt es dann nicht mehr an.

Es besteht keine rechtliche Verpflichtung, diese Prognose in einer bestimmten Form zu erstellen. Aus Beweisgründen liegt aber auf der Hand, dass der Geschäftsführer gut beraten ist, seine Prognose schriftlich darzulegen. Es muss sich um eine betriebswirtschaftlich vertretbare und auf nachvollziehbaren Annahmen beruhende Prognose handeln. Es reicht also nicht aus, wenn der Geschäftsführer die Prognose abgibt, der Umsatz werde sich steigern und die Kosten senken lassen. Es ist vielmehr darzulegen, auf welche (begründeten) Annahmen sich diese Prognosen stützen. Für die Erstellung und Prüfung solcher Prognosen hat das Institut der Wirtschaftsprüfer einen Berufsstandard entwickelt (IDW S 6).

> **Erstellung der Fortbestehensprognose**
> Im Zweifel sollte sich der Geschäftsführer bei der Erstellung einer Fortbestehensprognose fachkundig beraten lassen. Für die Prüfung von Sanierungskonzepten hat das Institut der Wirtschaftsprüfer einen Standard entwickelt. Sowohl bei der Erstellung als auch bei der Prüfung solcher Konzepte sollte also auf entsprechend spezialisierte Berater zurückgegriffen werden.

b) Rechnerische Überschuldung

Ist die Prognose negativ, ist weiter zu prüfen, ob eine rechnerische Überschuldung vorliegt. Dabei sind nicht die handelsrechtlichen Bewertungsgrundsätze anzuwenden. Vielmehr erfolgt die Bewertung zu Verkehrswerten unter dem Gesichtspunkt der Zerschlagungswerte.

Bei der Bewertung der Vermögensgegenstände ist also zu fragen, welcher Kaufpreis für diese aktuell kurzfristig am Markt realisiert werden könnte. Diesen Werten sind alle Verbindlichkeiten (auch die nicht fälligen) gegenüber zu stellen. Übersteigen bei dieser Betrachtung die Verbindlichkeiten die Vermögenswerte, so liegt Überschuldung vor.

Bei Darlehen ist zu beachten, dass diese nicht als Verbindlichkeiten zu berücksichtigen sind, wenn eine wirksame Rangrücktrittsvereinbarung geschlossen worden ist (vgl. 8. Kapitel, S. 217 ff.).

3. Drohende Zahlungsunfähigkeit

Eine drohende Zahlungsunfähigkeit liegt nach § 18 Abs. 2 InsO vor, wenn die Gesellschaft voraussichtlich nicht in der Lage sein wird, ihre Verbindlichkeiten zum Zeitpunkt der Fälligkeit zu erfüllen.

Die nur drohende Zahlungsunfähigkeit begründet für den Geschäftsführer keine Pflicht, sondern nur ein Recht, die Eröffnung eines Insolvenzverfahrens zu beantragen. Der Gesetzgeber möchte den Gesellschaften damit die Möglichkeit eröffnen, ein Insolvenzverfahren schon zu einem frühen Zeitpunkt zu beantragen. Damit sollen die Sanierungsmöglichkeiten durch das Verfahren besser genutzt werden.

> **Insolvenzantrag wegen drohender Zahlungsunfähigkeit in der Praxis**
> In der Praxis kommt ein „echter" Insolvenzantrag wegen nur drohender Zahlungsunfähigkeit eher selten vor. In den meisten Fällen werden Insolvenzanträge erst sehr spät (oft auch zu spät) gestellt.

III. Insolvenzantrag

Ein Insolvenzverfahren wird stets nur auf Antrag eingeleitet. Eine Einleitung von Amts wegen kommt nicht in Betracht. Antragsberechtigt sind Schuldner und jeder Gläubiger, die gesetzliche Grundlage findet sich in § 13 InsO. Im Regelfall erfolgt die Antragstellung durch den Schuldner. Gläubigeranträge werden in der Praxis insbesondere durch Sozialversicherungsträger und das Finanzamt gestellt, sonstige Gläubiger sind selten Antragsteller.

Der Insolvenzantrag ist bei dem Amtsgericht (Insolvenzgericht) zu stellen, in dessen Bezirk die Geschäftsleitung der Gesellschaft liegt. Im Regelfall ist das der Ort des in der Satzung angegebenen Sitzes. Nicht jedes Amtsgericht hat auch ein Insolvenzgericht. Hier sollte sich der Antragsteller über die Zuständigkeit informieren. Soll ein Insolvenzantrag gestellt werden, kann dafür ein entsprechendes Formular von der Homepage des jeweiligen Amtsgerichts heruntergeladen werden.

1. Antragsberechtigung beim Schuldner

Der Insolvenzantrag kann nach § 15 InsO von jedem Mitglied eines Vertretungsorgans oder jedem persönlich haftenden Gesellschafter gestellt werden. Damit kann zum Beispiel jeder Geschäftsführer einer GmbH einen Insolvenzantrag stellen, ohne dass es auf seine Vertretungsbefugnis ankommt. So kann auch ein gesamtvertretungsberechtigter Geschäftsführer, der die Gesellschaft sonst nur gemeinsam mit einem anderen Geschäftsführer vertreten kann, einen Insolvenzantrag alleine stellen. Das kann dann von Bedeutung sein, wenn bei mehreren Geschäftsführern keine Einigkeit darüber besteht, ob ein Insolvenzantrag gestellt werden soll oder nicht.

Ist ein Insolvenzantrag allerdings nicht durch sämtliche Mitglieder des Vertretungsorgans unterzeichnet, so muss der Insolvenzgrund nach § 15 Abs. 2 InsO glaubhaft gemacht werden. Eine Glaubhaftmachung erfolgt in der Praxis durch die Vorlage von Unterlagen (z.B. Bilanzen, BWA, Kontoauszüge etc.) sowie ergänzend durch die Abgabe von eidesstattlichen Versicherungen.

Rücksprache mit den Gesellschaftern
Ein Insolvenzantrag sollte allerdings nur nach Rücksprache mit den Gesellschaftern gestellt werden. Ansonsten könnte sich der Geschäftsführer dem Vorwurf aussetzen, die Gesellschafter durch eine verfrühte Antragstellung geschädigt zu haben.

Ist eine GmbH „führungslos", so geht die Insolvenzantragspflicht nach § 15 Abs. 3 InsO auf die Gesellschafter über. Die Führungslosigkeit tritt ein, wenn kein Geschäftsführer mehr vorhanden ist. Dies kann etwa geschehen, wenn der Geschäftsführer rechtskräftig wegen

III. Insolvenzantrag

Insolvenzverschleppung verurteilt wird und damit seine Amtsfähigkeit nach § 6 GmbHG verliert. Keine Führungslosigkeit in diesem Sinne liegt dagegen vor, wenn der Geschäftsführer vorhanden, aber nicht erreichbar ist.

2. Antragsberechtigung des Gläubigers

Gläubigeranträge werden meist von Sozialversicherungsträgern oder dem Finanzamt gestellt. Nach § 14 InsO hat der Gläubiger seine Forderung sowie den Insolvenzgrund glaubhaft zu machen. Diese Glaubhaftmachung erfolgt in der Regel dadurch, dass die Behörde den jeweiligen (bestandskräftigen) Bescheid sowie eine Dokumentation der (erfolglosen) Vollstreckungsversuche vorlegt.

Der Insolvenzantrag wird unzulässig, wenn die Forderung des Antragstellers (in der Praxis oft des Sozialversicherungsträgers) nach Stellung des Antrages erfüllt wird und das Arbeitsverhältnis des, bei dem Gläubiger versicherten, Arbeitnehmers gekündigt und die Betriebsstätte geschlossen wird. Zu beachten ist allerdings, dass die Sozialversicherung den Insolvenzantrag grundsätzlich nach § 14 Abs. 1 S. 2 InsO auch dann aufrechterhalten kann, wenn die Forderung beglichen worden ist.

> **Eigener Antrag des Geschäftsführers**
>
> Spätestens bei der Stellung eines Insolvenzantrages sollte der Geschäftsführer dringend Beratung zum weiteren Vorgehen in Anspruch nehmen. In vielen Fällen wird tatsächlich ein Insolvenzgrund gegeben sein, sodass der Geschäftsführer gehalten ist, seinerseits einen eigenen Antrag zu stellen.

Einem privaten Gläubiger wird es in der Praxis ohne Titel oft schwer fallen, seine Forderung glaubhaft zu machen. Bestreitet nämlich der Schuldner das Bestehen der Forderung, so wird das Insolvenzgericht die Eröffnung ablehnen und den Gläubiger auf die Klage vor dem ordentlichen Gericht verweisen. Gleichwohl kann auch eine nicht titulierte Forderung Grundlage eines Insolvenzantrages sein.

> **Vorzugswürdigkeit einer Einzelzwangsvollstreckung**
>
> Aus der Sicht eines „privaten" Gläubigers ist die Stellung eines Insolvenzantrages meist nicht attraktiv. Vielmehr sollten hier alle Möglichkeiten ausgeschöpft werden, um die Forderung durch eine Einzelzwangsvollstreckung zu realisieren.

IV. Ablauf eines Insolvenzverfahrens

Folge des Insolvenzverfahrens ist im Regelfall die Abwicklung der Gesellschaft. Die Abwicklung erfolgt durch Verwertung des gesamten Vermögens der GmbH. Hier kommt neben einer Verwertung der einzelnen Vermögensgegenstände auch die Übertragung des Unternehmens als Ganzes auf einen neuen Rechtsträger in Betracht (sog. Übertragende Sanierung). Das Insolvenzverfahren kann aber auch zur Sanierung des Unternehmens genutzt werden.

Nach der Stellung des Insolvenzantrages wird das Insolvenzgericht gewöhnlich zeitnah einen vorläufigen Insolvenzverwalter bestellen. Die Auswahl des Insolvenzverwalters obliegt grundsätzlich dem Gericht, der Antragsteller kann allerdings Vorschläge unterbreiten.

Der vorläufige Insolvenzverwalter hat zwei Aufgaben: Zum einen soll er ein Gutachten für das Gericht erstellen, um festzustellen, ob tatsächlich ein Insolvenzgrund (Zahlungsunfähigkeit oder Überschuldung) vorliegt und ob die Insolvenzmasse ausreicht, um zumindest die Kosten des Verfahren (also die Gerichtskosten und die Vergütung des Insolvenzverwalters) abzudecken. Darüber hinaus besteht die Aufgabe des Insolvenzverwalters darin, das Vermögen vor dem Zugriff der Gläubiger zu sichern.

Kommt das Gutachten zu dem Ergebnis, dass ein Insolvenzgrund gegeben und eine hinreichende Insolvenzmasse vorhanden ist, wird das Gericht das Insolvenzverfahren eröffnen. Dann wird im Regelfall der vorläufige Insolvenzverwalter auch als Insolvenzverwalter im eröffneten Verfahren bestellt. Ist keine ausreichende Insolvenzmasse vorhanden, wird die Verfahrenseröffnung „mangels Masse" abgelehnt.

Nach § 60 Abs. 1 Nr. 4 GmbHG wird eine GmbH durch die Eröffnung des Insolvenzverfahrens aufgelöst. Eine Fortsetzung der Gesellschaft ist nur möglich, wenn das Insolvenzverfahren auf Antrag des Schuldners eingestellt wird oder wenn ein Insolvenzplan durch Zustimmung der Gläubiger bestätigt wird. Wird das Insolvenzverfahren aber abgeschlossen und die Schlussverteilung durchgeführt, so können die Gesellschafter nicht mehr die Fortsetzung der Gesellschaft beschließen. Das gilt auch dann, wenn sämtliche Gläubiger der Gesellschaft vollständig befriedigt worden sind.

Für den Ablauf eines Insolvenzverfahrens bestehen grundsätzlich drei Möglichkeiten:

- Abwicklung und Verwertung
- Übertragende Sanierung
- Insolvenzplan

Welche dieser Varianten gewählt wird, entscheidet letztlich der Insolvenzverwalter in Zusammenarbeit mit dem Schuldner und den Gläubigern.

1. Abwicklung und Verwertung

Ziel des Insolvenzverfahrens ist grundsätzlich die gleichmäßige Befriedigung der Gläubiger. Stellt sich heraus, dass es für die Gesellschaft keine tragfähige Perspektive gibt, so hat der Insolvenzverwalter sämtliche Vermögenswerte der Gesellschaft zu veräußern, die Forderungen einzuziehen und die laufenden Verträge zu beenden.

Zu den einzuziehenden Forderungen gehören auch Ansprüche aus der sogenannten Insolvenzanfechtung (§§ 129 ff. InsO). Der Insolvenzverwalter hat ferner zu prüfen, ob Ansprüche gegen Gesellschafter oder Geschäftsführer (etwa § 43 Abs. 2 GmbHG) bestehen.

2. Übertragende Sanierung

Bei der sogenannten Übertragenden Sanierung erfolgt ebenfalls eine Verwertung der Vermögensgegenstände des Unternehmens. Die Besonderheit besteht hier aber darin, dass das Unternehmen also solches (ganz oder teilweise) auf einen neuen Rechtsträger (zum Beispiel eine neu gegründete GmbH) übertragen wird. Der Insolvenzverwalter wird also versuchen, den Betrieb der Gesellschaft als Ganzes an einen Dritten zu veräußern.

Diese Übertragung geschieht dadurch, dass der Insolvenzverwalter sämtliche Vermögensgegenstände, die zum Betrieb erforderlich sind im Rahmen eines sogenannten Asset Deals veräußert.

Erfolgt der Kauf des Unternehmens nicht auf „normalem" Weg zwischen Verkäufer und Käufer, sondern im Rahmen eines Insolvenzverfahrens, so ergibt sich eine Reihe von Besonderheiten. Unter anderem tritt als Verkäufer hier nicht ein Unternehmer, sondern der Insolvenzverwalter auf.

Der Kauf eines Unternehmens im Rahmen des Insolvenzverfahrens bietet aus Käufersicht die Chance ein Unternehmen deutlich unter seinem sonstigen Wert zu erwerben. Voraussetzung ist allerdings, dass es sich im Kern um ein entwicklungsfähiges Unternehmen handelt und die finanziellen Altlasten beim Insolvenzverwalter beziehungsweise bei den Gläubigern zurück gelassen werden können.

Der Verkauf erfolgt in der Regel im Rahmen eines eröffneten Insolvenzverfahrens. Besonderheiten ergeben sich hier in folgenden Bereichen:

- erforderliche Zustimmungserklärungen
- vorherige Sanierungsmaßnahmen durch den Verwalter
- Vertragsgestaltung
- Vertragsüberleitung

a) Erforderliche Zustimmungserklärung

Der Insolvenzverwalter hat bei besonders bedeutsamen Rechtshandlungen die Zustimmung des Gläubigerausschusses einzuholen (§ 160 InsO). Dies gilt auch für die Zustimmung zu einem Verkauf des Schuldnerunternehmens durch den Insolvenzverwalter.

Ist ein Gläubigerausschuss – wie in kleineren bis mittelgroßen Insolvenzverfahren üblich – nicht errichtet, so ist im Regelfall die Zustimmung der Gläubigerversammlung erforderlich. Dies gilt nach § 162 InsO in jedem Fall bei der Veräußerung eines Unternehmens oder eines Betriebs an einen Erwerber, der dem Insolvenzschuldner nach § 138 InsO nahe steht, beispielsweise an Ehepartner oder Kinder.

b) Vorherige Sanierungsmaßnahmen durch den Insolvenzverwalter

Gerade im Hinblick auf Personalveränderungen gibt die Insolvenzordnung dem Verwalter eine Reihe von Möglichkeiten bei der Sanierung des Unternehmens. Hier ist insbesondere auf § 125 InsO hinzuweisen. Danach gilt der Kündigungsschutz im Insolvenzverfahren nur eingeschränkt, sofern der Insolvenzverwalter mit dem Betriebsrat einen Interessenausgleich vereinbart, in dem die Arbeitnehmer, denen gekündigt werden soll, namentlich bezeichnet sind (Namensliste). In diesem Fall wird die betriebliche Veranlassung der Kündigung vermutet. Der Gesetzgeber hat damit die Möglichkeit geschaffen, Kündigungen noch vom Insolvenzverwalter durchführen zu lassen. So kann der Erwerber den Betrieb bereits mit reduziertem Personalbestand erwerben. Die Umsetzung solcher Konzepte erfordert jedoch eine frühzeitige Absprache zwischen Erwerber und Insolvenzverwalter sowie eine angemessene Einbeziehung des Betriebsrates des insolventen Unternehmens.

c) Vertragsgestaltung

Hinsichtlich der Vertragsgestaltung wird im Insolvenzverfahren nur ein Asset-Deal in Betracht kommen. Ansonsten unterliegt die Vertragsgestaltung keinen Besonderheiten. In der Praxis wird der Insolvenzverwalter jedoch nicht bereit sein, umfassende Gewährleistungen zu übernehmen, daher ist der Käufer gehalten, das zu erwerbende Unternehmen vor Abschluss des Kaufvertrages einer eingehenden Prüfung (Due Diligence) zu unterziehen.

d) Vertragsüberleitungen

Hinsichtlich der Vertragsüberleitungen ist das Wahlrecht des Insolvenzverwalters bezüglich der Vertragserfüllung (§ 103 ff. InsO) zu beachten. Aus Sicht des Erwerbers sollte darauf geachtet werden, dass übernommene Verträge möglicherweise im Hinblick auf die Insolvenz ein Sonderkündigungsrecht des Gläubigers vorsehen.

Zu beachten ist außerdem, dass die Vorschrift des § 613a BGB zum Betriebsübergang bei Arbeitsverhältnissen grundsätzlich auch in der Insolvenz gilt. Daher gehen in den meisten Fällen auch die Arbeitsverhältnisse des insolventen Unternehmens auf den Käufer über.

> **Unternehmenskauf im Insolvenzverfahren**
> Die Planung und Durchführung eines Unternehmenskaufs im Insolvenzverfahren sollte insbesondere von Seiten des Käufers nur unter Hinzuziehung geeigneter Berater vorgenommen werden.

3. Insolvenzplan

Bei einem Insolvenzplanverfahren (§§ 218 ff. InsO) wird die Gesellschaft nicht abgewickelt. Vielmehr wird ein Konzept entwickelt, wie man die GmbH sanieren kann. Dies geschieht meist durch Beiträge aller Beteiligten, wie etwa

- Die Gesellschafter stellen neues Kapital zur Verfügung.

- Die Banken und Lieferanten verzichten auf einen Teil ihrer Forderungen.
- Die Arbeitnehmer verzichten auf einen Teil ihrer Gehaltsansprüche.

Alle diese Beiträge zur Sanierung der Gesellschaft werden in einem „Plan" geregelt. Dieser Plan wird verbindlich, wenn eine Mehrheit der Gläubiger diesem Vorgehen zustimmt. Das Abstimmungsverfahren ist in der InsO im Einzelnen geregelt.

Ein Insolvenzplan kann auch gegen den Willen der Anteilsinhaber oder einzelner Gesellschafter durchgeführt werden. Das gilt allerdings nicht, wenn sich die Gesellschafter an der Sanierung beteiligen sollen.

Erstellung des Insolvenzplanes

Die Erstellung eines Insolvenzplanes ist – selbst bei relativ kleinen Unternehmen – äußerst komplex. Wenn eine Sanierung auf diesem Wege angestrebt wird, so ist in jedem Fall eine rechtzeitige Beratung erforderlich. Bei einer Beratung erst nach Eintritt der Insolvenz ist es in vielen Fällen zu spät.

V. Eigenverwaltung

Die Insolvenzordnung sieht in den § 270 ff. InsO die Möglichkeit der Eigenverwaltung vor. Im Eigenverwaltungsverfahren kann der Schuldner das Unternehmen grundsätzlich weiterführen. Ihm wird ein Sachwalter als „Kontrolleur" zur Seite gestellt.

Dass diese Variante der Durchführung eines Insolvenzverfahrens in der Praxis nur im Ausnahmefall in Betracht kommt, liegt auf der Hand. In den meisten Fällen kann man unterstellen, dass die Krise des Unternehmens zumindest teilweise auf eine nicht erfolgreiche Führung in der Vergangenheit zurückzuführen ist. Daher sollte die aktuelle Geschäftsführung gerade nicht mit der weiteren Führung der Geschäfte beauftragt werden.

Rechtlich setzt eine Eigenverwaltung voraus, dass diese von der Gesellschaft beantragt wird und dass keine Umstände bekannt sind, die erwarten lassen, dass die Anordnung zu Nachteilen für die Gläubiger führen wird (§ 270 Abs. 2 InsO).

Das Eigenverwaltungsverfahren setzt voraus, dass die Gesellschaft zum Zeitpunkt der Antragstellung noch nicht zahlungsunfähig im insolvenzrechtlichen Sinne ist. Ferner muss eine realistische Aussicht auf eine erfolgreiche Sanierung bestehen. Diese Erfolgsaussichten sind durch eine Bescheinigung eines qualifizierten Wirtschaftsprüfers, Steuerberaters oder Rechtsanwalts nachzuweisen (§ 270b InsO). Ferner muss die Aussicht bestehen, ein Insolvenzplanverfahren erfolgreich durchführen zu können.

Diese Voraussetzungen sind in der Praxis nur sehr selten gegeben. Grundvoraussetzung für eine Sanierung im Rahmen einer Eigenverwaltung ist, dass die Geschäftsführung bereits sehr frühzeitig solche Maßnahmen (meist unter Einschaltung geeigneter Berater) einleitet. In vielen Fällen wird auch ein Insolvenzspezialist im Vorfeld der Antragstellung in die Geschäftsführung berufen.

> **Erfolgsaussichten von Eigenverwaltungsverfahren**
> Eigenverwaltungsverfahren sind äußerst komplex und nur sehr selten erfolgreich. Die Geschäftsführung muss eine Sanierung auf diesem Wege durch gute Planung vorbereiten. Eine Beantragung einer Eigenverwaltung als letztem Ausweg ist nicht erfolgversprechend.

VI. Sonderthemen

1. Unberechtigte Stellung eines Insolvenzantrages

In manchen Fällen wird der Vorwurf erhoben, der Geschäftsführer habe den Insolvenzantrag zu Unrecht gestellt und dadurch einen Schaden verursacht. Dieser Vorwurf kann vor allem von Gesellschaftern kommen, die „ihrem" Geschäftsführer vorwerfen „vorschnell" gehandelt zu haben. Ferner kann sich der Vorwurf der Gesellschafter gegen Gläubiger richten, die ihrerseits einen Insolvenzantrag gegen die Gesellschaft gestellt haben.

Solche Ansprüche sind nur sehr selten begründet. Grundsätzlich ist die Stellung eines Insolvenzantrages erlaubt. Es handelt sich um die Ausübung eines Verfahrensrechts, welches jedem Beteiligten zusteht. Wenn der Schuldner, also die GmbH, den Antrag für unberechtigt hält, so muss sie (vertreten durch ihre Geschäftsführung) dem Antrag im Rahmen des Verfahren entgegentreten und darlegen, warum der Antrag unbegründet ist.

Ein Schadensersatzanspruch wegen der unberechtigten Stellung eines Insolvenzantrages kann lediglich auf § 826 BGB gestützt werden. Danach besteht ein Schadensersatzanspruch im Falle einer vorsätzlichen sittenwidrigen Schädigung. Der Schadensersatzanspruch setzt also voraus, dass der Antragsteller positiv weiß, dass der Antrag unbegründet ist und er die Gesellschafter oder die Gesellschaft dadurch schädigen will. Diese Voraussetzungen sind nur sehr selten gegeben und noch seltener zu beweisen.

2. Richtiges Verhalten des Geschäftsführers in der Krise

Die vorstehenden Ausführungen zeigen, dass eine wirtschaftliche Krise der Gesellschaft für den Geschäftsführer eine ganze Reihe von Haftungsrisiken birgt. Damit stellt sich die Frage, was der Geschäftsführer tun muss, wenn er eine Krise des Unternehmens bemerkt.

Zunächst muss sich der Geschäftsführer Gedanken über ein Sanierungskonzept machen. Das ist zunächst eine betriebswirtschaftliche Aufgabe. Dieses Konzept sollte schriftlich ausgearbeitet werden, wobei alle möglichen Maßnahmen zur Sanierung mit ihren kurz-, mittel- und langfristigen Auswirkungen dargestellt werden sollten.

Ferner sollte sich der Geschäftsführer über das Bestehen einer möglichen Insolvenzantragspflicht rechtlich beraten lassen.

Bevor ein Insolvenzantrag gestellt wird, sollte der Geschäftsführer in jedem Fall eine Gesellschafterversammlung einberufen. Dabei sollte bereits bei der Einladung eingehend auf den Gegenstand der Versammlung und die (angespannte) wirtschaftliche Situation der Gesellschaft hingewiesen werden.

In dieser Versammlung sollten die Möglichkeiten des weiteren Vorgehens erörtert werden. Insbesondere sollte ein mögliches Sanierungskonzept dargestellt werden. Die Gesellschafter sollten ferner auf eine unter Umständen bestehende Insolvenzantragspflicht hingewiesen werden. Wichtig ist dabei, dass sich der Geschäftsführer im Zweifel auch gegen Mitgeschäftsführer und Gesellschafter durchsetzen muss, wenn es um die Stellung eines Insolvenzantrages geht.

Kommt es zu keiner Einigung über das weitere Vorgehen, sollte der Geschäftsführer eine Amtsniederlegung erwägen. Ein solcher Schritt entbindet allerdings nicht von möglichen Strafbarkeit einer Insolvenzverschleppung, wenn die Insolvenzantragspflicht zum Zeitpunkt der Niederlegung bereits besteht.

Zuletzt sollte der Geschäftsführer stets auf eine angemessene Versicherung des Risikos seiner Tätigkeit im Rahmen einer D & O Versicherung achten. Werden im Zusammenhang mit der Insolvenz Ansprüche gegen den Geschäftsführer geltend gemacht, so sind diese unverzüglich bei der Versicherung zu melden.

Verhalten des Geschäftsführers in der Krise

☐ *Sanierungschancen prüfen*

☐ *Gesellschafterversammlung einberufen und Sanierungsvorschläge präsentieren und diskutieren*

☐ *Insolvenzantragspflicht prüfen (ggf. Beratung einholen)*

☐ *Möglichkeit einer Amtsniederlegung prüfen*

11. Kapitel

Steuerrecht

I. Grundlagen

Rund um die GmbH gibt es eine Vielzahl von steuerrechtlichen Fragestellungen. Auf einige steuerrechtliche Aspekte wurde bereits im Zusammenhang mit den jeweiligen vorstehenden Kapiteln eingegangen. Daher sollen in diesem Kapitel einige grundsätzliche Aspekte der Besteuerung der GmbH und ihrer Gesellschafter erläutert werden.

Die Steuerpflicht einer GmbH beginnt mit dem formgültigen Abschluss des Gesellschaftsvertrages. Das ist der Fall, wenn die Gesellschafter die Gesellschaft durch notarielle Urkunde (Gesellschaftsvertrag) errichtet haben. Also sind grundsätzlich auch die Einkünfte der Vor-GmbH der später eingetragenen GmbH zuzurechnen. Etwas anderes gilt nur dann, wenn es nicht zur Eintragung kommt, dann ist sind die Ergebnisse den einzelnen Gesellschaftern als Mitunternehmer zuzurechnen. Die Steuerpflicht endet mit dem wirksamen Abschluss der Liquidation.

Grundsätzlich unterliegt die GmbH der handelsrechtlichen Buchführungspflicht. Es ist daher eine wichtige Aufgabe des Geschäftsführers, für eine korrekte Buchführung der Gesellschaft zu sorgen. Das bedeutet nicht, dass der Geschäftsführer diese Aufgabe selbst erledigen muss. Er kann sie intern (durch ein eigenes Rechnungswesen) oder extern (durch einen Steuerberater) erledigen lassen. Der Geschäftsführer ist aber verpflichtet, die Arbeiten zu überwachen.

Steuerrechtlich ist bei der GmbH die Ebene der Gesellschaft streng von der Ebene der Gesellschafter zu trennen. Die Gesellschaft zahlt als juristische Person auf ihr Einkommen Körperschaftsteuer und Gewerbesteuer (II.). Ferner ist die GmbH in den meisten Fällen Unternehmerin und als solche umsatzsteuerpflichtig (III.).

Ferner ist die Besteuerung der Gesellschaft selbst stets im Zusammenhang mit der Besteuerung der Einkünfte der Gesellschafter zu sehen (IV.).

II. Körperschaftsteuer / Gewerbesteuer der Gesellschaft

1. Ermittlung des zu versteuernden Einkommens

a) Grundlagen

Die Ermittlung des Einkommens der Gesellschaft erfolgt nach den Bestimmungen der Körperschaftsteuergesetzes (KStG). Nach § 8 Abs. 1 KStG gelten ergänzend die Vorschriften des Einkommensteuerrechts. Die Ermittlung des Einkommens erfolgt durch einen Betriebsvermögensvergleich (§ 4 Abs. 1 EStG). Dabei wird das Vermögen am Ende eines Veranlagungszeitraumes mit dem Vermögen zu Beginn verglichen. Der entsprechende Zugewinn an Vermögen unterliegt dann der Besteuerung.

Eine entsprechende Vermögensminderung ist ein Verlust, der – zumindest nach Maßgabe des § 10d Abs. 1 EStG – steuerlich geltend gemacht werden kann. Dies geschieht durch Verrechnung mit Gewinnen in der Vergangenheit (Verlustrücktrag) oder der Zukunft (Verlustvortrag).

Die GmbH hat also einen Jahresabschluss nach den Vorschriften des Einkommensteuerrechts (§ 4 Abs. 1 EStG) zu erstellen.

Neben der Körperschaftsteuer unterliegt das Einkommen einer GmbH auch der Gewerbesteuer. Die GmbH ist kraft Rechtsform gewerbesteuerpflichtig. Es kommt daher nicht darauf an, ob die GmbH tatsächlich eine gewerbliche Tätigkeit ausübt. Auch eine Rechtsanwalts-GmbH unterliegt damit der Gewerbesteuer obwohl ihr Unternehmenszweck auf eine freiberufliche Tätigkeit gerichtet ist.

Das steuerpflichtige Einkommen ist auf der Ebene der Gesellschaft mit dem Steuertarif zu versteuern. Der Steuersatz für die Körperschaftsteuer beträgt 15 %. Hinzu kommt der Solidaritätszuschlag von

5,5 % auf die Körperschaftsteuer, sodass die tatsächliche Belastung bei 15,8 % liegt. Darüber hinaus fällt noch die Gewerbesteuer an. Diese richtet sich in ihrer Höhe nach dem Hebesatz der Gemeinde, in der die Gesellschaft ihren Sitz oder eine Niederlassung hat. Als Durchschnittswert kann mit ca. 15 % gerechnet werden. Im Ergebnis kann man daher von einer Steuerbelastung von ca. 30 % auf der Ebene der Gesellschaft ausgehen.

b) Verdeckte Gewinnausschüttung

Von besonderer praktischer Bedeutung für die Ermittlung des Einkommens sind die sogenannten verdeckten Gewinnausschüttungen.

Der Begriff der verdeckten Gewinnausschüttung ist im Gesetz in § 8 Abs. 3 KStG erwähnt, aber nicht definiert. Die Rechtsprechung versteht darunter eine Vermögensminderung oder verhinderte Vermögensmehrung, die durch das Gesellschaftverhältnis veranlasst ist, sich auf die Höhe des Einkommens auswirkt und in keinem Zusammenhang mit einer offenen Ausschüttung steht.

Beispiele für verdeckte Gewinnausschüttungen:

- Die GmbH erwirbt Wirtschaftsgüter zu einem unangemessen hohen Kaufpreis von einem Gesellschafter oder veräußert an einen Gesellschafter zu einem unangemessen niedrigen Kaufpreis.

- Dem Gesellschafter-Geschäftsführer wird eine unangemessen hohe Vergütung (einschl. Tantiemen etc.) gezahlt.

- Die Gesellschaft verzichtet gegenüber einem Gesellschafter und/oder Geschäftsführer auf Schadensersatzansprüche (z.B. aufgrund eines Wettbewerbsverbots)

> **Vereinbarungen zwischen Gesellschaftern und Gesellschaft**
>
> Im Ergebnis sollte bei allen Vereinbarungen zwischen Gesellschaftern und der Gesellschaft darauf geachtet werden, dass diese so ausgestaltet sind, wie sie auch zwischen fremden Dritten abgeschlossen werden würden.

2. Ertragsteuerliche Organschaften

Grundsätzlich wird jede Gesellschaft als eigenes Steuersubjekt gesehen. Das bedeutet, dass eine Verrechnung von Ergebnissen (Gewinnen und Verlusten) verschiedener Gesellschaften nicht möglich ist. Eine Ausnahme von diesem Grundsatz ist gegeben, wenn mehrere Gesellschaften im Rahmen einer Organschaft zusammengefasst werden. Dann werden diese Gesellschaften für steuerliche Zwecke wie eine Gesellschaft behandelt. Das Ertragssteuerrecht kennt solche Organschaften sowohl für die Körperschaftsteuer (§§ 14 bis 19 KStG) als auch für die Gewerbesteuer (§ 2 Abs. 2 GewStG). Im Folgenden werden die Voraussetzungen und Folgen der Organschaft anhand der Bestimmung des Körperschaftsteuerrechts in Grundzügen erörtert. Die Ausführungen gelten für die Gewerbesteuer im Wesentlichen sinngemäß.

Begründung einer Organschaft

Aus der Sicht des Unternehmers stellt sich in diesem Zusammenhang vor allem die Frage, ob die Begründung einer Organschaft gewollt ist oder nicht.

Im Recht der Organschaft unterscheidet man zwei Beteiligte, die Organgesellschaft und den Organträger. Die Organgesellschaft ist (im Regelfall) das Tochterunternehmen (also hier die GmbH). Der Organträger ist (in den meisten Fällen) die Muttergesellschaft. Dabei handelt es sich meist ebenfalls um eine GmbH oder eine AG. Rechtlich ist aber auch eine Personengesellschaft (OHG, KG, GmbH & Co. KG) oder eine Einzelperson als Organträger möglich.

Für das Körperschaftsteuerrecht sind die Voraussetzungen der Organschaft in § 14 KStG geregelt:

- Der Organträger muss an der Organgesellschaft mehrheitlich (in Form der Stimmenmehrheit) beteiligt sein.

- Es muss ein Ergebnisabführungsvertrag im Sinne des § 291 AktG geschlossen werden für die Dauer von mindestens fünf Jahren.

- Dieser Ergebnisabführungsvertrag muss tatsächlich durchgeführt werden.

II. Körperschaftsteuer / Gewerbesteuer der Gesellschaft

a) Mehrheit der Anteile

Die Feststellung, ob die Muttergesellschaft die Mehrheit der Anteile an der Tochtergesellschaft hält, dürfte in der Praxis nicht schwer zu treffen sein. Problematisch kann diese Voraussetzung sein, wenn es zu einem Verkauf der Anteile innerhalb eines Wirtschaftsjahres kommt.

b) Bestehen eines Ergebnisabführungsvertrages

Die ertragsteuerlichen Organschaften setzen das Vorliegen eines Ergebnisabführungsvertrages voraus, der den Anforderungen des Steuerrechts entsprechen muss.

Ein Ergebnisabführungsvertrag setzt nach den §§ 291, 292 AktG voraus, dass die Organgesellschaft (Tochter-GmbH) die Leitung des Unternehmens dem Organträger (meist der Muttergesellschaft) unterstellt. In dem Vertrag verpflichtet sich, die Tochtergesellschaft ferner, ihre Gewinne an die Muttergesellschaft abzuführen. Im Gegenzug hat die Tochtergesellschaft einen Anspruch auf Ausgleich der bei ihr entstandenen Verluste. Sind bei der Tochtergesellschaft noch Minderheitsgesellschafter vorhanden, so haben diese Anspruch auf einen angemessen Ausgleich (§ 304 AktG).

Dem Abschluss des Gesellschaftsvertrages muss sowohl die Organträgergesellschaft als auch die Organgesellschaft durch Beschluss ihrer jeweiligen Gesellschafterversammlung zustimmen. Bei der Organgesellschaft muss dieser Beschluss notariell beurkundet werden. Ferner ist der Abschluss des Vertrages in das Handelsregister einzutragen.

Formulierungsbeispiel Unternehmensvertrag

Beherrschungs- und Ergebnisabführungsvertrag

zwischen der

Mutter GmbH, Hannover

und der

Tochter GmbH, Hildesheim

§ 1 Leitung

(1) Die Tochter GmbH unterstellt die Leitung ihrer Gesellschaft der Mutter GmbH. Die Mutter GmbH ist demgemäß berechtigt,

der Geschäftsführung der Tochter GmbH hinsichtlich der Leitung der Gesellschaft Weisungen zu erteilen.

(2) Die Mutter GmbH wird ihr Weisungsrecht nur durch ihre Geschäftsführung ausüben. Weisungen bedürfen der Schriftform.

§ 2 Gewinnabführung

(1) Die Tochter GmbH verpflichtet sich, ihren gesamten Gewinn an die Mutter GmbH abzuführen. Für die Höhe der Gewinnabführung gelten die Bestimmungen des § 301 AktG in der jeweils gültigen Fassung entsprechend.

(2) Die Verpflichtung zur Gewinnabführung gilt erstmals für den ganzen Gewinn des Geschäftsjahrs, in dem dieser Vertrag wirksam wird. Sie wird jeweils am Schluss eines Geschäftsjahrs fällig und ist ab diesem Zeitpunkt mit 5,0 % für das Jahr zu verzinsen.

§ 3 Verlustübernahme

(1) Die Mutter GmbH verpflichtet sich, jeden während der Vertragsdauer sonst entstehenden Jahresfehlbetrag der Tochter GmbH auszugleichen. Für die Verlustübernahme gelten die Vorschriften des § 302 AktG in ihrer jeweils gültigen Fassung entsprechend.

(2) Die Verpflichtung zur Verlustübernahme gilt erstmals für den ganzen Verlust des Geschäftsjahrs, in dem dieser Vertrag wirksam wird. Sie wird jeweils am Schluss eines Geschäftsjahrs fällig und ist ab diesem Zeitpunkt mit 5,0 % für das Jahr zu verzinsen.

§ 4 Wirksamwerden und Dauer

(1) Dieser Vertrag wird unter dem Vorbehalt der Zustimmung der Gesellschafterversammlungen beider Gesellschaften geschlossen.

(2) Der Vertrag wird mit seiner Eintragung ins Handelsregister des Sitzes der Tochter GmbH wirksam. Die Verpflichtung zur Gewinnabführung gilt erstmals für den ganzen Gewinn des Geschäftsjahrs, in dem der Vertrag durch Eintragung wirksam wird.

(3) Der Vertrag wird für die zunächst für die Dauer von fünf Jahren ab der Eintragung in das Handelsregister der Tochter GmbH fest abgeschlossen und verlängert sich unverändert jeweils um ein Jahr, falls er nicht spätestens sechs Monate vor seinem Ablauf von einem Vertragspartner gekündigt wird.

> (4) Das Recht zur Kündigung des Vertrags aus wichtigem Grund ohne Einhaltung einer Kündigungsfrist bleibt unberührt. Die Mutter GmbH ist insbesondere zur Kündigung aus wichtigem Grund berechtigt, wenn ihr nicht mehr die Mehrheit der Stimmrechte aus den Anteilen an der Tochter GmbH zusteht.
>
> Hannover, den <DATUM>

Neben den gesellschaftsrechtlichen Anforderungen müssen für die Begründung einer Organschaft auch die Anforderungen des Steuerrechts erfüllt werden. Das bedeutet vor allem, dass der Vertrag eine Mindestlaufzeit von fünf Jahren haben muss und für diesen Zeitraum auch tatsächlich durchgeführt werden muss (§ 14 Abs. 1 S. 1 Nr. 3 S. 1 KStG). Beim Unternehmensvertrag finden die aktienrechtlichen Vorschriften der §§ 291 ff. AktG weitgehend entsprechende Anwendung auf die GmbH.

Die Zustimmung der Gesellschafterversammlung einer beherrschten GmbH kann zur Aufhebung eines Unternehmensvertrages kann auch nach dem Stichtag der Aufhebung gefasst werden. Der Beschluss entfaltet dann insoweit Rückwirkung. Das gilt jedenfalls dann, wenn die herrschende Gesellschaft Alleingesellschafterin der beherrschten Gesellschaft ist.

c) Tatsächliche Durchführung

Der Ergebnisabführungsvertrag muss auch tatsächlich durchgeführt werden. Das bedeutet, dass das steuerliche Ergebnis der Organgesellschaft stets Null ist. Das Ergebnis wird unmittelbar an den Organträger weitergegeben.

Eine tatsächliche Durchführung setzt voraus, dass bei der Organgesellschaft ordnungsgemäße Jahresabschlüsse erstellt und durch die Gesellschafterversammlung festgestellt werden. Fehler in der Bilanzierung führen nur dann dazu, dass der Vertrag nicht durchgeführt wird, wenn diese wesentlich sind. Das ist nur dann der Fall, wenn der zugrundliegende Jahresabschluss grob fehlerhaft oder sogar nichtig ist.

Zivilrechtliche Folgen einer ertragsteuerlichen Organschaft

Im Ergebnis kann bei der Gestaltung also entschieden werden, ob eine ertragsteuerliche Organschaft gewollt ist oder nicht. Neben den steuerrechtlichen Aspekten sind dabei aber auch die zivilrechtlichen „Nebenfolgen" zu bedenken: Aufgrund eines Gewinnabführungsvertrages (§ 291 AktG), ist die Muttergesellschaft verpflichtet, den Verlust der Tochtergesellschaft auszugleichen. Dieser Verlustausgleichsanspruch kann in der Insolvenz auf vom Insolvenzverwalter geltend gemacht werden.

3. Betriebsaufspaltung

Eine Betriebsaufspaltung ist ein Konstrukt des Steuerrechts, bei dem ein Unternehmen in zwei oder mehrere rechtlich selbständige Einheiten aufgespalten wird, wobei die beteiligten Einheiten personell und wirtschaftlich aneinandergebunden bleiben. Die Betriebsaufspaltung ist nicht ausdrücklich in den Steuergesetzen definiert. Sie wurde durch Rechtsprechung des Bundesfinanzhofs entwickelt.

Eine Betriebsaufspaltung liegt vor, wenn ein Unternehmen eine wesentliche Betriebsgrundlage einer gewerblich tätigen Personen- oder Kapitalgesellschaft zur Nutzung überlässt und das Unternehmen die andere Gesellschaft beherrscht.

Beispiel Betriebsaufspaltung

A ist alleiniger Gesellschafter und Geschäftsführer der A-GmbH. Gleichzeitig ist A Eigentümer der Immobilie, in der die A-GmbH ihr Unternehmen betreibt. Diese Immobilie wird der A-GmbH auf die Grundlage eines Mietvertrages überlassen.

In diesem Fall sind die Voraussetzungen einer Betriebsaufspaltung gegeben.

Eine Betriebsaufspaltung führt dazu, dass das Besitzunternehmen als Gewerbebetrieb anzusehen ist. In dem vorstehenden Beispiel fällt die von A vereinnahmte Miete nicht mehr unter die Einkünfte aus Vermietung und Verpachtung, sondern gehört zu den gewerblichen Einkünften und ist auch gewerbesteuerpflichtig.

Die Anteile an der Gesellschaft gehören zum notwendigen Betriebsvermögen der Besitzgesellschaft. Im vorliegenden Fall dann zum

Einzelunternehmen des A. Das kann vor allem Auswirkungen bei einer Veräußerung der Anteile an der GmbH haben.

Ob die Betriebsaufspaltung vorteilhaft oder nachteilig ist, muss im Einzelfall entschieden werden. Die Gewerbesteuerpflicht ist nicht zwingend ein Nachteil, da die Gewerbesteuer auf die Einkommensteuer (pauschaliert) angerechnet wird. Letztlich muss hier eine Beratung durch den Steuerberater im Einzelfall erfolgen.

Für den Unternehmer sind bei solchen Konstellationen vor allem zwei Punkte zu beachten:

1. Der Gesellschafter sollte darauf achten, dass der Vertrag einem Fremdvergleich standhält. Die Miete und die übrigen Konditionen des Mietvertrages müssen also so gestaltet sein, wie es zwischen fremden Dritten üblich wäre.

2. Ferner ist darauf zu achten, dass der Vertrag auch durchgeführt wird. Das bedeutet vor allem, dass die vereinbarte Miete auch tatsächlich monatlich pünktlich nach den Bestimmungen des Mietvertrages gezahlt wird.

Kommt es zu wirtschaftlichen Schwierigkeiten, so kann es geboten sein, die Miete/Pacht zeitweise herabzusetzen. Für das Steuerrecht stellt sich dann die Frage, ob die Aufwendungen nur teilweise anerkannt werden können (§ 3c Abs. 2 EStG).

Abschluss und Änderung von Verträgen
Beim Abschluss sowie bei der Änderung von Verträgen zwischen Gesellschafter und Gesellschaft sollte eine eingehende steuerrechtliche Beratung erfolgen, bei der auch zu prüfen ist, ob das Gesamtvertragswerk dem Fremdvergleich entspricht.

III. Umsatzsteuer

1. Grundlagen

Rechtsgrundlage für die Erhebung der Umsatzsteuer ist das Umsatzsteuergesetz (UStG). Entgegen dem allgemeinen Sprachgebrauch gibt es eine „Mehrwertsteuer" im aktuellen Steuerrecht nicht.

Nach § 1 UStG unterliegen Lieferungen und sonstige Leistungen, die ein Unternehmer im Inland gegen Entgelt im Rahmen seines Unternehmens ausführt der Umsatzsteuer. Ob die GmbH Unternehmer ist, bestimmt sich nicht nach der Rechtsform, sondern nach § 2 Abs. 1 UStG. Im Regelfall nimmt die GmbH mit ihren Waren und Dienstleistungen am Wirtschaftsleben teil und ist daher Unternehmer. Werden durch die GmbH besteuerbare Lieferungen oder sonstige Leistungen erbracht, fällt Umsatzsteuer an, wenn diese Leistungen nicht ausnahmsweise von der Umsatzsteuer befreit sind (§ 4 UStG).

Im Regelfall beträgt der Umsatzsteuersatz 19 %. Bestimmte Lieferungen und Leistungen unterliegen einem verringerten Steuersatz von 7 %. (§ 12 Abs. 2 UStG)

Soweit die GmbH umsatzsteuerpflichtige Umsätze erwirtschaftet, ist sie hinsichtlich der von ihr bezogenen Lieferungen und Leistungen zum Vorsteuerabzug berechtigt.

Berechnung der Umsatzsteuer

Die X-GmbH betreibt ein Handelsgeschäft. Sie verkauft Waren im Wert von EUR 200.000,– zzgl. 19 % (= EUR 38.000,–). Gleichzeitig hat die GmbH Waren für EUR 100.000,– zzgl. 19 % (= EUR 19.000,–) bezogen. Im Ergebnis muss die X-GmbH einen Betrag von EUR 19.000,– an das Finanzamt abführen. Dieser Betrag ergibt sich aus der Differenz von Umsatzsteuer und Vorsteuer.

Eine Umsatzsteuervoranmeldung ist grundsätzlich monatlich abzugeben.

2. Umsatzsteuerliche Organschaft

Auch das Umsatzsteuerrecht kennt – ähnlich wie das Ertragssteuerrecht – die Organschaft. Auch hier gibt es Organgesellschaft und Organträger. Der wesentliche Unterschied besteht allerdings darin, dass die umsatzsteuerliche Organschaft kraft Gesetzes entsteht, ohne dass dafür ein Ergebnisabführungsvertrag abgeschlossen werden muss.

Nach § 2 Abs. 2 Nr. 2 UStG ist eine Organschaft im Sinne des Umsatzsteuerrechts gegeben, wenn eine GmbH nach dem Gesamtbild der wirtschaftlichen Verhältnisse finanziell, wirtschaftlich und organisatorisch in das Unternehmen des Organträgers eingegliedert ist.

Eine organisatorische Eingliederung liegt nur dann vor, wenn der Organträger seine Entscheidungen in der Organgesellschaft faktisch durchsetzen kann. Das ist gegeben, wenn die Geschäftsführungen mit identischen Personen besetzt sind. Liegt solche Personenidentität nicht oder nur teilweise vor, kommt es im Einzelfall auf die Ausgestaltung der Geschäftsführungsbefugnisse an.

Organschaft im Umsatzsteuerrecht

Die Y-GmbH & Co. KG ist alleiniger Gesellschafter der X-GmbH. Herr A ist wiederum alleiniger Gesellschafter und Geschäftsführer Y-GmbH & Co. KG und Geschäftsführer der X-GmbH. Die Y-GmbH & Co. KG ist Eigentümerin der Immobilie, in der X-GmbH ihre Produktion betreibt. Die Y-GmbH & Co. KG vermietet die Immobilie an die X-GmbH.

Hier besteht zwischen der Y-GmbH & Co. KG und der X-GmbH eine umsatzsteuerliche Organschaft nach § 2 Abs. 2 Nr. 1 UStG. Die Y-GmbH & Co. KG ist Organträger, die X-GmbH Organgesellschaft.

Bei einer umsatzsteuerlichen Organschaft werden zwei Unternehmer für Zwecke der Umsatzsteuer als ein Unternehmen betrachtet.

Bei einer umsatzsteuerlichen Organschaft besteht im Innenverhältnis zwischen Organträger und Organgesellschaft ein Ausgleichsanspruch. Der Organträger ist der Organgesellschaft zum Ausgleich der Vorsteuerabzugsbeträge verpflichtet, die auf Leistungsbezüge der Organgesellschaft entfallen. Diese Beträge kommen lediglich aufgrund der bestehenden Organschaft dem Organträger zugute. Die Organschaft dient aber nur der Abwicklung des Steuerschuldverhältnisses. Sie ist nur formeller Natur und ändert nichts an der materiellen Anspruchsberechtigung.

Besonders relevant wird dies im Falle der Insolvenz der Organgesellschaft, wenn diese ihre umsatzsteuerlichen Verpflichtungen nicht mehr bedienen kann. In diesem Fall kann das Finanzamt seine Ansprüche bis zur Beendigung der Organschaft gegen den Organträger geltend machen. Bisher vertrat der Bundesfinanzhof stets die Auffassung, die Organschaft ende erst mit Eröffnung des Insolvenzverfahrens. Diese Rechtsprechung wurde nunmehr geändert. Auch bereits die Bestellung eines (sog. schwachen) vorläufigen Insolvenzverwalters mit Zustimmungsvorbehalt führt zur Beendigung der umsatzsteuerlichen Organschaft (BFH, Urteil vom 8.8.2013 – V R 18/13). Die umsatzsteuerliche Organschaft wird auch beendet, wenn über das Vermögen eines der daran beteiligten Unternehmen das Insolvenzverfahren eröffnet wird. Das gilt auch dann, wenn eine Eigenverwaltung angeordnet wird (BFH, Urteil vom 19.3.2014 – V B 14/14).

IV. Besteuerung der Gesellschafter

1. Besteuerung der laufenden Einkünfte aus der Gesellschaft

Auf der Ebene der Gesellschafter entsteht ein Einkommen erst dann, wenn für die Gesellschaft ein wirksamer Gewinnausschüttungsbeschluss gefasst wird. Dann hat der Gesellschafter einen Anspruch auf Auszahlung des Gewinns. Wie dieser bei dem Gesellschafter zu besteuern ist, hängt davon ab, wer der Gesellschafter ist:

1. Ist der Gesellschafter seinerseits wieder körperschaftsteuerpflichtig (z.B. eine GmbH oder eine AG), so bleibt die Ausschüttung grundsätzlich steuerfrei. Nach § 8b Abs. 5 S. 1 KStG sind allerdings 5 % des ausgeschütteten Betrages als nicht abzugsfähige Betriebsausgabe zu behandeln, so dass der Gesellschafter diesen Betrag versteuern muss.

2. Ist der Gesellschafter eine natürliche Person, die mit mehr als 1 % Anteil an der Gesellschaft beteiligt ist (eine sogenannte „wesentliche" Beteiligung nach § 17 EStG), unterliegt der ausgeschüttete Betrag zu 60 % der Einkommensteuer nach dem Teileinkünfteverfahren.

Unabhängig von Gewinnausschüttungen unterliegen Einkünfte von Gesellschaftern, die diese auf der Grundlage eines Geschäftsführeranstellungsvertrages oder eines Arbeitsvertrages mit der Gesellschaft erzielen, der Einkommensteuer als Einkünfte aus nicht selbständiger Tätigkeit.

2. Steuerrechtliche Aspekte der Anteilsübertragung

a) Ertragsteuern

Bei der steuerlichen Beurteilung der Veräußerung von Anteilen kommt es auf den Veräußerungsgewinn an. Der Veräußerungsgewinn ist der Betrag, um den der Kaufpreis die Anschaffungskosten übersteigt.

IV. Besteuerung der Gesellschafter

Berechnung des Veräußerungsgewinns

A ist alleiniger Gesellschafter der X-GmbH. Das Stammkapital beträgt EUR 50.000,–. Die Gesellschaft wurde im Jahr 2001 durch Bargründung ohne Aufgeld gegründet. Einlagen wurden in der Zwischenzeit nicht geleistet. Im Jahr 2010 veräußert die Gesellschaft sein inzwischen erfolgreiches Start-up für EUR 1 Mio. an die Y-AG.

Der Veräußerungsgewinn beträgt in diesem Fall EUR 950.000 (Kaufpreis abzüglich Anschaffungskosten bei Gründung.)

Die Frage, wie der Veräußerungsgewinn steuerlich behandelt wird, bestimmt sich danach, wer der Gesellschafter ist:

1. Ist der Gesellschafter seinerseits wieder körperschaftsteuerpflichtig (z.B. eine GmbH oder eine AG), so bleibt der Veräußerungsgewinn grundsätzlich nach § 8b Abs. 2 KStG steuerfrei. Eine Ausnahme gilt dann, wenn die veräußernde Gesellschaft die Anteile als Gegenleistung für die Einbringung eines Betriebs, Teilbetriebs oder Mitunternehmeranteils innerhalb der letzten sieben Jahre vor der Veräußerung erhalten hat (vgl. § 22 UmwStG).

2. Ist der Veräußerer eine natürliche Person, die die Beteiligung im Privatvermögen hält und einen Anteil von weniger als 1 % an der Gesellschaft hält, so fällt auf den Veräußerungsgewinn die Abgeltungssteuer von 25 % (zuzüglich Solidaritätszuschlag und gegebenenfalls Kirchensteuer an). Eine Ausnahme gilt, wenn eine solche Beteiligung vor dem 31.12.2008 erworben worden ist. Dann bleibt der Gewinn steuerfrei.

3. Hält der Veräußerer eine Beteiligung von mehr als 1 % im Privatvermögen (eine sogenannte „wesentliche" Beteiligung im Sinne des § 17 EStG), so unterliegt der Veräußerungsgewinn dem Teileinkünfteverfahren. Das bedeutet, dass 60 % des Veräußerungsgewinns steuerpflichtig sind.

Versteuerung des Veräußerungsgewinns

In dem oben dargestellten Beispiel müsste A also seinen Veräußerungsgewinn von EUR 950.000,– zu 60 % (also EUR 570.000) versteuern. Unterstellt man vereinfachend einen Steuersatz von 50 %, so beträgt die Steuerlast EUR 285.000,–.

b) Erbschaftsteuer / Schenkungsteuer

Erfolgt eine unentgeltliche Zuwendung von Vermögen im Rahmen einer Schenkung oder Erbschaft, so unterliegt dieser Vorgang grundsätzlich der Erbschaft- und Schenkungsteuer. Grundlage hierfür sind die Bestimmungen des Erbschaftsteuergesetzes (ErbStG).

Wird der Anteil an einer GmbH verschenkt, so ist dessen Wert zu ermitteln. Dies geschieht auf der Grundlage des Bewertungsgesetzes (BewG). Grundsätzlich ist der Wert eines Anteils aus Verkäufen in der Vergangenheit abzuleiten. Für den Fall, dass dies (wie bei GmbH meist) nicht möglich ist, sieht das Gesetz das vereinfachte Ertragswertverfahren vor (§§ 200 ff. BewG). Dabei wird – abgeleitet aus den Werten der Vergangenheit – der nachhaltig erzielte Gewinn der Gesellschaft mit einem Kapitalisierungsfaktor multipliziert. Das Ergebnis ist dann der Wert des Anteils. Dieser unterliegt grundsätzlich der Schenkungsteuer.

Unter bestimmten Voraussetzungen kann eine solche Schenkung allerdings zu 85 % oder sogar zu 100 % steuerfrei bleiben. Voraussetzung dafür ist, dass das Unternehmen für einen bestimmten Zeitraum fortgeführt wird und die Arbeitsplätze erhalten bleiben. Die Einzelheiten dieser Regelung müssen aktuell durch den Gesetzgeber neu geregelt werden.

> **Steuerliche Konsequenzen einer schenkweisen Übertragung**
> Vor einer schenkweisen Übertragung von Geschäftsanteilen sollten in jedem die steuerlichen Konsequenzen eingehend geprüft werden.

Zu bedenken ist auch, dass „Schenkung" unter der Gesellschaftern auch durch Vorgänge bewirkt werden können, die mit einer „klassischen" Schenkung nichts zu tun haben.

Grund dafür sind die Regelungen in § 7 Abs. 7 und 8 ErbStG:

> **§ 7 Abs. 7 und 8 ErbStG:**
> (7) Als Schenkung gilt auch der auf dem Ausscheiden eines Gesellschafters beruhende Übergang des Anteils oder des Teils eines Anteils eines Gesellschafters einer (…) Kapitalgesellschaft auf die anderen Gesellschafter oder die Gesellschaft, soweit der Wert,

IV. Besteuerung der Gesellschafter

der sich für seinen Anteil zur Zeit seines Ausscheidens nach § 12 ergibt, den Abfindungsanspruch übersteigt. Wird auf Grund einer Regelung im Gesellschaftsvertrag einer Gesellschaft mit beschränkter Haftung der Geschäftsanteil eines Gesellschafters bei dessen Ausscheiden eingezogen und übersteigt der sich nach § 12 ergebende Wert seines Anteils zur Zeit seines Ausscheidens den Abfindungsanspruch, gilt die insoweit bewirkte Werterhöhung der Anteile der verbleibenden Gesellschafter als Schenkung des ausgeschiedenen Gesellschafters. (...)

(8) Als Schenkung gilt auch die Werterhöhung von Anteilen an einer Kapitalgesellschaft, die eine an der Gesellschaft unmittelbar oder mittelbar beteiligte natürliche Person oder Stiftung (Bedachte) durch die Leistung einer anderen Person (Zuwendender) an die Gesellschaft erlangt. Freigebig sind auch Zuwendungen zwischen Kapitalgesellschaften, soweit sie in der Absicht getätigt werden, Gesellschafter zu bereichern und soweit an diesen Gesellschaften nicht unmittelbar oder mittelbar dieselben Gesellschafter zu gleichen Anteilen beteiligt sind.(...)

Diese – auf den ersten Blick schwer verständlichen – Vorschriften haben eine große praktische Bedeutung. Der Gesetzgeber möchte damit Schenkungen auch für die Fälle fingieren, in denen wirtschaftlich Vermögensverschiebungen auf der Ebene der Gesellschafter stattfinden.

Beispiel Schenkungssteuer

An der X-GmbH sind die Gesellschafter A, B und C zu je einem Drittel beteiligt. Der Geschäftsanteil des C wird im Rahmen einer Gesellschafterauseinandersetzung eingezogen. Nach dem Gesellschaftsvertrag erhält C eine Abfindung von 100. Der Wert seines Anteils nach dem vereinfachten Ertragswertverfahren beträgt aber 200. Hier liegt eine Bereicherung von A und B in Höhe von jeweils 50 vor, weil sie wirtschaftlich Anteil im Wert von 200 für 100 erhalten haben.

Auf die jeweilige Bereicherung von 50 müssten A und B also Schenkungsteuer zahlen.

c) Grunderwerbsteuer

Von der Grunderwerbsteuer wird die Übertragung von inländischen Grundstücken erfasst. Rechtsgrundlage dafür ist das Grunderwerbsteuergesetz (GrEStG). Bei der Übertragung von Anteilen an einer GmbH fällt nach § 1 Abs. 3 GrEStG Grunderwerbsteuer an, wenn durch ein Rechtsgeschäft mittelbar oder unmittelbar mindestens 95 % der Anteile in einer Hand vereinigt werden.

Beispiel Grunderwerbssteuer

Die X-GmbH ist Eigentümerin einer Gewerbeimmobilie. Gesellschafter der X-GmbH sind A und B zu je 50 %. A überträgt seinen Anteil an B.

Durch diesen Übertragungsvorgang wird nach § 1 Abs. 3 Nr. 1 GrEStG Grunderwerbsteuer ausgelöst, weil B nun zu 100 % Gesellschafter ist.

Bemessungsgrundlage für die Grunderwerbsteuer ist der Wert des übertragenen Immobilienvermögens.

Anhang

Im Anhang werden Beispiele für Verträge rum um die die GmbH dargestellt. Darunter ist ein Gesellschaftsvertrag, ein Anteilsübertragungsvertrag und ein Geschäftsführeranstellungsvertrag. Die abgedruckten Verträge sind ausdrücklich nicht als „Musterverträge" zu verstehen. Eine Übertragung auf andere Konstellationen ist nicht ohne weitere Beratung sinnvoll oder geboten. Sie sollen dem Leser nur einen Eindruck vermitteln, wie ein fertiger Vertrag in der Praxis aussehen könnte.

Beispiel eines Gesellschaftsvertrages

Der vorliegende Gesellschaftsvertrag ist die Grundlage einer größeren Gesellschaft mit einer Vielzahl von Gesellschaftern, deren Anteile grundsätzlich auch frei übertragbar sein sollen.

Gesellschaftsvertrag der
XY – GmbH

§ 1 Firma

Die Firma der Gesellschaft lautet:

XY – GmbH

§ 2 Sitz

Der Sitz der Gesellschaft ist Hannover.

§ 3 Gegenstand des Unternehmens

(1) Gegenstand des Unternehmens ist der Betrieb einer KFZ-Reparaturwerkstatt.

(2) Die Gesellschaft ist berechtigt, Geschäfte jeder Art durchzuführen, die dem oben genannten Geschäftszweck unmittelbar oder mittelbar dienen oder diesen ergänzen. Sie kann Zweigniederlassungen errichten, andere Unternehmen erwerben und sich an anderen Unternehmen beteiligen.

§ 4 Stammkapital

(1) Das Stammkapital der Gesellschaft beträgt EUR 200.000,– (in Worten: Euro zweihunderttausend).

(2) Bei Kapitalerhöhungen sind zur Übernahme der neuen Geschäftsanteile zunächst die Gesellschafter im Verhältnis ihrer bisherigen Beteiligungen berechtigt.

§ 5 Vorkaufsrecht

(1) Für den Fall der Veräußerung eines Geschäftsanteiles oder eines Teiles eines Geschäftsanteils durch einen Gesellschafter sind die übrigen Gesellschafter zum Vorkauf im Verhältnis ihrer Beteiligung berechtigt. Macht ein Gesellschafter davon nicht innerhalb eines Monats Gebrauch, geht das Recht anteilig auf die verbleibenden Gesellschafter und letztlich auf die Gesellschaft über. Etwaige Spitzenbeträge stehen der Gesellschaft zu.

(3) Der Erwerb im Rahmen des Vorkaufsrechts bedarf nicht der Zustimmung nach Abs. 1. Die Ausübung des Vorkaufsrechts ist ausgeschlossen bei der Übertragung von Geschäftsanteilen an den Ehegatten oder einen Abkömmling des verfügenden Gesellschafters.

§ 6 Nachfolge von Todes wegen

(1) Die Geschäftsanteile sind frei vererblich.

(2) Mehrere Nachfolger können die Gesellschafterrechte nur durch einen gemeinsamen Bevollmächtigten ausüben, der entweder Gesellschafter oder Angehöriger der rechts- oder steuerberatenden oder wirtschaftsprüfenden Berufe sein muss. Auch die Vertretung durch einen Testamentsvollstrecker ist zulässig, wenn er Angehöriger der vorgenannten Berufsgruppen ist. Bis zur Bestellung eines Bevollmächtigten ruhen die Gesellschafterrechte mit Ausnahme des Gewinnbezugsrechts.

§ 7 Wettbewerbsverbot

(1) Kein Gesellschafter darf während seiner Zugehörigkeit und zwei Jahre nach seinem Ausscheiden mit der Gesellschaft unmittelbar oder mittelbar in Wettbewerb treten.

(2) Wettbewerb ist jede selbstständige oder unselbstständige Tätigkeit im tatsächlichen örtlichen und sachlichen Tätigkeitsbereich der Gesellschaft.

(3) Verletzt ein Gesellschafter das Wettbewerbsverbot, hat er für jeden Fall der Zuwiderhandlung EUR 10.000,– als Vertragsstrafe an die Gesellschaft zu zahlen. Bei fortgesetzter Zuwiderhandlung gilt jeder angefangene Monat des Verstoßes gegen das Wettbewerbsverbot als eine neue Zuwiderhandlung. Das Recht der Gesellschaft, Unterlassung und Schadensersatz zu verlangen, bleibt unberührt. Eine gezahlte Vertragsstrafe wird auf den Schadensersatz angerechnet.

(4) Die Gesellschafter können durch Beschluss ganz oder teilweise vom Wettbewerbsverbot befreien, wenn in einem gesonderten Vertrag im Voraus eine klare und eindeutige Aufgabenabgrenzung zwischen Gesellschaft und befreitem Gesellschafter vereinbart wird. Der von dem Wettbewerbsverbot betroffene Gesellschafter hat beim Beschluss kein Stimmrecht.

§ 8 Dauer und Geschäftsjahr

(1) Die Gesellschaft wird auf unbeschränkte Zeit errichtet.

(2) Das Geschäftsjahr ist das Kalenderjahr. Das erste Geschäftsjahr ist ein Rumpfgeschäftsjahr und endet am 31.12.2016.

§ 9 Gesellschafterversammlung

(1) Die Gesellschafterversammlungen werden durch die Geschäftsführung berufen. Bei mehreren Geschäftsführern genügt die Einberufung durch einen Geschäftsführer.

(2) Die Gesellschafterversammlungen sind von der Geschäftsführung mittels eingeschriebenem Brief, die sowohl Ort, Zeit und Tagesordnung angeben als auch eine Frist von zwei Wochen setzen, einzuberufen.

(3) Gesellschafterversammlungen finden am Sitz der Gesellschaft statt. Die Versammlung wählt mit Mehrheit der abgegebenen Stimmen einen Vorsitzenden, der die Versammlung leitet.

(4) Über die Gesellschafterversammlung ist ein Protokoll anzufertigen. Das Protokoll ist durch den Versammlungsleiter zu unterzeichnen und den Gesellschaftern zu übersenden. Das Protokoll dient nur zu Beweiszwecken. Es ist keine Voraussetzung für die Wirksamkeit von Beschlüssen.

(5) Gesellschafter, die zusammen mindestens 10 % des Stammkapitals halten, können die Einberufung der Gesellschafterversammlung verlangen. Wird diesem Verlangen nicht entsprochen, so sind sie berechtigt, die Versammlung selbst einzuberufen.

(6) Die Gesellschafterversammlung ist beschlussfähig, wenn so viele Gesellschafter anwesend oder vertreten sind, dass sie mehr als die Hälfte aller Stimmen der Gesellschafter in sich vereinen. Erweist sich die Gesellschafterversammlung als beschlussunfähig, so ist durch den Geschäftsführer mit der Frist des Absatzes 2 eine neue Gesellschafterversammlung mit gleicher Tagesordnung einzuberufen. Diese Gesellschafterversammlung ist ohne Rücksicht auf die Zahl der vertretenen Stimmen beschlussfähig. Darauf ist in der Einladung hinzuweisen.

(7) Die Gesellschafterversammlung beschließt über die ihr durch Gesetz und Satzung zugewiesenen Aufgaben. Je ein Euro Stammkapital gewährt eine Stimme.

(8) Jeder Gesellschafter kann sich in der Gesellschafterversammlung nur von einem anderen Gesellschafter oder von einem zur Berufsverschwiegenheit verpflichteten Dritten vertreten lassen. Der in solchen Fällen zur Berufsverschwiegenheit verpflichtet ist. Die Vollmacht bedarf der Schriftform.

(9) Die Beschlussfassung kann auch schriftlich oder fernschriftlich erfolgen, soweit nicht gesetzliche Bestimmungen entgegenstehen. In diesem Fall bedarf es nicht der Abhaltung einer Gesellschafterversammlung, wenn sich sämtliche Gesellschafter in der genannten Form mit der genannten Stimmabgabe außerhalb der Gesellschafterversammlung einverstanden erklären.

(10) Die Gesellschafterversammlung beschließt mit einfacher Mehrheit, soweit nicht Gesetz oder Satzung eine andere Mehrheit bestimmen.

(11) Die Anfechtung von Gesellschafterbeschlüssen ist nur durch Klageerhebung innerhalb eines Monats nach Zugang des Protokolls der Gesellschafterversammlung zulässig.

§ 10 Geschäftsführung und Vertretung der Gesellschaft

(1) Die Geschäftsführer sind verpflichtet, die Geschäfte der Gesellschaft in Übereinstimmung mit dem Gesetz, diesem Gesellschaftsvertrag, sowie den Beschlüssen der Gesellschafter zu führen.

(2) Die Gesellschaft wird durch einen oder mehrere Geschäftsführer vertreten.

(3) Ist nur ein Geschäftsführer bestellt, so vertritt er die Gesellschaft allein. Sind dagegen mehrere Geschäftsführer bestellt, so wird die Gesellschaft grundsätzlich durch zwei Geschäftsführer gemeinschaftlich oder durch einen Geschäftsführer in Gemeinschaft mit einem Prokuristen vertreten.

(4) Die Gesellschafterversammlung kann allen oder einzelnen Geschäftsführern die Befugnis zur alleinigen Vertretung der Gesellschaft erteilen. Sie kann einem oder mehreren Geschäftsführern Befreiung von den Beschränkungen des § 181 BGB erteilen.

(5) Die Geschäftsführer bedürfen der vorherigen Zustimmung durch Gesellschafterbeschluss für:

a) die Errichtung oder Aufhebung von Zweigniederlassungen;

b) den Erwerb, die Veräußerung oder die Belastung von Beteiligungen an anderen Unternehmen;

c) den Erwerb, die Veräußerung oder die Belastung von Grundstücken oder Wohnungseigentum;

d) alle Geschäfte, die über den gewöhnlichen Geschäftsbetrieb der Gesellschaft hinausgehen.

(6) Die Gesellschafterversammlung kann eine Geschäftsordnung für die Geschäftsführung erlassen, die weitere Einzelheiten zur Geschäftsführung bestimmt, insbesondere weitere Zustimmungsvorbehalte begründet und Zuständigkeitsregelungen trifft.

§ 11 Jahresabschluss und Ergebnisverwendung

Spätestens sechs Monate nach Beendigung des Geschäftsjahres ist von der Geschäftsführung der Jahresabschluss (Bilanz nebst Gewinn- und Verlustrechnung) der Gesellschaft für das abgelaufene Kalenderjahr aufzustellen. Über die Höhe des auszuschüttenden Gewinns und der zu bildenden Rücklagen beschließt jeweils die Gesellschafterversammlung.

§ 12 Einziehung von Geschäftsanteilen

(1) Mit Zustimmung des betroffenen Gesellschafters kann die Gesellschaft jederzeit Geschäftsanteile ganz oder teilweise einziehen.

(2) Ohne Zustimmung des betroffenen Gesellschafters kann die Gesellschaft seine Geschäftsanteile einziehen, wenn

a) über sein Vermögen das Insolvenzverfahren eröffnet ist oder die Eröffnung eines solchen Verfahren mangels einer die Verfahrenskosten deckenden Masse abgelehnt wird oder

b) der Geschäftsanteil von einem Gläubiger des Gesellschafters gepfändet oder sonst wie in diesen vollstreckt wird, und die Vollstreckungsmaßnahme nicht innerhalb von zwei Monaten, spätestens bis zur Verwertung des Geschäftsanteils aufgehoben wird, oder

c) der Geschäftsanteil gekündigt worden ist, oder

d) in der Person des Gesellschafters ein wichtiger Grund vorliegt, der seine Ausschließung rechtfertigt.

(3) Statt der Einziehung kann die Gesellschafterversammlung beschließen, dass der Anteil von der Gesellschaft – unter Beachtung der §§ 30 bis 33 GmbHG – erworben oder auf eine oder mehrere von der Gesellschafterversammlung benannte Person(en) übertragen wird. Die Übertragung auf eine Dritte Person kann nur mit der Maßgabe verlangt werden, dass die Vergütung nach § 14 von dem Dritten geschuldet wird und dieser zur Zahlung bereit und in der Lage ist. Im Falle einer Zwangsabtretung an einen Mitgesellschafter oder einen Dritten ist die Beachtung der §§ 30 bis 33 GmbHG keine Voraussetzung für die Wirksamkeit der Zwangsabtretung.

(4) Die Einziehung wird durch die Geschäftsführung erklärt. Sie bedarf eines Gesellschafterbeschlusses, der mit Mehrheit von 75 % der abgegebenen Stimmen gefasst wird. Dem betroffenen Gesellschafter steht kein Stimmrecht zu. Der Einziehungsbeschluss ist unabhängig von einer Auseinandersetzung über die Höhe der Einziehungsvergütung mit Zugang der Einziehungserklärung an den betroffenen Gesellschafter wirksam.

(5) Für den eingezogenen Geschäftsanteil erhält der Gesellschafter ein Entgelt nach Maßgabe des § 14.

§ 13 Kündigung der Gesellschaft

(1) Jeder Gesellschafter kann das Geschäftsverhältnis mit der Frist von 12 Monaten zum Ende des Geschäftsjahres durch eingeschriebenen Brief kündigen. Die Kündigung ist gegenüber der Geschäftsführung zu erklären, die unverzüglich sämtliche Gesellschafter über den Zugang der Kündigung zu informieren hat. Eine Kündigung kann frühestens mit Wirkung zum 31.12.2019 erfolgen.

(2) Der ausscheidende Gesellschafter ist verpflichtet, die Einziehung des Geschäftsanteils zu dulden. Die Gesellschafter können alternativ auch eine Übertragung des Geschäftsanteils auf einen oder mehrere Gesellschafter sowie auf Dritte verlangen.

(3) Der ausscheidende Gesellschafter erhält ein Entgelt nach Maßgabe des § 14.

§ 14 Entgelt bei Einziehung oder Kündigung

(1) Ist im Falle der Einziehung, Kündigung oder Zwangsabtretung eines Geschäftsanteiles nach den Bestimmungen dieser Satzung eine Vergütung oder Abfindung zu zahlen, steht dem ausscheidenden Gesellschafter eine Abfindung in Höhe des seinem Anteil entsprechenden anteiligen Unternehmenswertes zu. Der Unternehmenswert der Gesellschaft ist auf Grundlage der vom Institut der Wirtschaftsprüfer in Deutschland e.V. veröffentlichten Grundsätze zur Durchführung von Unternehmensbewertungen auf den letzten vor Zeitpunkt des Ausscheidens oder mit ihm zusammenfallenden 31.12. zu ermitteln.

(3) Im Falle Einziehung oder Zwangsabtretung des Geschäftsanteils durch Gesellschafterbeschluss aus einem der in § 12 Abs. 2 genannten Gründe oder bei dem Ausschluss eines Gesellschafters aus wichtigem Grund erhält der betroffene Gesellschafter eine Abfindung in Höhe von 50 % des in Abs. 1 genannten Wertes.

(4) Das nach Abs. 2 oder Abs. 3 zu zahlende Entgelt ist in drei gleichen Raten zu zahlen. Die Raten sind sechs, zwölf beziehungsweise 18 Monate nach dem Ausscheiden des Gesellschafters zur Zahlung fällig. Eine Verzinsung steht dem ausscheidenden Gesellschafter nicht zu. Ein Anspruch auf Sicherheitsleistung ist ebenfalls ausgeschlossen.

§ 15 Bekanntmachungen

Die Bekanntmachungen der Gesellschaft erfolgen nur im elektronischen Bundesanzeiger.

§ 16 Gründungskosten

Die Gründungskosten tragt die Gesellschaft bis zu einer Höhe von EUR 1.500,00.

§ 17 Salvatorische Klausel

Sollten einzelne Bestimmungen dieses Vertrages ganz oder teilweise unwirksam oder unanwendbar sein oder werden, oder sollte sich in dem Vertrag eine Lücke befinden, so soll hierdurch die Gültigkeit der übrigen Bestimmungen nicht berührt werden. Anstelle der unwirksamen Bestimmung oder zur Ausfüllung der Lücke, verpflichten sich die Parteien eine Regelung zu treffen, die wirtschaftlich dem am nächsten kommt, was die Gesellschafter gewollt haben oder nach dem Sinn und Zweck dieses Vertrages gewollt haben würden, wenn sie diesen Punkt beachtet hätten.

Beispiel für einen Anteilsübertragungsvertrag

Der nachfolgende Anteilsübertragungsvertrag wurde im Rahmen einer Gesellschafterauseinandersetzung geschlossen. Frau A und Herr B waren die alleinigen Gesellschafter. Im Rahmen der Auseinandersetzung einigte man sich darauf, dass Herr B aus der Gesellschaft ausscheidet. Die Veräußerung der Anteile erfolgte teilweise an Frau A und teilweise an die Gesellschaft selbst als eigene Anteile.

<EINGANGSFORMEL EINES NOTARIELLEN PROTOKOLLS>

Anteilskaufvertrag

zwischen

Frau A.,

– im Folgenden „Käuferin" –

und

der p GmbH, diese vertreten durch ihre Geschäftsführerin Frau A.

– im Folgenden „Gesellschaft" –

Käuferin und die Gesellschaft gemeinschaftlich auch die „Käufer"

und

Herrn B.,

– im Folgenden „Verkäufer" –

– zusammen „die Parteien" –

I. Teilung des Geschäftsanteils des Verkäufers

Der Verkäufer teilt den in der Vorbemerkung bezeichneten Geschäftsanteil in zwei Geschäftsanteile, im Nennbetrag von EUR 8.750,00 („*Geschäftsanteil Verkäufer 1*") und im Nennbetrag von EUR 3.750,00 („*Geschäftsanteil Verkäufer 2*").

Die Gesellschafterversammlung hat mit Beschluss vom <DATUM> der nachfolgenden Veräußerung dieser Geschäftsanteile - und damit der entsprechenden Teilung – zugestimmt.

II. Vergleichs- und Anteilsabtretungsvertrag

§ 1 Verkauf und Abtretung

Der Verkäufer verkauft und die Gesellschaft kauft den von ihm gehaltenen Geschäftsanteil im Nennwert von EUR 8.750,00 (Geschäftsanteil Verkäufer 1) zu einem Kaufpreis von EUR 119.000,00.

Der Verkäufer verkauft und die Käuferin kauft den von dem Verkäufer gehaltenen Geschäftsanteil im Nennwert von EUR 3.750,00 (Geschäftsanteil Verkäufer 2) zu einem Kaufpreis von EUR 51.000,00.

Der Verkäufer tritt die verkauften Geschäftsanteile an die Abtretung annehmende Gesellschaft und die Käuferin ab; die Abtretung steht unter der folgenden aufschiebenden Bedingung:

Eingang des Kaufpreises gemäß § 2 dieses Vertrages auf dem in diesem Vertrag genannten Konto des Verkäufers.

§ 2 Kaufpreis, Abwicklung der Kaufpreiszahlung

Der Kaufpreis für die an die Gesellschaft verkauften Geschäftsanteile beträgt EUR 119.000,00.

Der Kaufpreis für die an die Käuferin verkauften Geschäftsanteile beträgt EUR 51.000,00.

Der Kaufpreis wird zwei Wochen nach Unterzeichnung dieses Vertrages fällig.

Der Kaufpreis ist zu zahlen auf das Konto des Verkäufers bei <...>, IBAN <...>. Im Falle des Verzuges der Käuferin oder der Gesellschaft mit der Kaufpreiszahlung schuldet der jeweilige Schuldner Verzugszinsen in Höhe von jährlich 5 Prozentpunkten über dem Basiszinssatz.

Die Käuferin und die Gesellschaft unterwerfen sich gegenüber dem Verkäufer wegen der gesamten Kaufpreisforderung nach § 2 Abs. 1 und 2 nebst Zinsen und Kosten der sofortigen Zwangsvollstreckung in ihr gesamtes Vermögen, und zwar aus Bestimmtheitsgründen wegen der Zinsen ab dem 30.7.2010. Eine Beweislastumkehr ist damit nicht verbunden.

Die Käuferin und die Gesellschaft ermächtigen den beurkundenden Notar, dem Verkäufer jederzeit auf dessen einseitiges Verlangen hin, vollstreckbare Ausfertigung(en) dieser Urkunde zu erteilen, ohne dass es des Nachweises der Höhe und der Fälligkeit der Forderung des Verkäufers bedarf.

Der Verkäufer wird den Eingang jeder Zahlung des Kaufpreises nach Abs. 1 und 2 unverzüglich schriftlich (auch per Telefax oder E-Mail) dem jeweils zahlenden Käufer bestätigen und den Notar hierüber schriftlich (auch per Telefax) informieren.

Der Verkäufer und die Käufer weisen den Notar an, eine aktuelle Liste der Gesellschafter erst beim Handelsregister einzureichen, wenn ihm nachgewiesen wurde, dass sämtliche Kaufpreise gem. § 2 Abs. 1 und 2 von den Käufern an den Verkäufer gezahlt wurden. Auf gemeinsames Verlangen der Käufer soll der Notar einen Widerspruch zu der bisherigen Gesellschafterliste einreichen. Er wird daher von den Käufern und dem Verkäufer beauftragt und bevollmächtigt, im Falle eines solchen Verlangens den Widerspruch zu der Gesellschafterliste zum Handelsregister einzureichen und dem Verkäufer und die Käufer die Zuordnung des Widerspruchs schriftlich mitzuteilen. Den Parteien ist bekannt, dass die Käufer ihre Gesellschafterrechte aus den erworbenen Geschäftsanteilen erst dann wirksam ausüben können, wenn sie in die im Handelsregister aufgenommene Gesellschafterliste eingetragen sind. Der Verkäufer erteilt daher den Käufern unwiderruflich Vollmacht, sämtliche Gesellschafterrechte aus den jeweiligen Geschäftsanteilen in vollem Umfang und uneingeschränkt auszuüben. Die Vollmacht wird jedoch erst mit der vollständigen Zahlung sämtlicher Kaufpreise nach § 2 Abs. 1 und 2 wirksam und endet mit entsprechender Eintragung der Käufer in die im Handelsregister aufgenommene Gesellschafterliste.

§ 3 Garantien

(1) Der Verkäufer erklärt der Käuferin und der Gesellschaft im Wege einer Garantie gem. § 311 Abs. 1 BGB, dass die folgenden Aussagen zum Zeitpunkt der Beurkundung dieses Vertrages sowie im Zeitpunkt des Wirksamwerdens der Abtretung richtig und zutreffend sind:

Der Verkäufer ist Gesellschafter der Gesellschaft und hält die verkauften Anteile im Nennwert von EUR 12.500,00. Weitere Anteile an der Gesellschaft hält der Verkäufer weder unmittelbar noch mittelbar.

Der Verkäufer kann frei über die von ihm verkauften Geschäftsanteile verfügen. Rechte Dritter an diesen Geschäftsanteilen bestehen nicht.

Die Stammeinlagen auf die verkauften Geschäftanteile sind voll eingezahlt und wurden nicht an den Verkäufer zurückgewährt.

Über die vorgenannten Garantien hinaus haftet der Verkäufer für keinerlei Mängel der verkauften Geschäftsanteile oder für das von der Gesellschaft betriebene Unternehmen.

(2) Die Käuferin garantiert, dass die Gesellschaft die in § 33 GmbHG genannten Voraussetzungen für den Erwerb eigener Anteile im Hinblick auf den in § 2 Abs. 1 genannten Erwerb erfüllt. Insbesondere garantiert die Käuferin, dass die Voraussetzungen für die Rücklagenbildung nach § 33 Abs. 2 Satz 1 GmbHG im Zeitpunkt der Zahlung des Kaufpreises nach § 2 Abs. 1 erfüllt sein wird.

§ 4 Rechtsfolgen bei der Verletzung von Garantien

Sofern und soweit eine der Garantien gemäß § 3 dieses Vertrages unzutreffend sein sollte, ist der Verkäufer verpflichtet, der Käuferin und der Gesellschaft den hieraus entstehenden Schaden zu ersetzen und sie von jeglichen Kosten und etwaigen Ansprüchen Dritter, einschließlich der Gesellschaft freizuhalten. Die sonstigen gesetzlichen Rechte eines Käufers, insbesondere das Recht, wegen eines Mangels von diesem Vertrag zurückzutreten, sind ausgeschlossen. Ansprüche der Käuferin und der Gesellschaft wegen arglistiger Täuschung oder sonstiger vorsätzlicher Vertragsverletzungen bleiben unberührt.

Die Rechte der Käuferin aus § 4 verjähren bei einer Verletzung von § 3 in 3 Jahren. Die Verjährungsfrist beginnt mit dem Tage der Beurkundung dieses Vertrages zu laufen. Bei Verhandlungen zwischen den Parteien über Ansprüche aus diesem § 4 wird die

Verjährungsfrist gehemmt, allerdings höchstens für einen Zeitraum von 6 Monaten.

Im Falle einer Verletzung der Garantie nach § 3 Abs. 3 bleibt die Übertragung der Anteile nach § 2 Abs. 2 wirksam. Die Käuferin ist in diesem Falle verpflichtet, den in § 2 Abs. 1 genannten Anteil selbst zu erwerben und den Verkäufer von allen Kaufpreisrückforderungsansprüchen der Gesellschaft freizustellen.

§ 5 Schlussbestimmungen

(1) Die Kosten der Beurkundung dieses Vertrages trägt die Gesellschaft. Darüber hinaus trägt jede Partei ihre eigenen Kosten selbst.

(2) Änderungen dieses Vertrages bedürfen, soweit nicht notarielle Form gesetzlich vorgeschrieben ist, der Schriftform. Diese ist nur durch eine von allen Parteien unterzeichnete Urkunde gewahrt.

(3) Gerichtsstand für sämtliche Streitigkeiten aus und im Zusammenhang mit diesem Vertrag ist Hannover.

(4) Sollten Bestimmungen dieses Vertrages oder eine künftig in ihn aufgenommene Bestimmung ganz oder teilweise undurchführbar sein oder werden, wird hierdurch die Wirksamkeit der übrigen Bestimmungen nicht berührt. Das gleiche gilt, sofern dieser Vertrag eine Regelungslücke enthält. Anstelle der unwirksamen oder undurchführbaren Bestimmung oder zur Ausfüllung der Regelungslücke soll eine angemessene Regelung gelten, die, soweit rechtlich möglich, dem am nächsten kommt, was die Parteien nach Sinn und Zweck des Vertrages vereinbart hätten, sofern sie bei Abschluss des Vertrages oder dessen Änderung diesen Punkt bedacht hätten.

Beispiel für einen Geschäftsführer-Anstellungsvertrag

GESCHÄFTSFÜHRERVERTRAG

zwischen

der XYZ Maschinenbau-GmbH, XXX, vertreten durch die Gesellschafterversammlung„

– nachfolgend Gesellschaft genannt –

und

Herrn XXX

– nachfolgend Geschäftsführer genannt –

§ 1 Geschäftsführung und Vertretung

(1) Der Geschäftsführer vertritt die Gesellschaft gemeinsam mit einem anderen Geschäftsführer oder einem Prokuristen. Hat die Gesellschaft nur einen Geschäftsführer repräsentiert er alleine die Gesellschaft. Weisungen der Gesellschafterversammlung sind zu befolgen, soweit Vereinbarungen in diesem Vertrag nicht entgegenstehen.

(2) Der Geschäftsführer hat die ihm obliegenden Pflichten mit der Sorgfalt eines ordentlichen und gewissenhaften Kaufmanns unter Wahrung der Interessen der Gesellschaft wahrzunehmen.

(3) Der Geschäftsführer ist von den Beschränkungen des § 181 BGB befreit.

(4) Der Geschäftsführer übernimmt zusätzlich die Geschäftsführung der XYZ Anlagenbau GmbH, der ABC Systemtechnik GmbH und der DEF GmbH ohne dass hierfür ein gesonderter Vergütungsanspruch entsteht.

§ 2 Aufgaben des Geschäftsführers

(1) Dem Geschäftsführer obliegt die Leitung und Überwachung des Unternehmens im Ganzen. Er ist für das operative Tagesgeschäft allein verantwortlich.

(2) Der Geschäftsführer nimmt die Rechte und Pflichten des Arbeitgebers im Sinne der arbeits- und sozialrechtlichen Vorschriften wahr.

§ 3 Genehmigungsbedürftige Geschäfte

Der Geschäftsführer bedarf für Geschäfte und Maßnahmen, die über den gewöhnlichen Betrieb der Gesellschaft hinausgehen, der ausdrücklichen Einwilligung der Gesellschafterversammlung, soweit hierfür nach dem Gesellschaftsvertrag oder der Geschäftsordnung eine Zustimmungspflicht besteht.

§ 4 Dienstleistung

(1) Der Geschäftsführer hat seine volle Arbeitskraft und seine Kenntnisse und Erfahrungen der Gesellschaft zur Verfügung zu stellen.

(2) An bestimmte Arbeitszeiten ist der Geschäftsführer nicht gebunden. Die Regelarbeitszeit beträgt mindestens 40 Stunden pro Woche.

§ 5 Treuepflichten, Betriebsgeheimnisse

(1) Der Geschäftsführer ist verpflichtet, Dritten gegenüber Stillschweigen über alle Angelegenheiten der Gesellschaft zu wahren. Diese Pflicht besteht nach Beendigung des Anstellungsverhältnisses fort.

(2) Geschäftliche und betriebliche Unterlagen aller Art, einschließlich persönlicher Aufzeichnungen über dienstliche Angelegenheiten, dürfen nur zu geschäftlichen Zwecken verwendet werden und sind sorgfältig aufzubewahren. Bei Beendigung des Anstellungsverhältnisses sind vorstehende Unterlagen, einschließlich sämtlicher Kopien in elektronischer oder Papierform, der Gesellschaft auszuhändigen.

§ 6 Nebentätigkeit, Wettbewerb

(1) Nebentätigkeiten bedürfen der Einwilligung der Gesellschafterversammlung, die diese Einwilligung nur aus sachlichen Gründen verweigern darf.

(2) Der Geschäftsführer verpflichtet sich, für die Dauer dieses Vertrags und der darauf folgenden zwei Jahre nach dessen Beendigung ohne Zustimmung der Gesellschaft in keiner Weise für ein Konkurrenzunternehmen der Gesellschaft oder ein mit diesem verbundenen Unternehmen tätig zu werden oder sich mittelbar oder unmittelbar an einem solchen zu beteiligen sowie Geschäfte für eigene oder fremde Rechnung auf dem Arbeitsgebiet der Gesellschaft zu machen.

(3) Es gilt nicht für Beteiligungen an Unternehmen in Gestalt von Wertpapieren, die an Börsen gehandelt und die zum Zwecke der Kapitalanlage erworben werden. Dies gilt für Beteiligungen bis maximal 5 %.

(4) Die Parteien vereinbaren ein Wettbewerbsverbot. Nach Beendigung des Vertrags zahlt die Gesellschaft, an den Geschäftsführer eine Entschädigung in Höhe von 100 % des durchschnittlichen festen Jahresgehalts pro Jahr für die Dauer des Wettbewerbsverbots. Die Parteien können das Wettbewerbsverbot auch einvernehmlich aufheben.

(5) Im Übrigen gelten die §§ 74 ff. HGB entsprechend.

§ 7 Bezüge des Geschäftsführers

(1) Der Geschäftsführer erhält ein festes Jahresgehalt von EUR 220.000 brutto. Das Gehalt wird in gleichen monatlichen Teilbeträgen am jeweiligen Monatsletzten ausgezahlt.

(2) Ein Anspruch auf Vergütung von Überstunden, Sonntags-, Feiertags- oder sonstiger Mehrarbeit besteht nicht.

(3) Im Krankheitsfall oder bei sonstiger unverschuldeter Verhinderung bleibt der Gehaltsanspruch (Abs. 1) für die Dauer von 3 Monaten bestehen. Dauert die Verhinderung länger als ununterbrochen 6 Monate an, so wird der Tantiemeanspruch (Abs. 2) entsprechend der 6 Monate überschreitenden Zeit zeitanteilig gekürzt.

(4) Stirbt der Geschäftsführer, so wird seinen Hinterbliebenen (der Witwe oder, wenn nur Kinder vorhanden sind, den Kindern, die minderjährig sind oder in einer Berufsausbildung stehen und vom Geschäftsführer unterhalten worden sind) das feste Gehalt (Abs. 1) anteilmäßig für die Dauer von 3 Monaten weitergezahlt. Der Tantiemeanspruch bleibt zeitanteilig bis zum Monatsletzten, der auf das Ableben folgt, bestehen.

§ 8 Spesen, Aufwendungsersatz

(1) Trägt der Geschäftsführer im Rahmen seiner ordnungsmäßigen Geschäftsführertätigkeit Kosten und Aufwendungen, so werden sie ihm von der Gesellschaft erstattet, sofern der Geschäftsführer die Geschäftsführungs- und Betriebsbedingtheit belegt oder sie offenkundig sind. Die detaillierte Regelung der Spesen und der Aufwendungsersatz erfolgen gemäß jeweils aktueller Reiserichtlinie.

(2) Reisespesen werden bis zu den jeweils steuerlich zulässigen Höchstsätzen ersetzt.

(3) Der Geschäftsführer darf die erste Klasse der Bahn benutzen, bei Flugreisen im Inland die einfache Klasse, bei sonstigen Flügen länger als 4 Stunden Dauer steht es ihm frei Business Class zu fliegen.

§ 9 Urlaub

(1) Der Geschäftsführer hat Anspruch auf 30 Arbeitstage bezahlten Urlaubs im Geschäftsjahr. Der Geschäftsführer hat den Zeitpunkt seines Urlaubs so einzurichten, dass den Bedürfnissen der Geschäftsführung Rechnung getragen wird und seinen Urlaub mit den Gesellschaftern abzustimmen.

(2) Kann der Geschäftsführer seinen Jahresurlaub nicht nehmen, weil Interessen der Gesellschaft entgegenstehen, so hat er Anspruch auf Abgeltung des Urlaubs unter Zugrundelegung der Höhe des Grundgehalts (§ 7 Abs. 1). Die Abgeltung erfolgt spätestens mit der Gehaltszahlung des Monats April des folgenden Geschäftsjahres.

§ 10 Dauer, Kündigung

(1) Dieser Vertrag tritt zum 1.1.2016 in Kraft.

(2) Jede Partei kann diesen Vertrag ordentlich unter Einhaltung einer Kündigungsfrist von sechs Monaten zum Monatsende kündigen, erstmals jedoch zum 31.12.2018.

(3) Der Vertrag ist jederzeit aus wichtigem Grund fristlos kündbar.

(4) Die Kündigung ist schriftlich auszusprechen. Der Geschäftsführer hat sein Kündigungsschreiben an den Gesellschafter mit der höchsten Kapitalbeteiligung zu richten.

(5) Die Abberufung als Geschäftsführer ist jederzeit zulässig.

(6) Sobald von einer der beiden Parteien die Kündigung ausgesprochen wurde, auch wenn mehr als die nötige Kündigungsfrist eingehalten wurde, kann die Gesellschaft den Geschäftsführer unter Weiterzahlung seiner Vergütung und Weitergewährung anderer Leistungen nach diesem Vertrag von der Arbeit freistellen.

§ 11 Schlussbestimmungen

(1) Die vertraglichen Vereinbarungen der Partner ergeben sich erschöpfend aus diesem Vertrag. Vertragsänderungen bedürfen der Schriftform sowie der ausdrücklichen Zustimmung der Gesellschafterversammlung. Eine Befreiung von der Schriftform durch mündliche Vereinbarung ist unwirksam.

(2) Die Ungültigkeit einzelner Bestimmungen berührt nicht die Rechtswirksamkeit des Vertrags im Ganzen. Anstelle der unwirksamen Vorschrift ist eine Regelung zu vereinbaren, die der wirtschaftlichen Zwecksetzung der Parteien am ehesten entspricht.

(3) Alle Streitigkeiten aus diesem Vertrag werden im ordentlichen Rechtsweg entschieden.

Hannover, den

Gesellschaft   Geschäftsführer

Stichwortverzeichnis

A
Abberufung 164
Abfindung 180
Abfindungsanspruch 68
Abfindungsguthaben 97, 153
Abschlussprüfung 88
Abtretung 110
Abwicklungserlös 229
Aktiengesellschaft 48
Allgemeines Gleichbehandlungsgesetz 161
Altersversorgung 174
Amtsniederlegung 164
Anfechtung 77, 123
Anfechtung eines Gesellschafterbeschlusses 77, 124
Anschaffungskosten 147
Anstellungsverhältnis 165
Anstellungsvertrag 167
Anteilskaufvertrag 128
Anteilsübertragung 147, 260
Anteilsübertragungsvertrag 127
Anwachsung 44
Arbeitnehmer 22
Arbeitsrecht 165
Arbeitsvertrag 142, 165
Asset Deal 129
Aufgaben des Geschäftsführers 168
Aufgabenkreis der Gesellschafter 74

Auflösung der Gesellschaft 93
Aufrechnung 187
Aufsichtsrat 82, 83
Aufspaltung 46
Aufwendungsersatz 172
Auseinandersetzung 227
Ausgliederung 41
Auslandsgesellschaft 24
Ausscheiden 68, 93
Ausschließung 148, 157
Ausschluss 156
Ausschluss der Erben 69
Ausschüttung 88
Ausschüttungsklausel 87
Austritt 156
Auswahl des Geschäftsführers 160
Auszahlungsbestimmungen 99

B
Bareinlage 30, 202
Beendigung 127, 229
Beendigung des Geschäftsführeramtes 164
Beherrschungs- oder Gewinnabführungsvertrag 212
Beirat 84
Beschlussfähigkeit 118
Beschränkung der Nachfolge 67
Bestellung der Geschäftsführer 77

281

Bestellung des Geschäftsführers 160
Bestellungsakt 162
Besteuerung 260
Besteuerung der Gesellschafter 260
Bestimmung des Nachfolgers 70
Betreuung 131
Betriebsaufspaltung 51, 256
Betriebsrat 23
Betriebsübergang 142
Betriebs- und Geschäftsgeheimnisse 82, 175
Betriebsverfassungsgesetz 23
Beurkundung 54, 130
Bewertungsgesetz 97
Buchwert 42, 95
Bundesanzeiger 23

C
Cash Pooling 211
Claims Made Prinzip 198
Compliance 183

D
Dauer der Gesellschaft 71
Deliktsrecht 194
Delisting 47
Dienstvertrag 165
Disquotale Ausschüttung 88, 134
Disquotale Gewinnauszahlung 133
D & O Versicherung 197
Drittelbeteiligungsgesetz 83
Drohende Zahlungsunfähigkeit 237
Due Diligence 128
Durchführung der Versammlung 77

E
Ebene der Gesellschaft 147
Eigenkapital 20, 42, 95
Eigenkapitalersatz 213
Eigenverwaltung 244
Einberufung 73, 114
Einberufungskompetenz 73
Einkommensteuer 21

Einladung 114
Einlage 49
Eintragung 30
Eintrittsklausel 70
Einzelrechtsnachfolge 42
Einzelunternehmen 41
Einziehung 90, 148, 153, 210
Einziehungsbeschluss 149
Einziehungsentgelt 91, 151, 152
Einziehungsklausel 91
Einziehung von Geschäftsanteilen 90
Entgelt 95
Entsendungsrechte 78
Erbe 69
Erbengemeinschaft 67, 119
Erbschaftsteuer 262
Erbvertrag 65
Ergebnisabführungsvertrag 253
Ergebnisverwendung 87
Erscheinungsformen 15
Ertragswert 96
Ertragswertverfahren 96
Erwerb eigener Anteile 154, 210
Existenzvernichtender Eingriff 19, 197

F
Faktischer Geschäftsführer 199
Fakultativer Aufsichtsrat 84
Fester Kaufpreis 133
Finanzierung der Gesellschaft 201
Firma 57
Firmenbeständigkeit 60
Firmeneinheit 60
Firmenöffentlichkeit 61
Firmenunterscheidbarkeit 59
Firmenwahrheit und -klarheit 59
Folgen der Kündigung 93
Form der Einberufung 115
Formwechsel 39, 43, 47
Fortbestehensprognose 236
Fortsetzungsbeschluss 230
Fortsetzungsklausel 68
Frauenquote 84, 161
freie Verfügung 67

Fremdkapitalgeber 20
Frist 73

G
Garantien 139
GbR 28, 110
Genehmigtes Kapital 209
Gerichtsstand 144
Gesamtrechtnachfolge 44
Gesamtrechtsnachfolge 39, 42
Geschäftsanteil 63, 127
Geschäftsführer 77, 107, 114, 159, 246
Geschäftsführung 77, 159
Geschäftsjahr 71
Gesellschafter 105, 119, 125
Gesellschafterbeschluss 77, 121
Gesellschafterdarlehen 134, 213
Gesellschafterliste 106
Gesellschafterstellung 127
Gesellschafterversammlung 72, 73, 111
Gesellschafterwechsel 29
Gesellschaftsrecht 159
Gesellschaftsvertrag 53
Gestaltung des Vertrages 54
Gewerbesteuer 21, 250
Gewinnausschüttungsbeschluss 260
Gläubigerantrag 239
GmbH 22, 27, 30, 37, 41, 42, 44, 45, 47, 48
GmbH & Co. KG 44
Grunderwerbsteuer 264
Gründung 27, 49, 71
Gründungskosten 104
Güterstandsklausel 103
Gutgläubiger Erwerb 110

H
Haftung 18, 31, 181, 204
Haftung der Vertreter 50
Haftungsbeschränkung 19, 189
Haftungsrisiken 29
Haftungsverhältnisse 18
Handelsregister 30, 42

Handelsvertretervertrag 143
Hin- und Herzahlen 207

I
Informationsrecht 125
Inkongruente Ausschüttung 88
Insolvenz 213, 233
Insolvenzanfechtung 214
Insolvenzantrag 237, 245
Insolvenzmasse 186, 240
Insolvenzplanverfahren 243
Insolvenzverfahren 240
Insolvenzverschleppung 161, 185
Insolvenzverwalter 120, 204, 240

J
Jahresabschluss 23
Jahresabschlussprüfung 89

K
Kapitalaufbringung 20, 202
Kapitalerhaltung 152, 155, 209
Kapitalgesellschaft 17, 45
Kapitalgesellschaften 21
Kapitalrücklage 208
Karenzentschädigung 81, 144, 176
Käufer 147
Kaufpreis 132
Kaufpreisklausel 137
Kaufpreiszahlung 155
Kompetenzen der Gesellschafterversammlung 73, 112
Konfliktmanagement 99
Körperschaftsteuer 21, 250
Kosten der Strafverteidigung 197
Kündigung 93, 156, 177, 180
Kündigung aus wichtigem Grund 179
Kündigungsklausel 94
Kündigungsschutzklage 180

L
Letztentscheidungsrecht 113
Limited 24
Liquidation 93, 223

283

Stichwortverzeichnis

Liquidator 227
Löschung 229

M
Management Buy Out 140
Mantelgesellschaft 33
Marke 61
Mediation 101, 145
Mediationsklausel 102
Minderheitenrechte 113
Minderjähriger 131
Mindestgarantien 140
Mischfirma 58
Mitarbeiterbeteiligung 99, 220
Mitbestimmung 22
Mitbestimmungsgesetz 83
Mitverschulden 185
Möglichkeit der Kündigung 93
MoMiG 16
Mustersatzung 53

N
Nachfolge 69
Nachfolgeklausel 66
Nachfolgeregelungen 65
Nachhaftung 42
Nachvertragliches Wettbewerbsverbot 80
Nebentätigkeit 177
Nebentätigkeitsverbot 177
Neugründung 27
Nichteinzahlung des Kapitals 142
Notar 54, 130
Notarielle Beurkundung 130
Notarkosten 130, 146
Notgeschäftsführer 163

O
Oberleitung 21
Obligatorischer Aufsichtsrat 83
Offenlegung 23
OHG 28
Ordentliche Kündigung 179
Organschaft 252, 258
Organschaftsvertrag 212

P
Pensionszusage 174
Personenfirma 58
Personengesellschaft 17, 42, 47
Personengesellschaften 21
Pflichtverletzung 183
Phantasiefirma 58
Produzentenhaftung 194
Protokoll 121
Protokollierung 121
Publizität 23

Q
Qualifizierte Nachfolge 69
Qualifizierte Nachfolgeklausel 69

R
Rangrücktritt 217
Rangrücktrittsvereinbarung 217
Rechnungslegung 23
Rechtsfähigkeit 30
Rechtsformwahl 15
Rechtsformzusatz 50
Rechtsrat 188
Rechtswahl 144
Richtigkeit der Gesellschafterliste 107
Rücklage 50
Rücklagenklausel 87
Rückzahlung des Kapitals 142
Ruhendes Arbeitsverhältnis 166
Russian-Roulette-Klausel 94

S
Sacheinlage 31, 205
Sachfirma 58
Sachgründung 41
Salvatorische Klausel 146
Sanierungskonzept 246
Sanierungspflicht 204
Satzung 70, 112. Siehe Gesellschaftsvertrag
Satzungsänderung 71
Satzungsregelung 72
Schädlicher Beteiligungserwerb 147

Stichwortverzeichnis

Schenkungsteuer 153, 262
Schiedsgericht 100, 145
Schiedsgerichtsklausel 100
Schiedsgerichtsvereinbarung 100
Schiedsgutachterabrede 97
Schiedsgutachterklausel 133
Schlussbestimmungen 146
Share Dea 129
Sicherung der Kaufpreiszahlung 136
Sitz 62
Sonderkündigungsrecht 142
Sorgfalt eines ordentlichen Geschäftsmannes 182
Sorgfaltspflicht 182
Sozialversicherungspflicht 166
Sozialversicherungsrecht 166, 192
Spaltung 38, 43, 46
Spätere Kaufpreiszahlung 138
Spesen 172
Stammkapital 30, 63
Stellung des Gesellschafters 105
Steuerhaftung 191
Steuerpflicht 249
Steuerrecht 21, 147, 153, 156, 216, 249
Steuerrechtliche Bewertungsverfahren 97
Stichtag 138
Stille Gesellschaft 221
Stille Reserve 96
Stimmabgabe 119
Stimmrecht 75, 119
Stimmrechtsvollmacht 118
Stimmverbot 120
Strafrecht 194, 196
Streitbeilegung 144
Streitbeilegungsverfahren 145
Stuttgarter Verfahren 98

T
Tagesordnung 116
Tantieme 171
Teileinkünfteverfahren 230
Teilnahmerecht 117
Testament 65

Testamentsvollstrecker 76, 120, 132
Thesaurierungsklausel 87
Tochtergesellschaften 19
Treuhand 109

U
Überleitung von Verträgen 142
Überschuldung 235, 237
Übertragende Sanierung 241
Übertragung 127
Umfang des Stimmrechts 76
Umsatzsteuer 257
Umwandlung 37
– Unternehmergesellschaft 50
Umwandlungsgesetz 37
Umwandlungsrecht 26, 39
Umwandlungssteuergesetz 39
Umwandlungssteuerrecht 39
ungebundenes Vermögen 155
Unterbilanz 211
Unternehmensbewertung 132
Unternehmensgegenstand 62
Unternehmenskauf 127
Unternehmenskaufvertrag 143
Unternehmensnachfolge 70
Unternehmergesellschaft 49
Unternehmerische Entscheidung 184
Unterscheidungskraft 59
Urhebergesetz 196
Urlaubsanspruch 173
UWG 195

V
Variabler Kaufpreis 133
Veräußerungsgewinn 147, 261
Verdeckte Gewinnausschüttung 89, 170, 251
Verdeckte Sacheinlage 32, 206
Verfügungsbeschränkungen 130
Verfügung über Geschäftsanteile 63
Vergütung 170
Vergütung des Geschäftsführers 170

Stichwortverzeichnis

Verkäufer 147
Verlustvortrag 147, 153
Vermögenslosigkeit 224
Vernichtung des Geschäftsanteils 91
Verpfändung 109
Verschmelzung 38, 44, 45
Verschwiegenheit 175
Verschwiegenheitspflicht 82
Versicherung 198
Vertragliches Wettbewerbsverbot 79
Vertragshaftung 190
Vertragsrecht 159
Vertragsstrafe 81
Vertretung 77, 117
Vertretung in der Gesellschafterversammlung 117
Vertretungsbefugnis 78, 162, 168
Vinkulierungsklausel 64, 131
Vollmacht 138
Vorbelastungshaftung 31

Vor-GmbH 29
Vorgründungsgesellschaft 28
Vorkaufsrecht 65
Vorratsgesellschaft 33

W
Wegfall des Geschäftsführers 163
Wettbewerb 79
Wettbewerbsverbot 79, 143
Wettbewerbsverbot, 175
Wirtschaftliche Neugründung 34, 231
Wirtschaftsprüfer 88

Z
Zahlungsmodus 135
Zahlungsunfähigkeit 193, 234
Zugewinngemeinschaft 132
Zustimmungsvorbehalt 64
Zwangsabtretung 91, 148, 154
Zwingende Bestandteile 57